▶ 視覚障害教育領域

見えの困難への対応

編著

氏間和仁・永井伸幸・苅田知則

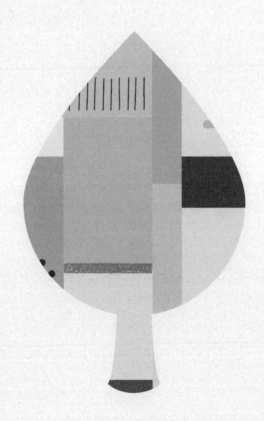

特別支援
教育免許
シリーズ

監修

花熊 曉・苅田知則
笠井新一郎・川住隆一
宇高二良

建帛社
KENPAKUSHA

特別支援教育免許シリーズ刊行にあたって

今,「障害」をはじめとする社会での活動や参加に困難がある人たちの支援は,大きな変化の時期を迎えようとしています。困難がある人たちが,積極的に参加・貢献していくことができる全員参加型の社会としての共生社会の形成が,国の施策によって推進されています。

同時に,政府は人工知能（AI）等の先端技術の活用により,障害の有無に関係なく,だれもが日々の煩雑で不得手な作業などから解放され,快適で活力に満ちた生活を送ることのできる人間中心の社会として「Society5.0」を提唱し,その実現を目ざしています。先端技術は,障害のある人の生涯学習・社会参画を加速させる可能性を有しており,Society5.0 の実現は共生社会の形成およびインクルーシブ教育システムの構築に寄与すると期待されます。その一方で,そのような社会が実現されたとしても,特別支援教育の理念やその専門性が不要になることは決してないでしょう。さまざまな困難のある子ども一人ひとりの教育的ニーズを把握し,そのもてる力を最大限度まで発達させようとする態度・姿勢にこそ,教育の原点があるからです。

さて,文部科学省によると,特別支援学校教員における特別支援学校教諭免許状保有者率は79.8％（2018年5月現在）と年々上昇傾向が続いており,今後は特別支援学級や通級による指導を担当する教員等も含めて,さらなる免許保有率の上昇が目ざされています。併せて,2019年4月の教職員免許法等の改正に伴い,教職課程の必修科目に「特別の支援を必要とする幼児,児童及び生徒に対する理解」が加えられました。

こうした流れの中,私たちは特別支援教育を学ぼうとする人が,当該領域にかかわる態度,知識,技能等をより体系的に学ぶことができる指導書が必要であると考えました。しかし,本『特別支援教育免許シリーズ』の企画立案時は,大きな変革に対応した包括的・体系的なテキストがありませんでした。

この『特別支援教育免許シリーズ』は,教員養成課程に入学し,特別支援教育に携わる教員（特に特別支援学校教諭）を目ざして学習を始めた学生や,現職として勤務しながら当該領域について学び始めた教職員を対象にした入門書です。シリーズ全体として,特別支援学校教諭免許状（一種・二種）の取得に必要な領域や内容を網羅しており,第1欄「特別支援教育の基礎理論に関する科目」に対応する巻,第2欄「特別支援教育領域に関する科目」として5つの特別支援教育領域（視覚障害,聴覚障害,知的障害,肢体不自由,病弱）に対応する巻,第3欄「免許状に定められることになる特別支援教育領域以外の領域に関する科目」に対応して重複障害や発達障害等を取り扱った巻で構成しています。

なお,第1欄の巻は,基礎免許状の学校種に応じて,教職必修科目にも対応できる内容としています。また,第2欄と第3欄の巻では,各障害にかかわる① 心理,② 生理および病理,③ 教育課程,④ 指導法を一冊にまとめました。このように,免許状取得に必要な領域・内容を包括している点も,本シリーズの大きな特徴のひとつといえるでしょう。本シリーズが,障害のある子・人の未来を,本人や家族とともに切り開こうとする教職員の養成に役立つと幸いです。

このほか，第3欄においては，特別支援教育における現代的課題（合理的配慮としてのICTや支援機器の活用，ライフキャリア発達等）も取り上げており，保健医療福祉（障害児療育や障害者福祉）領域に携わっている人たち，そのほかさまざまな立場で支援する人たちにとっても参考となるでしょう。

　なお，「障害」の表記についてはさまざまな見解があります。特に「害」を個人の特性（ハンディキャップ）ととらえ，「障害」の表記には負のイメージがあるという意見があり，「障がい」に変更した自治体・団体もあります。一方で，「害」は社会がつくり出した障壁（バリア）であり，それを取り除くことが社会の責務であると考え，「障害」を用いている立場もあります。本シリーズは，後者の立場に立脚して構成されています。学習・生活に困難がある人に対して社会に存在するさまざまな障壁が「障害」であり，本書の読者は教育に携わる者（教職員）として「障害」を解消していく立場にあると考え，「障害」という表記を用いています。

　本シリーズの刊行にあたっては，数多くの先生に玉稿をお寄せいただきました。この場を借りて深謝申し上げます。しかし，刊行を待たずに鬼籍入りされた著者の方もおられます。刊行までに時間を要してしまいましたことは，すべて監修者の責任であり，深くお詫び申し上げます。さらに，本シリーズの企画を快くお引き受けいただきました建帛社をはじめ，多くの方々に刊行に至るまで，さまざまなご援助と励ましをいただきました。ここに改めて厚く御礼申し上げます。

　2021年1月

監修者　苅田　知則

花熊　　曉

笠井新一郎

川住　隆一

宇高　二良

はじめに

　本書は，特別支援学校教諭免許状取得に必要な科目の第2欄「特別支援教育領域に関する科目」のうち視覚障害に関する領域の学習に活用する目的でつくられました。

　視覚に障害のある幼児児童生徒に適切な指導を行うために必要となる，心理・生理・病理に関する内容と教育課程と指導法に関する内容はもとより，障害のとらえ方，医療等との連携，キャリア教育に関する内容までを網羅的に説明しています。

　第1章では，「視覚障害教育の概要」として，見る機能の意味，見ることの困難さ，見ることの困難を改善・克服する方法，見ることに困難がある人を理解する視点，インクルーシブ教育システム構築など，特別支援教育の概要から視覚障害のとらえ方までを説明しました。この中では障害者権利条約までに至る障害観の変遷など，特別支援教育の指導者として共通して理解しておきたい項目についても取り上げました。

　第2章は「心理・生理・病理」として，医学的基礎知識，評価に関する幼児児童生徒の理解に必要な内容から，それらに基づいた指導への応用や，医学的・心理的介入までを網羅しています。

　第3章は「教育課程・指導法」として，視覚障害教育における指導の形態，視覚特別支援学校，特別支援学級や通級による指導といった学びの場に応じた教育課程や指導の様子について取り上げた後，弱視児・盲児の指導法について説明しています。指導法の工夫では，読み書きの指導，地図の指導，作図の指導，観察の指導，英語の指導，体育の指導など指導内容ごとに解説しました。さらに，個別の教育支援計画などの取り扱いについても説明しています。

　第4章は「生涯発達支援」として，就学前の発達支援，卒業後の発達・社会生活支援について解説しています。

　執筆陣は，学校の教員などの教育の実践家や大学で教員養成に携わっている教育学の専門家の他に，心理学，医療，福祉，工学など様々な専門家で構成されている，これまでにない構成です。特別支援教育に携わる方々には学んでもらうべき内容ですが，通常の学級等で指導する教員，また教員を目指している皆様にも本書をご活用いただければ幸いです。

2022年10月

編著者　氏間和仁
永井伸幸
苅田知則

目 次

第3章 教育課程・指導法

第1章
視覚障害教育の概要

① 教育における見る機能の意味

1 　見る機能について考える際の視点

　「見る機能」というと，一般的に，視力や視野等の眼科検査を想起することが多いと考えられる。しかし，視力，視野等の視機能は，眼疾患を予防・発見したり，治療の方針を立てたり，治療の効果を測定するために使われる眼科検査で使われる概念であり，教育上必要な指導や環境整備と直接的な関係を見い出すことは困難である[1]。では，教育においては，「見る機能」をどのようにとらえればよいのであろうか。

　「見る機能」について論じる場合，まず，機能とはどのような概念かを明確にする必要がある。機能とは，「たがいに依存しあっている幾つかの部分から成る全体構造（例えば，機械・生体・社会など）のうちで，ある部分のもつそれ特有の役目，働き」[2]と定義されている。したがって，「見る機能」について論じる際には，「見る」ことをどのような全体構造の一部ととらえるかが重要なポイントとなる。

2 　国際生活機能分類に基づいた見る機能の分類

　国際生活機能分類（International Classification of Functioning, Disability and Health：ICF）とは，世界保健機関（World Health Organization：WHO）が，WHO国際障害分類（ICIDH）の改訂版として，2001年に採択した人間の生活機能（functioning）と障害（disability）に関する国際分類である。

　ICFでは，生活機能と障害に関する状況を，背景因子（contextual factors）と関連させて記述する。そして，生活機能は，心身機能body functions（身体系の心理的・生理的機能）・身体構造body structures（器官・肢体とその構成部分

1

などの，身体の解剖学的部分），活動 activity（課題や行為の個人による遂行），参加 participation（生活・人生場面へのかかわり）の三つの構成要素の相互作用で記述する。ICF に基づけば，「見る機能」は，心身機能・身体構造，活動，参加の三つの観点でとらえられることになる。すなわち，「見る機能」を，「心身機能」という全体像の中に位置づけると視覚系の生理学的・心理学的な役割に，「身体構造」の中に位置づけると視覚系の解剖学的な役割に，「活動」の中に位置づけるとさまざまな課題や行為を行ううえでの役割に，「参加」の中に位置づけるとさまざまな生活・人生場面での役割になる。

　いわゆる視力や視野等の視機能を問題とする観点は，「見る機能」を「心身機能」や「身体構造」という全体構造との関係で位置づけ，この「見る機能」に障害があった場合，治療の対象とするという医学的なアプローチだと考えられる。一方，教育においては，「見る機能」を「活動」や「参加」という全体構造の一部ととらえ，視覚を活用してさまざまな課題や行為を行ったり，さまざまな生活・人生場面に参加したりする際に困難がある場合に，特別なニーズを有しているととらえるアプローチが必要だと考えられる。

3　教育における「見る機能」の意味

　教育においては，「見る機能」を，ICF の「心身機能」や「身体構造」だけではなく，「活動」や「参加」という観点でとらえる必要がある。ICF の「活動」や「参加」の中には，「学習と知識の応用」（模倣，読み書き，計算等），「一般的な課題と要求」（手紙，ベッドメイク，家具の配置等），「コミュニケーション」（言語的・非言語的メッセージの理解・表出等），「運動・移動」（屋内外の歩行や交通機関での移動等），「セルフケア」（衣服の着脱や身辺処理等），「家庭生活」（必需品の入手や家事等），「対人関係」（状況に見合った社会的関係等），「主要な生活領域」（教育や仕事等），「コミュニティライフ・社会生活・市民生活」があげられている[3]。この中で，教育において最も関係が深いと考えられる「学習と知識の応用」には，注意して見ること，模倣，読むこと・書くこと・計算・技能の学習，読むこと，書くこと，計算，問題解決，意志決定等がある。教育においては，これらの活動を行う際に，「見る機能」をどの程度活用できているかを考える必要がある。なお，読書をしたり，家事をしたり，単独であちこち動き回ったり，テレビ番組を楽しんだりするような実生活の日常的な課題を，視覚を使って行う能力のことを functional vision と呼ぶ[4]。

[演習]課題
1. 国際生活機能分類（ICF）の心身機能・身体構造，活動，参加のそれぞれの観点から視覚障害を説明してみよう。

2. 国際生活機能分類（ICF）の「学習と知識の応用」を学校での学習の場面と関連させて、まとめてみよう。

引用文献

1) 中野泰志：ロービジョン・ケアにおける教育・福祉的観点からの視機能評価の実際，日本視能訓練士協会誌，**25**，49-57，1997.
2) 粟田賢三・古在由重：岩波哲学小辞典，岩波書店，p.52, 1986.
3) 障害者福祉研究会：ICF 国際生活機能分類，中央法規出版，2002.
4) Lueck, A.H.（Ed.）: Functional Vision, American Foundation for the Blind Press, 2004.

 見ることの困難さとは

1 「困難さ」の定義

一般に「困難さ」は，「障害」ととらえられるが，障害にはさまざまな定義がある。以下に，障害の主要な定義を示した。

（1）国際障害分類（ICIDH）による障害の定義

WHO によって障害が最初に定義されたのは 1980 年で，ICD 第 9 版（ICD-9）の補助分類として公開された「国際障害分類」(International Classification of Impairments, Disabilities, and Handicaps：ICIDH) であった[1, 2]。ICIDH では，障害を機能障害（impairment），能力障害（disability），社会的不利（handicap）という三つのレベル（階層）に分けてとらえ，それぞれのレベルを以下のように定義した。

> ・機能障害（impairment）とは，保健活動の経験のなかでは（in the context of health experience），心理的，生理的または解剖的な構造または機能のなんらかの喪失または異常である。
> ・能力障害（disability）とは，保健活動の経験のなかでは，人間として正常と見なされる方法や範囲で活動していく能力の，（機能障害に起因する）なんらかの制限や欠如である。
> ・社会的不利（handicap）とは，保健活動の経験のなかでは，機能障害や能力障害の結果として，その個人に生じた不利益（disadvantage）であって，その個人にとって（年齢，性別，社会文化的因子からみて）正常な役割を果たすことが制限されたり妨げられたりすることである。

そして，障害を，疾病（disease）や変調（disorder）により，心身の機能が平均的な状態と比べて低下するという機能障害が起こり，その結果として，能力障害が起こり，機能障害や能力障害の結果，社会的な活動をするうえでさまざまな社会的不利が引き起こされるという構造モデルでとらえた。

しかし，ICIDHでは，障害の原因を疾病に求めており，疾病の治療や予防を重視するという考え方が根底にあったため，障害のある当事者，特に「障害の社会モデル」という観点から強い批判を受けることになった[2]。

ICIDH
ICIDHが「医学モデル（medical model）」や「個人モデル（individual model）」といわれるのは，障害が発生する原因を，個人の疾病に還元しているからである。

（2）社会モデルに基づく障害の定義

「障害の社会モデル」（social model of disability）とは，障害を個人の属性ではなく，社会的障壁としてとらえる理論であり[3]，障害は，個人の身体にあるのではなく，障害者を排除する社会にある[4]とする考え方である。イギリスにおける障害学（disability studies）をリードしてきたマイケル・オリバー（Michael Oliver）[5], [6]によると，社会モデルは，「社会的抑圧の理論」（social oppression theory）であり，障害の原因を障害のある人たちのニーズを想定せずに社会が構築されたという「社会的問題」（social problem）ととらえ，障壁（barrier）になっている物理的・社会的な環境を取り除くためには「社会的行動」（social action）が必要であり，障害のある人自身による「**自助**」（self-help）が重要であるとする考え方である。そのため，障害を改善・克服するためには，「個人的・集団的責任」（individual and collective responsibility）が必要であり，個人の「経験」（experience）の「肯定」（affirmation）が重要視される。

自助（セルフ・ヘルプ）
専門職から一方的に援助を受けるのではなく，同じ立場の当事者が一人ひとりの「ひとり立ち」のために助け合うこと。当事者同士が相互に援助し合うためにつくられた集団をセルフ・ヘルプ・グループと呼ぶ。

また，障害は「集団的アイデンティティ」（collective identity）としてとらえられ，障害のある人たちに対する「差別」（discrimination）や「行動」（behaviour）にアプローチしなければならず，障害のある人たちの「権利」（right）が守られるように，障害のある人が必要な「選択」（choice）を行うという能動的な存在だと考える。そして，この問題を解決するためには，「政治」（politics）によって「社会的変化」（social change）を起こすことが求められると考える。

（3）国際生活機能分類（ICF）による障害の定義

WHOは，2001年に国際障害分類を改訂し，社会モデルの観点からの批判にも対応した統合モデルとしてICF[7]を公表した。ICFでは，障害を，生活機能の各次元で生じる問題として位置づけ，心身機能や身体構造（身体レベル）の次元で起こる問題を「機能障害」（impairments），活動の次元で起こる困難を「活動制限」（activity limitations），参加の次元で起こる困難を「参加制約」（participation restrictions）と呼び，以下のように定義した。

・機能障害（構造障害を含む）（impairments）とは，著しい変異や喪失などといった，心身機能または身体構造上の問題である。
・活動制限（activity limitations）とは，個人が活動を行うときに生じる難しさのことである。
・参加制約（participation restrictions）とは，個人が何らかの生活・人生場面に関わるときに経験する難しさのことである。

また，人の生活機能と障害に影響を及ぼす背景因子として，環境因子（environmental factors）と個人因子（personal factors）の二つをあげ，以下のように定義した。

・環境因子とは人々が生活し，人生を送っている物的な環境や社会的環境，人々の社会的な態度による環境を構成する因子のことである。この因子は個人の外部にあり，その人の社会の一員としての実行状況（performance），課題や行為の遂行能力（capacity），心身機能・構造に対して，肯定的な影響または否定的な影響を及ぼしうる。
・個人因子とは，個人の人生や生活の特別な背景であり，健康状態や健康状況以外のその人の特徴からなる。これには性別，人種，年齢，その他の健康状態，体力，ライフスタイル，習慣，生育歴，困難への対処方法，社会的背景，教育歴，職業，過去および現在の経験（過去や現在の人生の出来事），全体的な行動様式，性格，個人の心理的資質，その他の特質などが含まれるであろうし，これらの全部または一部が，どのレベルの障害においても一定の役割をもちうる。

ICFでは，「心身機能や身体構造」は身体レベル，「活動」は個人レベル，「参加」は社会レベルとして理解し，因果関係ではなく，相互作用の関係にあるととらえる。また，ICFでは，障害とは，人と物的環境および社会的環境との間の相互関係の結果生じる多次元の現象ととらえる。そして，ICFは，障害の本質的な問題の所在が，阻害因子あるいは促進因子の欠如という環境の問題なのか，個人自身の能力が制限されているという問題なのか，または，これら複数の要因が合わさったものなのかを見分ける役割を果たしている。つまり，ICFによって，従来の疾病に基づく機能障害という観点だけでなく，環境や個人の能力との相互作用で生じる活動制限や参加制約という観点でもとらえることが可能になったといえる。

2　見えないこと・見えにくいことが障害なのか

障害の定義として，医学モデル，社会モデル，統合モデルの三つを紹介したが，医学モデルと社会モデルの違いを明確にするために，二つの理論で視覚障害がどのようにとらえられるかを例示した。

（1）医学モデルに基づく視覚障害のとらえ方

　医学モデルの観点から視覚障害を理解すると，「社会を構成している人の多くは，視覚が正常な晴眼者であるが，病気や事故等によって，治療することができない視力や視野等の視機能低下が起こってしまった視覚障害者という人たちが少数存在する」というとらえ方になる。

　この考え方に基づくと，「見えない・見えにくい」身体そのものが障害ということになる。また，視覚障害者が困難に遭遇する原因は，病気や事故等の個人的な問題とみなされ，視覚障害者は，なぜ自分だけがこんな病気や事故等に遭遇したのかを嘆くことになり，専門家に援助を求めざるを得なくなる。援助を求められた専門家は，視覚障害者に対して，障害を受容して，教育やリハビリテーション等の専門的な指導を受けるように誘うことになる。そして，専門家は，晴眼者と同じように活動できるようになることを目標に，触読，視覚認知，歩行，補助具活用等の訓練を実施し，「見えない・見えにくい」ことに基づく種々の困難を克服することを勧めることになる。

　また，自分の力では解決できない困難に遭遇した場合に手助けを受けやすくするために，障害を開示することの重要性を伝えることになる。さらに，専門家は，晴眼者が視覚障害者に対して，やさしく接したり，手助けをしてくれるように，なぜ「見えない・見えにくい」状態になるのか，また，「見えない・見えにくい」状態でどんなことに困難を感じるのかを，疑似体験等を通して共感的に理解させるという取り組みをすることになる。

（2）社会モデルに基づく視覚障害のとらえ方

　社会モデルの観点から視覚障害を理解すると，「社会には，多様な特性の人が存在しており，その中には，点字や拡大文字を使って読み書きをしたり，点字ブロックや音響式信号機等を手がかりに移動するという活動・参加の仕方をする視覚障害のある人もいる」というとらえ方になる。

　この考え方に基づくと，視覚障害のある人も本を読んだり，外出したりすることを想定せずに，小さな文字でしか印刷されていない書籍や信号等が見えないと歩くことが危険な道という社会的障壁をつくってしまったことが障害ということになる。また，視覚障害のある人が困難に遭遇する原因は，社会的な問題だとみなされ，視覚障害のある人は，なぜ，自分たちのことを考えずに社会のシステムが構築されたのかに憤り，専門家等に相談して，困難を解決するための選択肢を探ることになる。そして，視覚障害のある人は，専門家等の協力を得て，社会（政府，自治体，事業者等）に対して，日常生活や社会生活の妨げとなる社会的障壁を軽減するための個別の配慮や環境調整・整備を要望する。

　また，専門家の協力を得て，より質の高い**合理的配慮**を選択するための環境調整や障害開示の方法を検討することになる。さらに，より多くの視覚障害の

晴眼
視覚障害の対義語であり，視覚に障害のない状態をさす。

合理的配慮
障害者が他の者との平等を基礎として全ての人権及び基本的自由を享有し，又は行使することを確保するための必要かつ適当な変更及び調整であって，特定の場合において必要とされるものであり，かつ，均衡を失した又は過度の負担を課さないものをいう（障害者の権利に関する条約第2条）。

6

ある人の人権を守るために，障害当事者が中心になって，基礎的な環境整備の必要性や社会的障壁を取り除くことが社会の責務であるという考え方を普及・啓発することになる。

3　見ることの困難さの分類

　一般的に見ることが困難な状態を「視覚障害」と呼び，視覚活用の可能性に応じて，盲（blind）と弱視（low vision）に分類される。また，利用できる社会福祉制度や教育制度等を決定するために，見ることの困難さを程度により分類している。以下，視覚障害の困難さの程度に関する主要な分類を示す。

（1）国際疾病分類（ICD）による分類

　WHO には，ICF 以外に，機能障害の観点からの分類がある。2018 年 6 月 18 日に公表された WHO の国際疾病分類の第 11 回改訂版（International Classification of Diseases 11th Revision：ICD-11）では，表 1-1 のように遠方視力に基づいて視覚障害の程度を分類している。なお，表より明らかなように，盲は，光も感じない全盲（total blind）だけを示すわけではない。このように法律や制度上の視覚障害を法定盲（legal blind）と呼ぶ。例えば，アメリカでは，良いほうの眼の矯正視力が 20/200（**分数視力**。**小数視力**では 0.1 に相当）未満もしくは視野が 20 度未満を法律上，盲と呼ぶ（https://www.allaboutvision.com/lowvision/legally-blind.htm）。

（2）身体障害者障害程度等級表による分類

　日本の福祉制度では，視覚障害の基準や程度を身体障害者福祉法施行規則の別表第 5 号「身体障害者障害程度等級表」（2018 年 7 月 1 日適用開始）で定めている（表 1-2）。この基準では，良いほうの眼の矯正視力と視野という機能障害で視覚障害の程度を分類しており，ICF の活動制限や参加制約の観点は採用されていない。

表 1-1　ICD-11 の遠方視力による視覚障害分類基準（WHO，2018 年）

カテゴリー		小数視力	
		以　上	未　満
0	視覚障害なし	0.5	
1	軽度視覚障害	0.3	0.5
2	中等度視覚障害	0.1	0.3
3	重度視覚障害	0.05	0.1
4	盲	0.02	0.05
5	盲	光　覚	0.02
6	盲	光覚なし	

盲と弱視
日本の教育分野では一般的に，視覚を活用した学習が不可能または著しく困難で，主として触覚（点字など）や聴覚（音声など）を活用した学習を行う必要のある状態を「盲」，視覚を活用した学習が可能であるが，拡大鏡等の使用によっても通常の文字，図形等の視覚による認識が困難な状態を「弱視」と呼んでいる。本書でもその意味で用いている。

分数視力
スネレン式視力測定法で測定した視力の表記方法。分母は視標の線の太さが視角 1 分となる距離を，分子は視標を弁別できた実際の距離を表す。日本で馴染みある小数視力に換算するためには，分子を分母で割ればよい。

小数視力
ランドルト環の切れ目の方向をギリギリ弁別できたときの切れ目の大きさ（視角［分］）の逆数。数字が大きい程，視力が良いこと，つまり，細部まで視認できることを示す。日本で一般的に用いられている視力の表し方である。第 2 章第 2 節 p.37 ～参照。

表 1−2　身体障害者障害程度等級表（厚生労働省による分類）

等　級	基　準
1級	視力の良い方の眼の視力が 0.01 以下のもの
2級	1　視力の良い方の眼の視力が 0.02 以上 0.03 以下のもの 2　視力の良い方の眼の視力が 0.04 かつ他方の眼の視力が手動弁以下のもの 3　周辺視野角度の総和が左右眼それぞれ 80 度以下かつ両眼中心視野角度が 28 度以下のもの 4　両眼開放視認点数が 70 点以下かつ両眼中心視野視認点数が 20 点以下のもの
3級	1　視力の良い方の眼の視力が 0.04 以上 0.07 以下のもの（2 級の 2 に該当するものを除く） 2　視力の良い方の眼の視力が 0.08 かつ他方の眼の視力が手動弁以下のもの 3　周辺視野角度の総和が左右眼それぞれ 80 度以下かつ両眼中心視野角度が 56 度以下のもの 4　両眼開放視認点数が 70 点以下かつ両眼中心視野視認点数が 40 点以下のもの
4級	1　視力の良い方の眼の視力が 0.08 以上 0.1 以下のもの（3 級の 2 に該当するものを除く） 2　周辺視野角度の総和が左右眼それぞれ 80 度以下のもの 3　両眼開放視認点数が 70 点以下のもの
5級	1　視力の良い方の眼の視力が 0.2 かつ他方の眼の視力が 0.02 以下のもの 2　両眼による視野の 2 分の 1 以上が欠けているもの 3　両眼中心視野角度が 56 度以下のもの 4　両眼開放視認点数が 70 点を超えかつ 100 点以下のもの 5　両眼中心視野視認点数が 40 点以下のもの
6級	視力の良い方の眼の視力が 0.3 以上 0.6 以下かつ他方の眼の視力が 0.02 以下のもの

出典）身体障害者福祉法施行規則　別表第 5 号。

（3）学校教育法施行令による分類

　　教育上の見ることの困難さは，学校教育法施行令第 22 条の 3 で以下のように定められている。

> 学校教育法施行令　第 22 条の 3　視覚障害者等の障害の程度
> 両眼の視力がおおむね 0.3 未満のもの又は視力以外の視機能障害が高度のもののうち，拡大鏡等の使用によつても通常の文字，図形等の視覚による認識が不可能又は著しく困難な程度のもの
> ※視力の測定は，万国式試視力表によるものとし，屈折異常があるものについては，矯正視力によって測定する。

　　この定義では，視力や視野等の医学的な観点での心身機能・身体構造レベルの障害だけでなく，通常の文字や図形等を認識するという活動・参加レベルの障害という二つの観点からとらえていることがわかる。つまり，学校教育においては，単に，視力や視野等の医学的な観点での視機能だけでなく，生活や学習の中で見ることの機能（役割）をとらえていることがわかる。なお，「障害

表 1−3　特別支援学校・特別支援学級・通級による指導の対象となる視覚障害の程度

教育の場	障害の程度
特別支援学校 （視覚障害）	両眼の視力がおおむね 0.3 未満のもの又は視力以外の視機能障害が高度のもののうち，拡大鏡等の使用によっても通常の文字，図形等の視覚による認識が不可能又は著しく困難な程度のもの。（学校教育法施行令第 22 の 3）
特別支援学級 （弱視）	拡大鏡等の使用によっても通常の文字，図形等の視覚による認識が困難な程度のもの（25 文科初第 756 号初等中等教育局通達）
通級による指導 （弱視）	拡大鏡等の使用によっても通常の文字，図形等の視覚による認識が困難な程度の者で，通常の学級での学習におおむね参加でき，一部特別な指導を必要とするもの（25 文科初第 756 号初等中等教育局通達）

資料）文部科学省：障害のある児童生徒等に対する早期からの一貫した支援について（通知），2013. に基づいて作成。

　のある児童生徒等に対する早期からの一貫した支援について（通知）」（25 文科初第 756 号初等中等教育局通達）では，「障害のある児童生徒等の就学先の決定に当たっては，障害のある児童生徒等が，その年齢及び能力に応じ，かつ，その特性を踏まえた十分な教育が受けられるようにするため，可能な限り障害のある児童生徒等が障害のない児童生徒等と共に教育を受けられるよう配慮しつつ，必要な施策を講じること」としたうえで，「障害の状態，その者の教育上必要な支援の内容，地域における教育の体制の整備の状況その他の事情を勘案」しつつ，**障害の程度**に応じて就学先を決定し，早期からの一貫した支援を行うように定めている（表 1−3）。

障害の程度
p.20 〜参照。

4　見ることの困難を改善・克服する方法

　ICF に基づけば，困難は，心身機能・身体構造，活動，参加の三つのレベルで現れる機能障害，活動制限，参加制約であり，困難さの程度は背景因子（環境因子，個人因子）との関係で変化すると考えられる。例えば，まぶしくて見えにくい弱視児にサングラスを紹介する（環境因子への介入）ことによって，視力が向上（機能障害の軽減）したり，歩きやすく（活動制限の軽減）なったり，地域のお祭りに参加しやすく（参加制約の軽減）なったりすることが考えられる。また，**拡大教科書**が発行（環境因子への介入）され，無償で利用できる制度（社会制度も環境因子に含まれる）が制定されることによって，教科書を読むことが楽にできる（活動制限の軽減）ようになったり，通常の学級でも授業に参加する（参加制約の軽減）ことができるようになったりすることが考えられる。

　さらに，指先で石の白黒が判別でき，触っても石の位置が変わらない碁盤を使って対局できる囲碁（環境因子への介入）の楽しみを知り，強くなりたいという意欲（個人因子への介入）をもつことによって，囲碁大会に頻繁に出かける（参加制約の軽減）ようになったり，対人関係を楽しむ（参加制約の軽減）こ

拡大教科書
教科用特定図書等の一種である教科用拡大図書のこと。視覚障害のある児童および生徒の学習の用に供するため文字，図形等を拡大して教科書を複製した図書。

とができるようになったりすることが考えられる。

このように，背景因子への介入によって，機能障害，活動制限，参加制約を軽減し，困難を改善・克服することが可能である。

[演習課題]
1. 医学モデルと社会モデルの違いを説明してみよう。
2. 具体的な活動制限や参加制約の例をあげ，制限・制約を軽減する方法をまとめてみよう。

[引用文献]

1) World Health Organization: International classification of impairments, disabilities, and handicaps, World Health Organization, 1980.
2) 佐藤久夫：障害構造論入門，青木書店 , 1992.
3) 石尾絵美：障害の社会モデルの理論と実践，技術マネジメント研究，7，37-49，2008.
4) 石川准・長瀬修編著：障害学への招待，明石書店，1999.
5) Oliver, M.: Understanding disability, Macmillan, 1996.
6) マイケル・オリバー，ボブ・サーペイ（野中猛監訳，河口尚子訳）：障害学にもとづくソーシャルワーク，金剛出版，2010.
7) 障害者福祉研究会：ICF 国際生活機能分類，中央法規出版，2002.

[参考文献]

・マイケル・オリバー，ボブ・サーペイ（野中猛監訳，河口尚子訳）：障害学にもとづくソーシャルワーク，金剛出版，2010.
・Oliver, M.: Understanding disability, Macmillan, 1996.

③ 見ることに困難がある人を理解する視点

1　障害を巡る国内外の制度・政策等の動向

日本では，2007 年 4 月に「特殊教育」(special education) から「特別支援教育」(special needs education) への発展的転換が図られ，障害のある幼児児童生徒への教育のパラダイムシフトが起こった。また，2012 年の中央教育審議会初等中等教育分科会の「共生社会の形成に向けたインクルーシブ教育システム構築のための特別支援教育の推進（報告）」では，日本が今後，インクルーシブ教育に向かうことが提言され，小学校では 2020 年度から新しい学習指導要領（平成 29 年告示）が全面実施されている。

このような日本における障害のある幼児児童生徒への教育の変化は，障害を

巡る国内外の制度・政策等の動向と深く関係している。そのため，特別支援教育を推進するうえで，障害を巡る国内外の動向を把握しておく必要がある。以下に，視覚障害に関係する国内外の主要な制度・政策等の動向を示した。

（1）ノーマライゼーション（normalization）

　障害のある人たちの人権に関する最初の取り組みは，デンマークの社会省で知的障害のある人たちの福祉行政を推進したバンク・ミケルセン（Neils Erik Bank-Mikkelsen）が 1953 年に提唱したノーマライゼーションの概念から始まったと考えられる[1]。バンク・ミケルセンと親交のあった花村は，彼のノーマライゼーションの思想の基本を，「人々に自由，平等，博愛，連携を呼び掛けるもの」とし，その目的を「障害のある人ひとりひとりの人権を認め，取り巻いている環境条件を変えることによって，生活状況を，障害のない人の生活と可能なかぎり同じにして，『共に生きる社会』を実現しようとするもの」であると述べている[1]。また，バンク・ミケルセンが提唱したノーマライゼーションの原理を体系化し，発展させ，1969 年に『ノーマライゼーションの原理』を著したスウェーデンのベンクト・ニィリエ（Bengt Nirje）は，ノーマライゼーションの原理を「知的障害やその他の障害をもつ全ての人が，彼らがいる地域社会や文化の中でごく普通の生活環境や生活方法にできる限り近い，もしくは全く同じ生活形態や毎日の生活状況を得られるように，権利を行使するということを意味している」と説明している[2]。この考え方は，「知的障害者の権利宣言」（1971 年 12 月 20 日第 26 回国連総会決議），「障害者の権利に関する宣言」（1975 年 12 月 9 日第 30 回国連総会決議）にも反映され，世界に広がり，障害者に関する福祉・教育制度等の理論的基盤となった。

（2）特別なニーズ教育における原則，政策，実践に関するサラマンカ声明（以下，サラマンカ声明）

　サラマンカ声明は，スペインのサラマンカでユネスコとスペイン政府が開催した「特別なニーズ教育に関する世界会議」において採択されたインクルーシブ教育についての取り決めである（1994 年 6 月）。この声明において，以下のような宣言がなされた。この声明・宣言は，特別支援教育やインクルーシブ教育を推進するうえで重要な役割を果たした。

> 特別なニーズ教育における原則，政策，実践に関するサラマンカ声明
> 　われわれは以下を信じ，かつ宣言する。
> ・すべての子どもは誰であれ，教育を受ける基本的権利をもち，また，受容できる学習レベルに到達し，かつ維持する機会が与えられなければならず，
> ・すべての子どもは，ユニークな特性，関心，能力および学習のニーズをもっており，

・教育システムはきわめて多様なこうした特性やニーズを考慮にいれて計画・立案され，教育計画が実施されなければならず，

・特別な教育的ニーズをもつ子どもたちは，彼らのニーズに合致できる児童中心の教育学の枠内で調整する，通常の学校にアクセスしなければならず，

・このインクルーシブ志向をもつ通常の学校こそ，差別的態度と戦い，すべての人を喜んで受け入れる地域社会をつくり上げ，インクルーシブ社会を築き上げ，万人のための教育を達成する最も効果的な手段であり，さらにそれらは，大多数の子どもたちに効果的な教育を提供し，全教育システムの効率を高め，ついには費用対効果の高いものとする。

出典）国立特別支援教育総合研究所 HP
　　　https://www.nise.go.jp/blog/2000/05/b1_h060600_01.html

（3）「障害者の権利に関する条約」（以下，障害者権利条約）

　障害者権利条約は，障害のある人たちの人権および基本的自由の享有を確保し，障害のある人たちの固有の尊厳の尊重を促進することを目的として，障害者の権利の実現のための措置等について定めた国際条約である（2006 年 12 月 13 日に国連総会で採択，日本は 2014 年 1 月 20 日に批准）。「私たちの事を私たち抜きで決めないで（Nothing About us without us）」を合言葉に世界中の障害当事者が参加して作成された。この条約において定義された「障害に基づく差別」や合理的配慮の概念は，その後の日本の法律や制度にも大きな影響を及ぼした。また，この条約の第 24 条には教育に関する条項があり，インクルーシブ教育を推進することが盛り込まれている。

（4）障害のある児童及び生徒のための教科用特定図書等の普及の促進等に関する法律（以下，教科書バリアフリー法）

　教科書バリアフリー法は，2008 年 9 月 17 日施行の国内法である。目的は以下のようである。

教科書バリアフリー法　第1章　総則
（目的）
第1条　この法律は，教育の機会均等の趣旨にのっとり，障害のある児童及び生徒のための教科用特定図書等の発行の促進を図るとともに，その使用の支援について必要な措置を講ずること等により，教科用特定図書等の普及の促進等を図り，もって障害その他の特性の有無にかかわらず児童及び生徒が十分な教育を受けることができる学校教育の推進に資することを目的とする。

　この法律により，著作権法の一部が改正され，教科書発行者には**教科用特定図書等**を作成するための電子データの提供義務と教科用拡大図書（拡大教科書）

発行の努力義務が課せられ，教科用特定図書等の無償給付および給与等が行われるようになった。

（5）障害を理由とする差別の解消の推進に関する法律
（以下，障害者差別解消法）

障害者差別解消法は，障害者権利条約の締結に向けた国内法制度の整備の一環として，すべての国民が，障害の有無によって分け隔てられることなく，相互に人格と個性を尊重し合いながら共生する社会の実現に向け，障害を理由とする差別の解消を推進することを目的とした国内法である（2016 年 4 月 1 日施行）。この法律では，障害を理由とする差別的取り扱いの禁止（国・都道府県・市町村などの役所や，会社やお店などの事業者が，障害のある人に対して，正当な理由なく，障害を理由として差別することを禁止）と合理的配慮（国・都道府県・市町村などの役所や，会社やお店などの事業者に対して，障害のある人から，社会の中にあるバリアを取り除くために何らかの対応を必要としているとの意思が伝えられたときに，負担が重すぎない範囲で対応すること）の不提供の禁止が定められた。

2021 年 5 月，同法は改正され，障害を理由とする差別の解消の一層の推進を図るため，事業者に対し社会的障壁の除去の実施について必要かつ合理的な配慮をすることを義務づけるとともに，行政機関相互間の連携の強化を図るほか，障害を理由とする差別を解消するための支援措置を強化する措置を講ずることになった。改正法は，公布の日（2021 年 6 月 4 日）から起算して 3 年を超えない範囲内において施行される。

（6）視覚障害者等の読書環境の整備の推進に関する法律
（以下，読書バリアフリー法）

2013 年 6 月，**視覚障害者等**印刷物の判読に障害がある者の，発行された著作物の利用を促進するため，世界知的所有権機関（WIPO）において，「盲人，視覚障害者その他の印刷物の判読に障害のある者が発行された著作物を利用する機会を促進するためのマラケシュ条約」（以下，マラケシュ条約）が採択された。マラケシュ条約は，視覚障害者等のための著作権の制限及び例外を設定するとともに，当該制限及び例外を適用することにより作成された著作物の複製物を本条約の締約国間で交換する体制を整備するものであり，国境を越えてアクセシブルな図書を交換可能にする制度である。マラケシュ条約の採択を受け，日本では，「著作権法の一部を改正する法律」（平成 30 年法律第 30 号）や「読書バリアフリー法」（2019 年 6 月 28 日公布・施行）が施行された。読書バリアフリー法は，障害の有無にかかわらずすべての国民が等しく読書を通じて，文字・活字文化の恵沢を享受することができる社会の実現に向けて，視覚障害者等の読

教科用特定図書等
教科用拡大図書（p.9 参照），教科用点字図書（視覚障害を有する児童及び生徒の学習の用に供するため，点字により検定教科用図書等を複製した図書），その他障害のある児童及び生徒の学習の用に供するため作成した教材であって検定教科用図書等に代えて使用し得るもの。

視覚障害者等
ここでは，視覚障害，発達障害，肢体不自由等の障害により，書籍について，視覚による表現の認識が困難な者。

公衆送信
公衆によって直接受信
されることを目的とし
て無線通信または有線
電気通信の送信を行う
こと。具体的には放送，
有線放送，インターネッ
トにより，著作物を公
衆向けに送信すること。

DAISY 図書
第 2 章第 3 節 p.75 参照。

書環境の整備を総合的かつ計画的に推進していくことを目的とした法律である。これらの法律が成立したことで，学校図書館が，著作権者に許諾を得ることなく，視覚障害者等のために利用しやすい図書等へ複製したり，**公衆送信**したりすることができるようになった。その結果，副教材（補助教材）や学習参考書等の教科書以外の図書を，音声図書や拡大図書に変換したり，**DAISY**（デイジー）**図書**，テキストファイル，PDF ファイル等のアクセシブルな電子図書に変換したりして，視覚障害のある児童生徒に提供することが容易になった。

2　国内外の制度・政策等の動向に基づく自立活動の変化

　教育においては，「学習上又は生活上の困難」を改善・克服するために，特別支援学校学習指導要領に自立活動が位置づけられている。この自立活動の考え方も上述の障害を巡る国内外の制度・政策等の動向に基づいて，変化してきた。以下，特別支援学校教育要領・学習指導要領解説自立活動編（幼稚部・小学部・中学部）（平成 30 年，文部科学省）（以下，特別支援学校学習指導要領解説自立活動編）に示されているポイントを紹介する。

（1）障害のとらえ方の変化と自立活動とのかかわり

　特別支援学校学習指導要領解説自立活動編には，障害のとらえ方の変化と自立活動とのかかわりが明記されている。その中には，従前の学習指導要領等では，ICIDH の機能障害，能力障害，社会的不利の三つの概念を踏まえ，自立活動の指導によって改善・克服することが期待されていたのは，主として「能力障害」であり，それを「障害に基づく種々の困難」と示してきたことが述べられている。つまり，従前の学習指導要領等では，自立活動において「機能障害の結果として生じた能力障害」を改善・克服することが期待されていたことになる。

　これに対して，平成 29 年告示特別支援学校小学部・中学部学習指導要領では，WHO が ICF を採択したことに基づき，自立活動を ICF との関係でとらえる必要があることが指摘されている。すなわち，精神機能や視覚・聴覚等の「心身機能・身体構造」，歩行や日常生活動作等の「活動」，趣味や地域活動等の「参加」といった生活機能との関係で「障害」を把握することが大切であると述べられている。

　また，自立活動の指導の対象を「障害による学習上又は生活上の困難」としたうえで，困難を改善・克服するために，個人因子や環境因子等とのかかわりも踏まえる必要性についても言及している。さらに，障害のある人が日常・社会生活で受ける制限は，機能障害だけでなく，社会におけるさまざまな障壁（社会的障壁）と相対することによって生ずるとする「社会モデル」に基づいた障

害のとらえ方にも言及している。そして，自立活動においては，「人間として
の基本的な行動を遂行するために必要な要素（例えば，食べること，視覚や聴覚
を活用すること，歩くこと等の生活を営むために基本となる行動に関する要素＝ICF
の生活機能）」と「障害による学習上または生活上の困難を改善・克服するた
めに必要な要素（例えば，視覚障害ゆえの見えにくさを改善する方法を身につける
こと，あるいは病気の進行を予防するための自己管理の仕方を学ぶこと等の障害の
ある状態を改善・克服するための要素＝いわゆる障害）」の両方の視点を含む必要
があるとしている。また，「意欲」といった個人因子や「補助的手段の活用」
といった環境因子への介入についても言及されている。

（2）合理的配慮と自立活動とのかかわり

　特別支援学校学習指導要領解説自立活動編では，障害者基本法の第4条に
「社会的障壁の除去は，それを必要としている障害者が現に存し，かつ，その
実施に伴う負担が過重でないときは，それを怠ることによつて前項の規定に違
反することとならないよう，その実施について必要かつ合理的な配慮がされな
ければならない」という合理的配慮の提供を求める規定があることが紹介され
ている。また，学校教育における合理的配慮が，「障害のある子どもが，他の
子どもと平等に「教育を受ける権利」を享有・行使することを確保するために，
学校の設置者及び学校が必要かつ適当な変更・調整を行うことであり，障害の
ある子どもに対し，その状況に応じて，学校教育を受ける場合に個別に必要と
されるものであり，学校の設置者及び学校に対して，体制面，財政面において，
均衡を失した又は，過度の負担を課さないもの」と定義（中央教育審議会初等
中等教育分科会報告，2012年7月）されていることを紹介している。そして，自
立活動と合理的配慮の関係を以下の二つの視点でとらえる必要があることを述
べている。

・自立活動としては，障害による学習上又は生活上の困難を改善・克服するために，幼児児
童生徒が，困難な状況を認識し，困難を改善・克服するために必要となる知識，技能，態
度及び習慣を身につけるとともに，自己が活動しやすいように主体的に環境や状況を整え
る態度を養うことが大切であるという視点
・学校教育における合理的配慮は，障害のある幼児児童生徒が他の幼児児童生徒と平等に教
育を受けられるようにするために，障害のある個々の幼児児童生徒に対して，学校が行う
必要かつ適当な変更・調整という配慮であるという視点

また，自立活動と合理的配慮の関係を示す例を以下のように示している。

つまり，小さい文字が見えにくい弱視の児童が，他の児童と平等に授業を受けられるよう，教師が拡大したプリントを用意することは，この児童に対する合理的配慮であると言える。一方，この児童がプリントの文字が見えにくいという学習上の困難を主体的に改善・克服できるよう，弱視レンズ等を活用するために，知識，技能，態度及び習慣を養うことを目的に指導するのが自立活動である。両者は，きめ細かな実態把握が必要であること，個に応じたものなど共通点もあるが，その目的は異なっていることに留意が必要である。

3　教育において見ることの困難さを評価する際の視点

　　見ることの困難さの分類でも明らかなように，従来から見ることの困難さは，医学モデルに基づく機能障害の観点，すなわち，視力や視野等の視機能障害の観点から分類されてきた。教育においても，2002 年に「学校教育法施行令第 22 条の 3」の障害の程度が改正される前は「一　両眼の視力が 0.1 未満のもの，二　両眼の視力が 0.1 以上 0.3 未満のもの又は視力以外の視機能障害が高度のもののうち，点字による教育を必要とするもの又は将来点字による教育を必要とすることとなると認められるもの」と定められており，機能障害の観点が強かった。

　　2002 年の施行令の改正により，機能障害の基準（両眼の視力がおおむね 0.3 未満のもの又は視力以外の視機能障害が高度のもの）だけでなく，「拡大鏡等の使用によっても通常の文字，図形等の視覚による認識が不可能又は著しく困難な程度のもの」という活動制限の観点が加えられた。しかし，学校では，現在でも，医療の分野で眼疾患の予防や治療を目的に開発された視力や視野等の視機能検査の結果に基づいて見ることの困難さを判断することが少なくないように思われる。

　　例えば，視力が低い程，障害が重い（活動制限や参加制約が多い）という判断をしがちである。確かに，機能障害と活動制限や参加制約との間に緩やかな関係性はみられるが，両者の間に高い相関があるわけではない。例えば，視力（心身機能）と読書速度（活動）の相関は必ずしも高くない[3]。そのため，読書という活動に関するパフォーマンスは，ミネソタ読書チャート MNREAD-J[4] のような活動を直接測定することができる方法で評価する必要がある。

　　教育・福祉的なサービスを行うために，教育・福祉の担当者が弱視者と協力しながら行う見え方の評価を「視機能評価」と呼び，医療関係者が実施する治療を主目的とした「検査」と区別することを提案した中野[5] は，日常生活により近い状況や課題で見る機能を評価する必要性を指摘した。また，教育・福祉の観点からの視機能を評価する際には，生活を豊かにするうえで，どのような

場面でどれだけ視覚が活用できるかを把握し，その結果に基づいて，クライエントに合った適切なエイド（補助具）を紹介したり，見方のトレーニングをしたり，環境整備を行ったりする必要があることを指摘した。中野[5]の指摘したように，教育においては，日常的な場面と課題を用いて，環境因子との関係で活動や参加のパフォーマンス（実行状況）やキャパシティ（能力）を評価するような視機能の評価方法が必要不可欠だと考えられる。そして，活動や参加のパフォーマンス（実行状況）やキャパシティ（能力）が最大限に引き出せるような環境調整や教育的かかわりを行う必要がある。

演習課題
1. 障害を巡る国内外の制度・政策のポイントをまとめてみよう。
2. 合理的配慮と自立活動の関係について説明してみよう。
3. 教科書バリアフリー法や読書バリアフリー法によって何ができるようになったか考えてみよう。

引用文献
1) 花村春樹：「ノーマリゼーションの父」Ｎ・Ｅ・バンク＿ミケルセン，ミネルヴァ書房，1998.
2) ベンクト・ニィリエ著，河東田博訳：ノーマライゼーションの原理，現代書館，2004.
3) 武内栄希・柿澤敏文：弱視者の最大読書速度と臨界文字サイズに及ぼす近距離視力・最大視認力・読書視力の影響，障害科学研究，32, 73-81, 2008.
4) 小田浩一：ミネソタ読書チャート MNREAD-J，眼科診療プラクティス，57, 79, 2000.
5) 中野泰志：ロービジョン・ケアにおける教育・福祉的観点からの視機能評価の実際，日本視能訓練士協会誌，25, 49-57, 1997.

参考文献
・文部科学省：特別支援学校教育要領・学習指導要領解説自立活動編（幼稚部・小学部・中学部），2018.

4　インクルーシブ教育システム構築のための特別支援教育の推進

　日本におけるの障害のある子どもたちに対する教育制度が，特殊教育から特別支援教育に発展的に転換されてから十数年が経った。一方，インクルーシブ教育システムということばも耳にするようになった。

　これから日本は，インクルーシブ教育システムを推進することになるのだろうか，それとも引き続き，特別支援教育を推進するのだろうか。

1　特殊教育から特別支援教育へ

　前述のように特別支援教育は，学校教育法等の一部改正に伴い 2007 年 4 月 1 日に従前の特殊教育から発展的に転換された。

　特殊教育は，障害の種類や程度に対応して教育の場を整備し，そこできめ細かな教育を効果的に行うという視点で展開されてきた。具体的には，障害の状態により就学の猶予または免除を受けることを余儀なくされている児童生徒が多くいる事態を重く受け止め，教育の機会を確保するため，障害の重い，あるいは重複している児童生徒の教育に軸足を置いて条件整備が行われてきた。

　特別支援教育については，2007 年 4 月 1 日に文部科学省から発出された「特別支援教育の推進について（通知）」に，その理念が次のように示されている。

> 　特別支援教育は，障害のある幼児児童生徒の自立や社会参加に向けた主体的な取組を支援するという視点に立ち，幼児児童生徒一人一人の教育的ニーズを把握し，その持てる力を高め，生活や学習上の困難を改善又は克服するため，適切な指導及び必要な支援を行うものである。
>
> 　また，特別支援教育は，これまでの特殊教育の対象の障害だけでなく，知的な遅れのない発達障害も含めて，特別な支援を必要とする幼児児童生徒が在籍する全ての学校において実施されるものである。
>
> 　さらに，特別支援教育は，障害のある幼児児童生徒への教育にとどまらず，障害の有無やその他の個々の違いを認識しつつ様々な人々が生き生きと活躍できる共生社会の形成の基礎となるものであり，我が国の現在及び将来の社会にとって重要な意味を持っている。

共生社会
これまで必ずしも十分に社会参加できるような環境になかった障害者等が，積極的に参加・貢献していくことができる社会。

　特別支援教育は，知的な遅れのない発達障害も含めて，特別な支援を必要とする幼児児童生徒が在籍するすべての学校において実施されるものとしていることが重要である。あえてことばを補えば「すべての学校，すべての学級」ということになろう。また，日本において最も積極的に取り組むべきとされている「共生社会の形成」の基盤という重要な役割を担っているとしていることも押さえておきたい。

2　インクルーシブ教育システム

　インクルーシブ教育システム（inclusive education system）は，2006 年に国連総会において採択された 21 世紀初の人権に関する条約である**障害者権利条約**で初めて提唱された。

障害者権利条約
p.12 参照。

障害者差別解消法
p.13 参照。

　本条約の署名から批准までのプロセスにおいて，障害者基本法の改正，**障害者差別解消法**の国内法等の整備がなされた。教育分野においては，中央教育審議会初等中等教育分科会に設けられた「特別支援教育の在り方に関する特別委

員会」において議論がなされ，2016年に「インクルーシブ教育システム構築のための特別支援教育の推進（報告）」が取りまとめられた。本報告は，インクルーシブ教育システムの定義について次のように示している。

> 　インクルーシブ教育システムとは，人間の多様性の尊重等の強化，障害者が精神的及び身体的な能力等を可能な最大限度まで発達させ，自由な社会に効果的に参加することを可能とするとの目的の下，障害のある者と障害のない者が共に学ぶ仕組みであり，障害のある者がgeneral education system（一般的な教育制度）から排除されないこと，自己の生活する地域において初等中等教育の機会が与えられること，個人に必要な「合理的配慮」が提供される等が必要とされている。

general education system（一般的な教育制度）
教育行政により提供される公教育であり，特別支援学校等での教育も含まれると解される。

インクルーシブ教育システムは，障害のある者とない者がともに学ぶ仕組みであって，特別支援学校等はその仕組みに組み込まれている。さらに報告では次のように整理している。

> 　共生社会の形成に向けて，障害者の権利に関する条約に基づくインクルーシブ教育システムの理念が重要であり，その構築のため，特別支援教育を着実に進めていく必要があると考える。

冒頭の問に答えることとなるが，インクルーシブ教育システムと特別支援教育とどちらを推進するのかといった二者択一的なものではないことがおわかりいただけよう。日本では，特別支援教育を着実に進めていくことが引き続き求められている。さらに報告では仕組みづくりについて次のように示している。

> 　インクルーシブ教育システムにおいては，同じ場で共に学ぶことを追求するとともに，個別の教育的ニーズのある幼児児童生徒に対して，自立と社会参加を見据えて，その時点で教育的ニーズに最も的確に応える指導を提供できる，多様で柔軟な仕組みを整備することが重要である。小・中学校における通常の学級，通級による指導，特別支援学級，特別支援学校といった，連続性のある「多様な学びの場」を用意しておくことが必要である。
> ※2018年度から高等学校における通級による指導が制度化されている。

「同じ場で共に学ぶことを追求する」においては，例えば障害のある子どもが単に小学校の通常の学級に在籍し，授業の時間を過ごしていればいいということではない。障害のある子どももない子どもも，授業内容がわかり学習活動に参加している実感・達成感をもちながら，充実した時間を過ごしつつ，生きる力を身につけていけるかどうかが最も本質的な視点である。

また，特別支援学校に在籍すると同じ場でともに過ごすことができないではないかという意見がある。その際，重要になってくるのが，**交流及び共同学習**

交流及び共同学習
障害のある児童生徒と障害のない児童生徒が学校教育の一環として活動をともにする学習形態。実施にあたっては，相互に有意義な活動となることが重要。

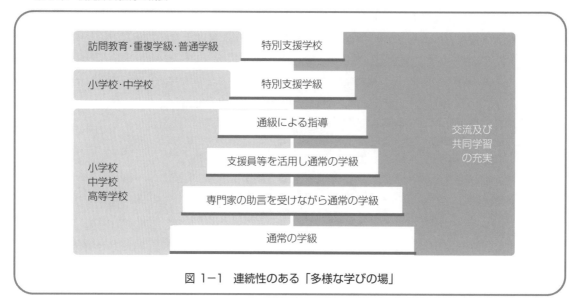

図 1−1 連続性のある「多様な学びの場」

障害者基本法第 16 条（教育）第 3 項
国及び地方公共団体は、障害者である児童及び生徒と障害者でない児童及び生徒との交流及び共同学習を積極的に進めることによって、その相互理解を促進しなければならない。

交流及び共同学習ガイド

の推進である。交流及び共同学習については、**障害者基本法第 16 条（教育）第3項**に規定されている。また、平成 29 年告示学習指導要領（2016・2017 年度改訂）の総則においても、交流及び共同学習の機会を設け、組織的かつ計画的に行うものとし、ともに尊重し合いながら協働して生活していく態度を育むようにすることと示している。なお、文部科学省は 2019 年 3 月に「**交流及び共同学習ガイド**」の改訂版を公表したので参照いただきたい。

「多様で柔軟な仕組みの整備」について、文部科学省は 2013 年に学校教育法施行令の改正により就学先決定の仕組みを改めた。具体的には、学校教育法施行令第 22 条の 3 に示す就学基準に該当する障害のある児童生徒等は原則特別支援学校に就学するという従来の仕組みを改め、障害の状態等を踏まえた総合的な観点から就学先を決定する仕組みへの改正、障害の状態等の変化を踏まえた転学に関する規定の整備などがあげられる。「多様な学びの場」については、図 1−1 を参照されたい。

3 視覚障害のある子どもの多様な学びの場

視覚障害のある子どもの学びの場の現状はどうなっているのだろうか。

前述の多様な学びの場でいえば、小・中・高等学校等の通常の学級、小・中学校等の弱視特別支援学級、小・中・高等学校等の通級による指導（弱視）、そして視覚特別支援学校で学んでいる。

また、前述した 2013 年学校教育法施行令改正に伴い、例えば、改正前であれば点字を常用して学習する子ども（学校教育法施行令第 22 条の 3 に該当）は原則視覚特別支援学校に就学していたが、保護者および教育・医学等の専門家

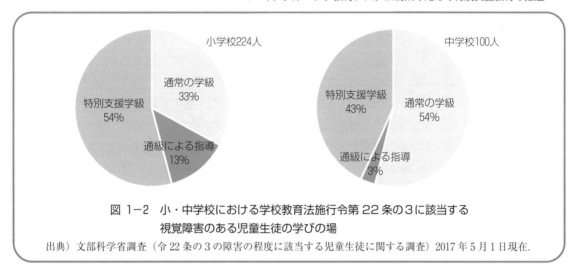

図 1−2　小・中学校における学校教育法施行令第 22 条の３に該当する
視覚障害のある児童生徒の学びの場

出典）文部科学省調査（令 22 条の３の障害の程度に該当する児童生徒に関する調査）2017 年 5 月 1 日現在.

の意見を踏まえた市区町村教育委員会の総合的な判断により，地域の小学校等に就学し，必要に応じて合理的配慮等を受けながら学ぶケースが増えてきている。その際の学びの場として，通常の学級，弱視特別支援学級および通級による指導（弱視）のいずれで学ぶかは，総合的に判断されている。図1−2は，学校教育法施行令第 22 条の３に該当する視覚障害のある子どもの小・中学校での学びの場を示したものである。小学校と中学校とで，学びの場の割合が異なっていることがわかる。次にそれぞれの学びの場の概要について，視覚特別支援学校から順に述べる。

（1）視覚特別支援学校

　従前の「盲学校」である。2007 年の学校教育法等の一部改正に伴い特別支援学校に一本化されたため，盲学校のみならず聾学校，養護学校とも法令上の位置づけはない。しかし，「○○盲学校」のように従前の校名を引き継ぐことは可能である。在籍者数は，1959 年の 1 万 264 人をピークに減少傾向である。2016 年に 3,000 人を下回り，2021 年は 2,366 人であった。在籍者数の減少への対応は大きな課題である。

　視覚特別支援学校に就学できる障害の程度は，学校教育法施行令第 22 条の３に次のように示されている。

校　名
「○○盲学校」と従前の校名から変更をしていない学校が 41 校（61％），「○○視覚特別支援学校」などが 26 校（39％）である。中には，歴史上の偉人名を校名にしている学校もある。
※埼玉県立特別支援学校塙保己一学園

両眼の視力がおおむね 0.3 未満のもの又は視力以外の視機能障害が高度のもののうち，拡大鏡等の使用によつても通常の文字，図形等の視覚による認識が不可能又は著しく困難な程度のもの

ここで「おおむね 0.3 未満」としているのは，視力 0.5 程度までも想定する

とともに，学習するために必要となる視覚による認識機能を判断の基準とすることができるようにしたためである。また，視力だけではなく，視野などの視機能障害についても，小・中学校において学習に支障を来すかどうかを判断の指標としている。

「拡大鏡等」については，視力矯正後でも物体の認識力が低い場合に使用する弱視レンズ類を意味しており，屈折異常を矯正するのみで拡大する機能のない眼鏡とは異なる。また，拡大読書器やタブレット端末は含まない。

「通常の文字」とは，小・中学校の検定済教科書等において通常使用される大きさの文字をいう。

（2）弱視特別支援学級

特別支援学級は，学校教育法第 81 条第 2 項に基づき小・中学校等に設置されている。制度上は，高等学校にも設置できることとなっている。そのうち弱視特別支援学級の学級数および在籍者数は増加傾向にあり，2020 年度は学級数 561（2007 年度比 2.14 倍），在籍者数 643 人（2007 年度比 1.94 倍）である。

特別支援学級（弱視）の対象となる障害の程度は，「障害のある児童生徒等に対する早期からの一貫した支援について（通知）」（25 文科初第 756 号，2013 年 10 月 4 日）に次のように示されている。

> 拡大鏡等の使用によっても通常の文字，図形等の視覚による認識が困難な程度のもの

特別支援学級については，学校教育法施行規則第 138 条により特別の教育課程を編成できることとなっている。具体的には，平成 29 年告示小・中学校学習指導要領総則において，特別の教育課程を編成する場合は自立活動を取り入れること，個別の教育支援計画や個別の指導計画を作成・活用すること等を示している。弱視特別支援学級における教育課程等の詳細は，第 3 章第 3 節を参照されたい。

（3）通級による指導（弱視）

通級による指導（弱視）は，学校教育法施行規則 140 条，141 条に基づき設置されている。2018 年度から高等学校における通級による指導が制度化され，小学校段階から高等学校段階までの連続性のある学びの場が整備された。

通級による指導（弱視）で学ぶ児童生徒数は弱視特別支援学級と同様増加傾向にあり，2019 年度は小学校 191 人（2007 年度比 1.42 倍），中学校 27 人（2007 年度比 1.28 倍）である。高等学校は 4 人である。

通級による指導（弱視）の対象となる障害の程度は，「障害のある児童生徒等に対する早期からの一貫した支援について（通知）」（25 文科初第 756 号，2013

高等学校における通級による指導
通級による指導で実施した障害に応じた特別の指導に係る修得単位数を，年間 7 単位を超えない範囲で全課程の修了を認めるに必要な単位数に加えることができる。

年10月4日）に次のように示されている。

> 拡大鏡等の使用によっても通常の文字，図形等の視覚による認識が困難な程度の者で，通常の学級での学習におおむね参加でき，一部特別な指導を必要とするもの

　通級による指導については，学校教育法施行規則第140条により特別の教育課程を編成できることとなっている。具体的には，平成29年告示小・中学校学習指導要領総則において，特別の教育課程を編成する場合は，自立活動を参考として，具体的な目標や内容を定め，指導を行うこと，個別の教育支援計画や個別の指導計画を作成・活用すること等を示している。通級による指導（弱視）における教育課程等の詳細については，第3章第3節を参照されたい。

（4）通常の学級

　小・中・高等学校の通常の学級（通級による指導を受けていない）に視覚障害のある児童生徒は，どのくらい在籍しているのだろうか。
　前述のように学校教育法施行令第22条の3に該当する児童生徒の在籍数は文部科学省調査で明らかになっているが，それ以外の障害の程度の児童生徒に関するデータはない。おそらく相当数の視覚障害のある児童生徒が在籍しているであろう。各学校においては，視覚障害の状態等に応じて，特別支援教育支援員を配置したり，視覚特別支援学校の**センター的機能**を活用したりするなどして，他の児童生徒同様に十分に学べるよう支援が行われている。

センター的機能
学校教育法第74条に，特別支援学校は幼稚園，小・中・高等学校，義務教育学校等の要請に応じて，障害による特別な支援の必要な子どもの教育に関し必要な助言・援助を行うよう努めることが規定されている。
第3章第2節 p.118参照。

[演習]課題
1. インクルーシブ教育システムと特別支援教育のそれぞれの意義を踏まえ，どう関連しているのかを考えてみよう。
2. 視覚障害のある子どもの学びの場について，それぞれの対象となる視覚障害の程度，根拠法令についてまとめてみよう。

参考文献
・青木隆一・神尾裕治監修：新訂版 視覚障害教育入門Q＆A－確かな専門性の基盤となる基礎的な知識を身に付けるために－，ジアース教育新社，2018.
・文部科学省学校基本調査.
　https://www.mext.go.jp/b_menu/toukei/chousa01/kihon/1267995.htm （最終閲覧：2022年3月10日）

第2章

心理・生理・病理

① 医学的基礎知識（生理・病理）

1　ものを見る仕組み・構造

眼窩
頭蓋骨の眼の部分の窪み。

　眼は視覚にかかわる感覚器のひとつである。解剖学的には**眼窩**の中に位置し，視覚刺激を受容する眼球と，その信号を脳へと伝達する視神経，これに眼球付属器が加わって構成されている。眼球はカメラのような構造をしており，レンズは角膜と水晶体，フィルムは網膜，絞りは虹彩と呼ばれる（図2-1，図2-2）。

　眼球の壁は前方が透明な角膜，その他の部位は強膜という不透明の組織で構成される。角膜は光を眼球内に透過させるとともに，レンズとして光を屈折させる（図2-3）。一般に瞳と呼ばれる丸い穴を瞳孔といい，周辺の茶色い組織が虹彩である。虹彩はカメラの絞りと同じように，瞳孔を通る光の量を調節している。虹彩の奥には水晶体というもうひとつのレンズがあり，周囲の毛様体という筋肉が収縮したりゆるんだりして厚さを変化させる。遠くの物体も近く

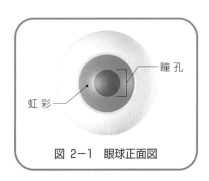

図 2-1　眼球正面図

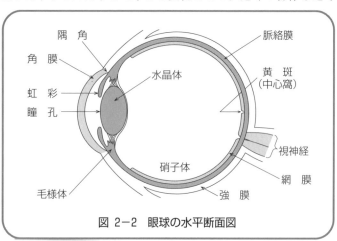

図 2-2　眼球の水平断面図

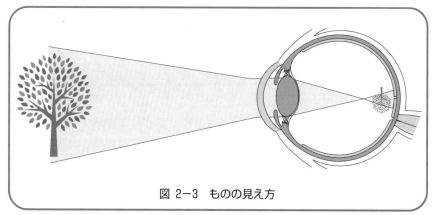

図 2-3 ものの見え方

の物体も網膜に正しく焦点を結ぶように調節している。水晶体の後方の空間は硝子体という無色透明のゼリー状物質で満たされており，その奥には光を感受する視細胞を含む網膜がフィルムの役割を担っている。網膜の中心部は特に視細胞の密度が高く，黄斑と呼ばれる（図2-4）。視細胞の密度が高いほうが，視力が高くなるため，黄斑は周辺より視力が高い。特にその中心にある中心窩が最も視力が高く，周辺に向かって徐々に視力が低下していく。

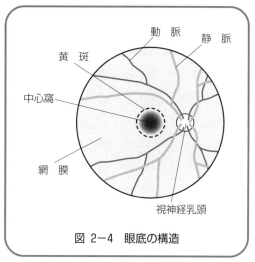

図 2-4 眼底の構造

　網膜に到達した光の刺激は視神経を伝って脳の最も後ろにある**視覚野**に送られる（図2-5）。網膜の外層には血管が豊富な脈絡膜があり，網膜に栄養を届けている。虹彩・毛様体・脈絡膜は一連の組織からなり，合わせてぶどう膜と呼ばれる。脈絡膜の外側は線維性の硬い強膜で覆われており，眼球の形状を保っている。

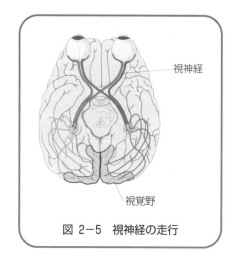

図 2-5 視神経の走行

視覚野
脳の後ろのほうにある，視覚に関する情報を処理する部分。

25

2　主な眼疾患

（1）近　視

　近視とは，遠くからやってきた光が眼内に入った後，網膜の前方で焦点を結ぶ状態をいう。近視の程度は，概ね瞳孔から入った光がどれだけ網膜より前方に焦点を結ぶかで決まる（図2-6）。つまり眼が長ければ長いほど近視の程度は強くなる。焦点を結ぶ位置を後方にするために，矯正には凹レンズを使用する。強度近視の眼では眼球の壁を構成する網膜，脈絡膜，強膜が引き伸ばされて薄くなる。薄くなった網膜や脈絡膜は通常の大きさの眼と比較して加齢とともに病気に対して弱くなる。

（2）遠　視

屈折矯正
近視や遠視などの，眼の屈折力に問題がある状態を屈折異常，その問題を眼鏡などのレンズで解消することを屈折矯正という。

　遠視とは，眼内に入った光が網膜より後方で焦点を結ぶ状態をいう。遠視眼では眼鏡等で**屈折矯正**を行わない限り光が網膜で結像しないので，出生後の視力の発達が妨げられ，斜視や弱視の原因となる。そのため，早期から眼鏡での矯正が必要となる。

（3）弱視（医学的弱視）

　幼少期に何らかの理由で視力が成長しなかったために特に病気がないようにみえても視力が出ない状態のことを弱視（医学的弱視）という。弱視（医学的弱視）の原因として，遠視や乱視，先天性白内障，斜視などがある。治療としては，屈折矯正やあえて視力のよいほうの眼を遮蔽して視力が悪いほうの眼を使うように促す弱視訓練を行う。弱視（医学的弱視）の治療は10歳あたり（臨界期）を超えると反応しにくくなるためできる限り早く治療を開始することが望ましい（図2-7）。

（4）小眼球

胎生期
胎児の時期。

先天異常
生まれつきの異常。

　胎生期の発生異常により発症する**先天異常**である。眼球が小さいだけでなく，小角膜，球状水晶体，緑内障，ぶどう膜欠損などを合併し，視機能の発達が妨げられる。

（5）角膜ジストロフィー（図2-8）

羞明
まぶしさ。
p.55 参照。

　遺伝子異常により透明な角膜にさまざまな物質が沈着し角膜混濁を生じる疾患の総称である。通常は成長とともに混濁も強くなり，成人以降に視力低下や羞明を生じるが，生下時や学童期から角膜混濁を生じる者もあり，弱視（医学的弱視）の原因となる。

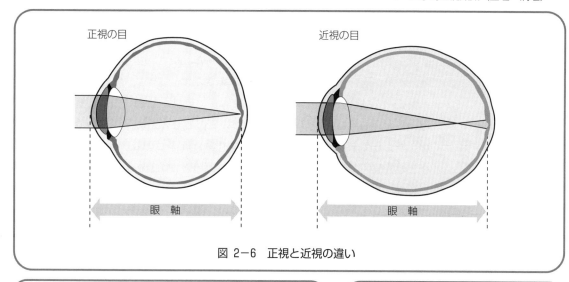

図 2-6　正視と近視の違い

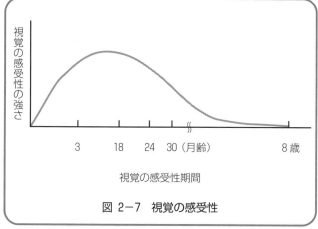

図 2-7　視覚の感受性

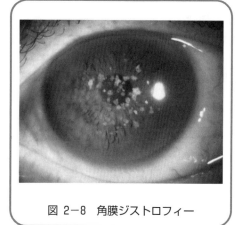

図 2-8　角膜ジストロフィー

コラム　医学的弱視と教育的弱視

　医学では弱視ということばに二つの意味合いがある。医学的弱視と教育的弱視である。医学的弱視は何らかの病変がないにもかかわらずみられる視力低下の状態をさし，アンブリオピアといわれる。視機能の発達期に遠視や斜視などがあると生じるとされている。教育的弱視は屈折矯正をしてもなお日常生活に支障をきたす視機能の低下がある状態をさし，ロービジョンといわれる。教育的弱視に相当する医学での用語は「ロービジョン」である。ロービジョンは主に医学で用いられる用語であり，教育では弱視という用語が一般的に用いられている。また，単に「弱視」という場合は，人ではなくその状態をさす。

　（本書では，教育的弱視を「弱視」もしくは「弱視（ロービジョン）」と表記し，医学的弱視を「弱視（医学的弱視）」と表記する）

（6）白内障 （図2-9）

　水晶体はレンズの働きをする組織であるが，水晶体のたんぱくが種々の原因により変性すると，透明な水晶体は混濁する。混濁が中等度では霧視や羞明を訴えるが，進行すると高度な視力低下をきたす。

霧　視
視界がかすんで見えること。視覚情報経路の混濁により生じる。

　表2-1に原因別の分類を示す。最も多いのは，加齢による加齢白内障である。先天白内障は弱視（医学的弱視）の原因となるため，早期の手術が必要になる。またアトピー性皮膚炎がある場合には炎症によるかゆみでかく・たたくなどの機械的刺激が白内障や網膜剥離の原因となるため，皮膚炎の治療が重要である。

（7）ぶどう膜欠損

　胎生期の発生異常によりぶどう膜の形成が不完全となり，虹彩欠損や脈絡膜欠損を生じる。脈絡膜が欠損した部分は網膜の形成も不良であり，弱視（医学的弱視）や眼振を伴うことが多い。

眼　振
p.35参照。

（8）白子症

　遺伝性のメラニン形成異常で，全身的に低色素となる眼皮膚白子症（全身白子症）と，眼に限局する眼白子症がある。ぶどう膜はメラニン色素を欠き，白うさぎの眼のようにみえる。黄斑は低形成で弱視となる。

（9）未熟児網膜症

　低出生体重児は網膜血管の発育が未熟である。出産直後に高濃度酸素を投与されると，網膜の末梢血管に閉塞性変化が起こり，虚血に陥った網膜周辺部には新生血管が生じる。新生血管は網膜剥離を起こし，失明の原因となる。

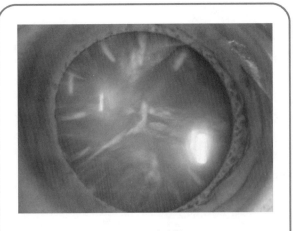

図 2-9　白内障

表 2-1　白内障の原因

種　類	原　因
先天白内障	遺伝性，胎児感染症（風疹，水痘，サイトメガロウイルス）
加齢白内障	加　齢
外傷性白内障	外　傷
併発白内障	ぶどう膜炎，糖尿病，アトピー性皮膚炎，ダウン症
薬物白内障	ステロイド，フェノチアジン
その他	放射線，紫外線，赤外線

（10）網膜色素変性

遺伝子変異により**桿体細胞**が障害され，両眼性の夜盲や求心性視野狭窄を来す。遺伝性のあるものでは常染色体劣性遺伝が多いため，血族結婚の家系に多くみられる。しかし，家族歴のない孤発例もみられる。視野狭窄（図2-10）の進行は個人差が大きいが，中心視野は末期まで保たれることが多い。

（11）色覚異常

色は**錐体細胞**に含まれる青・緑・赤3種の視物質により認識されている。いずれかの視物質の異常により色覚異常を生じる。異常の程度はさまざまであるが，最も多いのは先天赤緑色覚異常で，X染色体劣性遺伝形式を取り，日本人では男性の約5％，女性の0.2％である。先天性色覚異常の場合に区別しにくい**混同色**がある。また，赤緑色覚異常では赤・緑・茶色の区別が難しいため，例えば焼けた肉と生肉が見分けられないことがある。

色覚異常の主な検査には，石原式色覚検査表によるもの，パネルD-15テスト（図2-11），アノマロスコープ（図2-12）がある。石原式色覚検査表はス

桿体細胞
視細胞の中で明暗を主に感じる細胞。暗いところで働くため機能しないと夜盲（暗くなると見えにくくなる）が生じる。網膜の中心部には存在せず，周辺に分布する。細かいものまで認識する力は低い。

錐体細胞
視細胞の中で色を感じる細胞。明るい所で働き，中心窩から黄斑にかけて最も多く分布する。細かいものまで認識する力は高い。

色覚異常の混同色
「赤／緑／茶」
「ピンク／水色／灰色」
「黄緑／オレンジ」
「　　　」で括った色は見分けがつきにくく，混同色といわれる組み合わせの例である。

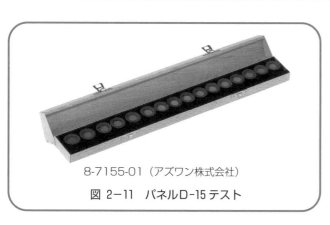

図 2-10 視野狭窄

8-7155-01（アズワン株式会社）

図 2-11 パネルD-15テスト

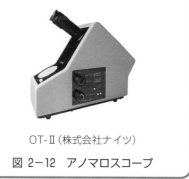

OT-Ⅱ（株式会社ナイツ）

図 2-12 アノマロスコープ

クリーニングとして，パネルD-15テストは程度の評価に，アノマロスコープは確定診断に使用する。色覚異常に治療法はなく，自身の見え方の違いを理解することが重要である。

（12）緑内障

　眼球内には毛様体でつくられた房水が循環しており，最終的に隅角の線維柱帯，シュレム管を通って眼外に排出される。隅角の形成異常により房水が眼外に排出されないと眼圧が上昇し，視神経が圧迫されることで障害される（図2-13）。視神経が障害されると視野が狭窄していき，進行すると失明する。一度障害された視神経は回復しないため，点眼薬や手術により眼圧を下げることで進行を防ぐ。

　緑内障は，原発開放隅角緑内障（図2-14），原発閉塞隅角緑内障（図2-15），ぶどう膜炎やステロイドなどが原因の続発緑内障，先天性の発達緑内障に分類される。発達緑内障は1歳までに発症する早発型と10〜20歳代に発症することの多い遅発型に分かれる。また，無虹彩症やペータース奇形などのさまざまな先天異常を伴った発達緑内障もある。

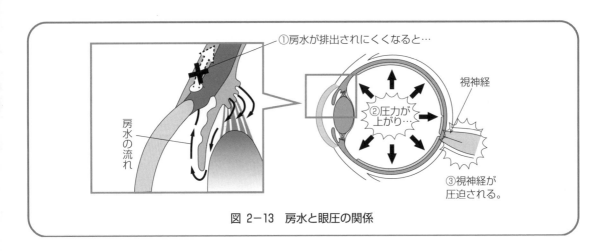

①房水が排出されにくくなると…

視神経

②圧力が
上がり…

房水の流れ

③視神経が
圧迫される。

図 2-13　房水と眼圧の関係

コラム　色覚検査と職業

　現在は雇用時の健康診断から色覚検査が原則禁止され，色覚異常によって不当に制限されることは緩和された。しかし，パイロットや鉄道の運転手，自衛官など，職業によっては色覚異常がハンディキャップになることがある。色覚検査は希望者への検査となっているため，教育者は色覚異常への正確な知識を習得し，保護者に対しても色覚異常の周知をし，希望者には検査を行うことが必要である。

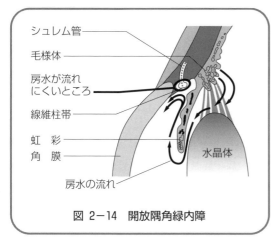

図 2−14　開放隅角緑内障

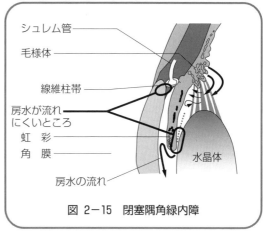

図 2−15　閉塞隅角緑内障

（13）レーベル遺伝性視神経症

　ミトコンドリア遺伝子の異常により発症する代表的な遺伝性視神経症である。20歳代の発症が多いが，小児期や壮年期に発症することもあり，ほとんどが男性である。両眼性の中心暗点が徐々に拡大していき，視力は0.1以下となるが，周辺視野は残る。

3　医学的評価

（1）屈折異常

　強度の屈折異常は**眼位異常**を伴うため，家族が気づき受診したり，3歳児健診時に指摘されることが多い。眼科では**レチノスコピー**や**レフラクトメーター**で屈折度数を測定し，視力の発達が妨げられる可能性があれば眼鏡等で矯正を行う。特に小児の場合にはピントを合わせる調節力による影響が強く出るために，正確な屈折検査を行う場合には調節力を抑える目的でサイプレジン®点眼を使用してから検査を行う必要がある。点眼後は散瞳された状態になるので，1日程度は近くにピントを合わせにくくなったり，まぶしく感じる。

眼位異常
左右の視線が合わない状態。

レチノスコピー
レフラクトメーター
屈折を測ることができる器械。

コラム　緑内障と緑内障禁忌薬

　緑内障と緑内障発作は異なる疾患である。緑内障とは異なり，急性緑内障発作は狭隅角のために，房水の流れが妨げられ急激に眼圧が上昇するものである。また，緑内障が禁忌となっている薬は閉塞隅角緑内障や狭隅角の場合に急性緑内障発作を起こす可能性があるためである。緑内障患者すべてに使用してはいけない薬ではない。

（2）未熟児網膜症 （図 2−16）

NICU
新生児集中治療室のこと。

　在胎週数 32 週以下や，出生時体重 1,600g 以下で発症しやすいため，リスクの高い児には出生後に NICU で眼底検査を行う。自然治癒することもあるが，進行した網膜症にはレーザー治療を行うことで，合併症が起きるのを防ぐ。

（3）染色体異常

　ダウン症などの染色体異常では眼にさまざまな合併症を生じることが多い。ダウン症に合併するものとしては，屈折異常・斜視・先天性白内障・眼振などがあり，これらが複合していることが多い。弱視（医学的弱視）にならないためには早めに眼鏡による矯正や白内障手術などの治療をすることが好ましいが，知的障害が合併していることも多く検査や診察が難しい場合がある。

（4）網膜剥離

飛蚊症
視界に虫のようなものが見える症状。

　硝子体が網膜を牽引することで網膜に穴が開き，剥がれることを網膜剥離（図 2−17）という。初期症状としては**飛蚊症**を訴えることが多い。進行すると，視野が欠けていき，剥離が網膜の中心部（黄斑部）まで進行すると視力は著しく低下する。治療には手術が必要である。

　手術には網膜復位術と硝子体手術の 2 種類がある。

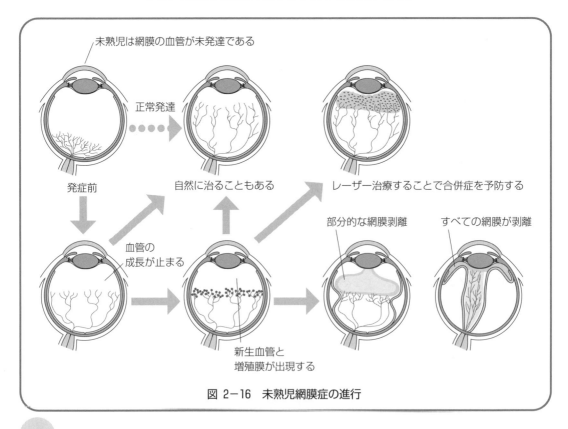

図 2−16　未熟児網膜症の進行

　網膜復位術（図2–18）は網膜裂孔に対して，強膜の外側からシリコン製のスポンジで抑えることによって，網膜裂孔を塞ぐ手術である。基本的には若年者の網膜剥離は網膜復位術を行うことが多い。

　硝子体手術（図2–19）は，高齢者や硝子体腔に出血を生じている場合に選

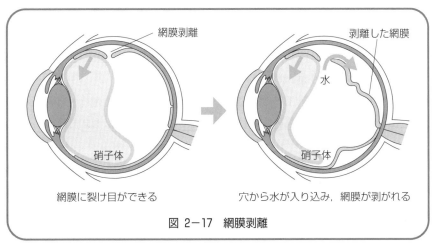

図 2–17　網膜剥離

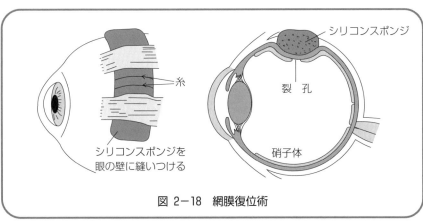

図 2–18　網膜復位術

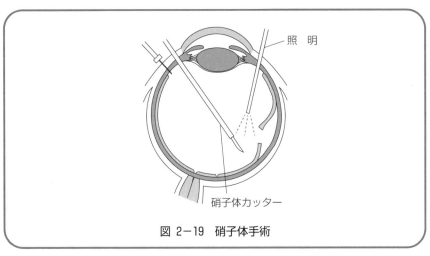

図 2–19　硝子体手術

択する。手術では，硝子体腔にカッターを挿入し，網膜剥離の原因になっている硝子体を切除し，裂孔の周囲をレーザーで凝固させる。手術の最後に眼内へガスを注入し，**タンポナーデ効果**で剥がれた網膜を内側から押さえる。網膜剥離の程度によっては網膜を長時間押さえておくために，ガスの代わりにシリコンオイルを注入することもある。シリコンオイルを入れた場合には，しばらくして網膜が落ち着いたらオイルを抜くための手術が必要になることが多い。

タンポナーデ効果
空間に物質が充満することで圧迫する効果のこと。

（5）網膜色素変性症（図2-20，表2-2）

　遺伝子変異により，夜盲や視野狭窄が徐々に進行していく遺伝性の網膜疾患である。常染色体潜性（劣性）遺伝が多いがさまざまな遺伝形式を取る。視野狭窄は周辺部から中央に向かって求心的に進行し，末期になると10度以下に狭窄する。現在有効な治療法はなく，アダプチノール®の内服などを行うこともある。本症に聴覚障害を合併したものをアッシャー症候群，多指・合指症，肥満，性腺機能低下症，精神発達遅滞などを合併したものをローレンス・ムーン・ビードル症候群，精神発達遅滞，聴覚障害，低身長，早老などを合併したものをコケイン症候群という。

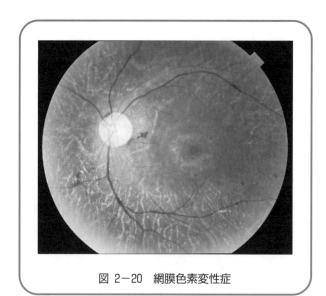

図 2-20　網膜色素変性症

表 2-2　網膜色素変性症を合併する病気

網膜色素変性症を合併する病気	合併症
アッシャー症候群	聴覚障害
ローレンス・ムーン・ビードル症候群	多指症・合指症・性腺機能低下症・慢性腎障害・精神発達遅滞・肥満
コケイン症候群	聴覚障害・光線過敏症・早老・精神発達遅滞

（6）眼　振

　眼球が不随意に振動するように動く症状のことを**眼振**という。視力不良のために生じるものや，斜視・めまいや脳の異常のために生じるものもある。先天性の場合は揺れて見える自覚をもたないことが多いが，揺れが大きいほど視力は低下している。斜視が原因であれば眼鏡や手術で治療を行い，視力不良となる疾患があるのであればその治療を行う。

眼　振
眼球振盪ともいう。

演習課題

1. ものを見るためにどのように光を受容し，脳へ伝えるのか，仕組みをまとめてみよう。
2. 眼疾患にはさまざまなものがあるが，弱視（医学的弱視）の原因となる疾患にはどのようなものがあるか，考えてみよう。
3. 眼疾患には治療を行うことで視力の障害を免れる疾患，治療法がない疾患がある。それぞれどのような疾患があるか，考えてみよう。

---

② 心理学的基礎知識（視力・視機能評価）と指導への応用

1　教育的な視機能評価の基本的な考え方

　視覚障害児の教育に携わるにあたっては，第1章第3節 p.16 で述べられているように，教育的に見え方をとらえていく視点が求められる。実際の学びの環境を考えると，必ずしも眼科の検査環境，すなわち明るい室内，定まった視距離，**視標**がくっきり見える状態と同じではない。視対象の大きさや**コントラスト**，視距離や環境の明るさはさまざまである。例えば教室の明るさは図2−21 に示したように天気や時間帯によって変化する。距離もさまざまで，机の上に教科書を広げて読むこともあれば，教室で黒板を見ることや運動場や体育館で遠くを見ることもある。このように多様な状況での見え方を考えなければならない。また，指導のあり方についても，全員がよく見えていることを前提とした教室での一斉指導とは異なるものとして考えなければならない。

視　標
視力検査などの「見る検査」において提示される，見るための標的。

コントラスト
p.56 および第3章第4節 p.157 参照。

　さらに，視覚障害児の中には通常の医学的検査が困難な子どももいる。医学的な検査は確実な診断を下す必要があるため，「光の認識はできているし，周囲の様子を視覚的に認識している様子があるけれども，視力検査では光の有無までしか評価できない」場合には「光覚あり（光の認識はできる）」という結果になる。しかし，教育的には，実際にどの程度視覚を活用できているのかに基づいて，かかわりを検討することが求められる。そこで，実際の学習場面で光

図 2−21　見る環境・条件はさまざま

の認識以上に何ができるのかについて，本人ができることを生かして応用的評価を行う必要がある。このような評価を教育的な視機能評価と呼ぶ。

　教育的な視機能評価とは「子どもたちの生きる力を養い，生活を豊かにする上でどのような場面でどれだけ視覚が活用できているかを把握し，その結果に基づいて，より快適で効果的な学習や生活の環境を作ることを第一義として日々の生活の中で実施するもの」[1] である。医学的な検査は基礎情報として大切である一方で，実際の学習や生活の場面での見え方も同じように大切に考えるということである。また，医学的な検査結果について，「この結果から，学習指導・生活支援において活用できることは何か」と実際のかかわりに生かそうと教育的視点から検討を行うことも大切である。

　ところで，視覚障害児の見え方について「残存」視機能（視力，視野等）と呼ぶことがあるが，これは，病気等の結果，標準・健康な状態から引き算をして残った視覚を意味することになる。一方，「保有」視機能（視力，視野等）という呼び方があり，これは，今その人が一個人として有している視覚を意味する。その見え方で生活，学習するのによい方法を検討しようという思考であると考えることができる。

2 「どれくらい細かいものまで見えているのか」の評価と指導への応用

（1）視力とは

　「どれくらい細かいものまで見えているのか」をとらえる指標として視力がある。どれくらい細かいものまで見えるのか，そのぎりぎりの値を表したものといえる。視力は「物体の形や存在を認識する眼の能力」ということができるが，「何を認識するのか」によって，図2-22に示すように最小視認閾，最小分離閾，最小可読閾，副尺視力の四つに分けられる。

　①　**最小視認閾**　そこに何かが「ある」ことを認める閾値であり，どれくらい小さなものまで，「ある」ということを認識できるか，ということである。

　②　**最小分離閾**　2本の線などが分離して見分けられる閾値であり，どれくらい2本の線が近づいても，1本に見えてしまうことなく「2本である」と認識できるか，ということである。

　③　**最小可読閾**　文字や図形を，「何か」ではなく，その文字や図形として認識する閾値であり，どれくらい小さなものまで，「それが何であるか」ということを認識できるか，ということである。

　④　**副尺視力**　直線のずれを見分ける閾値であり，どれくらいわずかなずれまで真っすぐと判断せず，「ずれがある」と識別できるか，ということである。

　このように，「小さなものまで認識することができる力」にも種類があり，今求められている「見る力」が，ものの存在を認識することなのか，何であるのか認識することなのかによって，「どれくらい小さなものまで見えるか」という意味は変わることになる。

閾
閾　値
「ある／ない」「同じ／違う」という判断ができる最小の刺激量をさす。

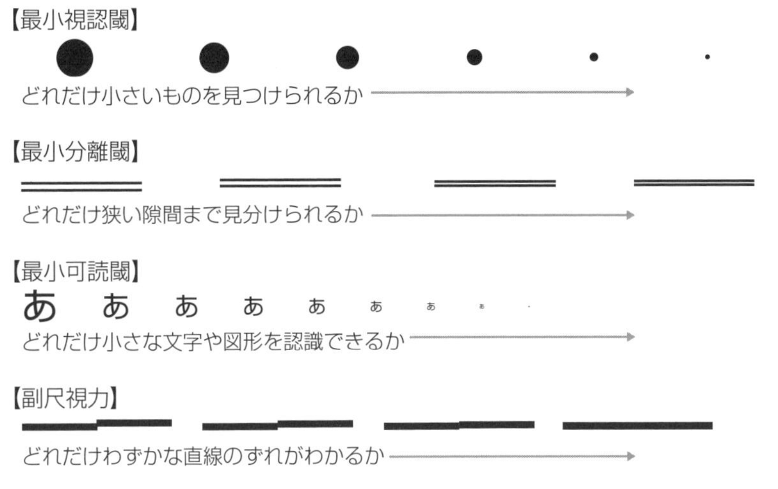

【最小視認閾】
どれだけ小さいものを見つけられるか ⟶

【最小分離閾】
どれだけ狭い隙間まで見分けられるか ⟶

【最小可読閾】
あ あ あ あ あ あ あ あ
どれだけ小さな文字や図形を認識できるか ⟶

【副尺視力】
どれだけわずかな直線のずれがわかるか ⟶

図 2-22　さまざまな視力

　図2−23に，文字サイズの異なる「眼」という漢字を示した。どこまで「読む」ことができて，どこまで「何かある」ことを知ることができるだろうか。「何かあるけれど字としてはわからない」ものは，「何が書いてあるか」ということであれば，「見えない」ということになり，「何かあるか」ということであれば，「見える」ということになる。それゆえ，「見える」ということばは，その基準は何なのかを踏まえて用いる必要がある。

（2）見えている大きさと視角

　これまで「どれくらい小さな」という表現をしてきたが，見る距離によって見える大きさは異なる。例えば右手に20cmの棒を，左手に15cmの棒をもって両手を伸ばして見た場合，20cmの棒のほうが長く見える。ここで15cmの棒だけを顔に近づけて距離を半分にした場合，15cmの棒のほうが長く見える。つまり，見ている対象の大きさを，単純にcmやmで表すことはできない。見ているもの（視対象）の大きさは，そのときに見ている距離（視距離）も合わせて考えないと意味がないのである。

　図2−24に示したように，同じ視距離にあるものを見る場合，物体の物理的な大きさの違いそのものが見える大きさの違いとなるが，異なる視距離にあるものを見る場合には，より近くにあるほうが大きく見える。このとき，大きく見えている視対象は何が大きくなっているかというと，角度が大きくなっている。この角度が大きい／小さいということが，大きく見える／小さく見えるということである。つまり，眼から見て同じ角度である場合に同じ大きさに見え，より角度が大きければ大きく見え，より角度が小さければ小さく見える。この，眼から見たときに視対象の大きさと視距離によってつくられる角度を「視角」という。この視角を使うことで，どれくらい小さなものまで見えるか，見分けられるか，といったことを表すことが可能になる。なお，この視角が大きくなる・小さくなることは，**網膜像**が拡大・縮小することを意味している。

　「どれくらい細かいものまで見えるか」を表しているのが視力だが，視角は数値が小さいほうが小さく見えるのに対して，視力は数値が大きいほうが小さいものまで見えることを表している（視力1.0のほうが視力0.1より小さなものまで見える）。これは，視力の値は視角の逆数で表しているからである。つまり，視力＝1/視角（分）という式から求める。視角1分が見えたら，視力1/1すなわち1.0となり，視角10分が見えたら，視力1/10すなわち0.1になる。標準的な視力検査ではランドルト環というアルファベットのCに似た視標の切れ目の向きで判別するため，図2−25に示したようにその切れ目の幅の視角に基づいて視力を求めることになる。

網膜像
網膜に映っている像のこと。p. 25図2−3の左側の木が大きくなると，視角が大きくなり，右側の網膜に映っている像も大きくなる。木が小さくなると，網膜像も小さくなる。

分
角度の単位。度よりも小さい単位で，1分は1度の1/60。つまり，60分で1度になる。

眼　　　　眼　　　眼　　　　眼　　　　眼

「眼」と書いてあるのがわかりますか？（最小可読閾が問われている）
白紙ではなく何か描いてありますか？（最小視認閾が問われている）

図 2-23　何が見えたら「見える」なのか

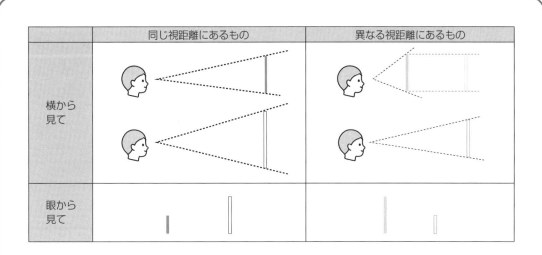

図 2-24　大きく見える / 小さく見えるは角度（視角）で決まる

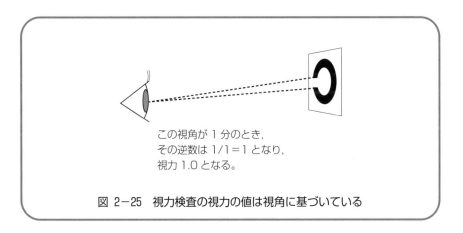

この視角が 1 分のとき，
その逆数は 1/1＝1 となり，
視力 1.0 となる。

図 2-25　視力検査の視力の値は視角に基づいている

（3）視力の値の特徴

視力の値は視力＝1/視角（分）という式から求められる。その計算式を，視力から視角を求めるように変換すると，視角（分）＝1/視力となる。この式に視力の値を代入すると，視力1.0のときは視角1分，視力0.9のときはおよそ視角1.11分，視力0.8のときは視角1.25分となり，視力0.5で視角2分，さらに視力0.2で視角5分，そして視力0.1で視角10分となる。視力0.1未満の場合も同様に，視力0.08で視角12.5分，視力0.05で視角20分と求めることができる。

図2-26は，この視力と視角の対応関係を示したグラフである。視力1.0と0.9のときの視角の変化と，視力0.2と0.1のときの視角の変化をこのグラフから比べると，1.0から0.9のときは，角度にしておよそ1.1倍の拡大，0.2から0.1のときは，角度にして2倍の拡大になっている。図2-27のランドルト環が並んでいる検査表をみると，一番上の0.1視標がとても大きく，視標の大きさの変化が一定の比率ではないことがわかる。これは，そのときの視力の値によって，同じ「0.1の差」でも，見え方が全く異なることを意味している。それゆえ，視力の値の差から「この児童はあの児童より0.1見えない」という比較をしても意味がなく，一度視角に変換したうえで，差ではなく比に基づいて「この児童はあの児童より1.5倍の視角が必要」といった比較をしなければならない。

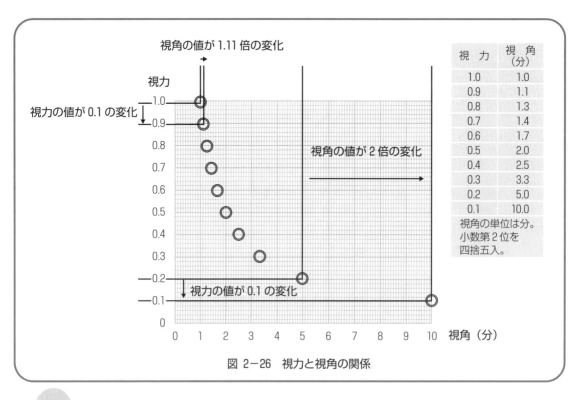

図2-26　視力と視角の関係

線の太さと切れ目の幅は外径の1/5
視距離5mで測定した場合に，右図
の切れ目がほぼ1分になるので，そ
の大きさまで見えたら視力1.0。

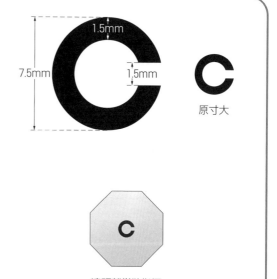

1.5mm

7.5mm

1.5mm

原寸大

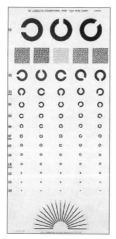

視力検査表
国際標準環状視力表（株式会社はんだや）

遠距離単独指標
ランドルト環単独視標（株式会社はんだや）

図 2−27　ランドルト環

（4）視力と視角と視対象の大きさの関係

　視力の値は視角（角度）に基づくため，視力0.1（視角10分）は視力0.2（視角5分）の「2倍の視角」のランドルト環の切れ目であれば見えることを意味している。この「視角が2倍」から，「視対象の大きさ（長さ）が2倍」と考えていいのだろうか。

　表2−3は，視距離が5m（500cm）で一定の場合の視力と視角とランドルト環の切れ目の幅の長さを示したものである。これを見ると，視角の比率の変化と切れ目の幅の比率の変化はほぼ一致していることがわかる。また，表2−4に，ランドルト環の切れ目の幅が1.5cmで一定の場合の，視距離の変化に伴う視角と視力の変化を示した。これを見ると，視距離が1/2，1/5と短くなるに伴い，視角がほぼ2倍，5倍になっていることがわかる。これらのことより，視距離が一定の場合，「視対象の大きさ（長さ）を2倍にすることで視角がほぼ2倍になる」，視対象の大きさ（長さ）が一定の場合「視距離を半分にすることで視角がほぼ倍になる」と考えることができる。

（5）視力検査の視標（ランドルト環）

　日本では標準的な視力検査ではランドルト環という視標を用いる。線の太さと切れ目の幅は外径の1/5になるようにつくられている。図2−27に示したラ

視距離が一定
視対象の大きさが一定
視距離が一定の場合，
視対象の大きさを2倍
にすると視角もほぼ2
倍になる。視対象の大
きさが一定の場合，視
距離を半分にすると視
角はほぼ2倍になる。
これらの関係は角度が
小さい場合に当てはま
る。詳しく理解したい
場合は「角度が小さい
ときの三角関数（特に
タンジェント）」につい
て調べてみること。

ランドルト環
線の切れ目の幅は厳密
には1.45mmである。
本書では四捨五入した
値1.5mmで解説して
いる。

表2-3　一定の視距離(5m)での視角とランドルト環の切れ目の幅

切れ目の幅（cm）	視距離（cm）	視角（分）
0.5	500	3.4
1	500	6.9
1.5	500	10.3
3	500	20.6
6	500	41.3
12	500	82.5

表2-4　一定のランドルト環の切れ目の幅(1.5cm)での視距離の変化と視角

切れ目の幅（cm）	視距離（cm）	視角（分）
1.5	500	10.3
1.5	400	12.9
1.5	250	20.6
1.5	200	25.8
1.5	100	51.6
1.5	50	103.1

ンドルト環は，外径が7.5mm，線の太さと切れ目の幅が1.5mmのもので，これを視距離5mで見た場合に，切れ目がほぼ視角1分になる。それゆえ，この大きさのランドルト環の切れ目まで見えたら，視力1.0ということになる。標準的な視力検査表には一番上に0.1のランドルト環が並んでおり，徐々に小さくなっていく表になったタイプと，一つひとつランドルト環が別になったタイプがある。

（6）基本的な視力検査法

　一般的な視力検査では，視距離5mでランドルト環を示し，切れ目の向きを答えさせる。一番大きな0.1のランドルト環から始め，徐々に小さい視標を示す。5回切れ目の方向を変えながら提示して，3回以上正答できたら一段階小さな視標に切り替える。最終的に，5回中3回正答できた最小視標の値を，その人の視力とする。

　視覚障害児は視力0.1より低い視力の児童生徒が多いが，ランドルト環の視標は0.1までであるため，0.1の視標が判別できない場合，5mから近づきながら測定し，0.1の視標を判別できた距離（m）を標準の測定距離の5mで割り，0.1を掛けて視力を算出する。例えば，3mの距離でわかった場合，3mを5mで割り0.1を掛ける。つまり，$0.1 \times 3/5 = 0.06$ ということになる。

　さらに視力が低い視覚障害児もいる。この場合には，まず，眼前に示された検者の指の数を数えさせ，それを正答できる最長距離を測るという方法を取る。指の数を見分ける力があるということで，この方法で測定可能な場合を指

数弁という。それでも見えない場合，検者の手を，眼前で上下左右に動かし，その方向を弁別できるかどうか確認する。手の動きを見分けられるということで，この方法で測定可能な場合を手動弁という。それでも見えない場合，暗室において眼前に光を提示してその有無を弁別できるか確認する。明るさの感覚があれば，光覚ありとし，なければ光覚なしとする。光覚がない状態に対して全盲という表現を用いることがある。

弁　別
見分けたり区別したりできること。

（7）視力測定の種類

　ランドルト環を使った標準的な検査の手順を述べたが，その方法で測定する視力には，いくつか種類がある。

1）字づまり視力と字ひとつ視力

　字づまり視力とは，図2−27の多数の視標が配置されている視力表を用いて測定した視力のことで，一般的な，ランドルト環の並んだ表を使った検査はこれに該当する。一方，字ひとつ視力とは，図2−27の単独視標を提示して測定した視力である。幼児や視覚障害児では，字づまり視力のほうが視力が低いという現象がみられることがある。このことを「読み分け困難」という。

2）遠見（遠距離）視力と近見（近距離）視力

　遠見視力は5mで測定し，近見視力は30cmで測定する。近見視力は，水晶体の調節を含めた見え方の測定を行っているため，近視では視力が高く，遠視では低くなる等，屈折異常があると遠見視力と視力が異なることがある。近見視力は30cmで測定するため，3cm短くなると5mの場合で50cm短くなったことに相当する。測定距離を正確に保つよう注意が必要である。

水晶体の調節
p.25参照。

3）両眼視力と片眼視力

　一般的には，片眼視力すなわち一眼を遮蔽して，もう一眼で測定した視力を測定する。このことによって，左右それぞれの眼の見え方をとらえることができるからである。一方で，日常生活では両眼で見ているので，片眼ずつの視力を踏まえたうえで，両眼ではどのように見えているのかという両眼視力を測定することがある。視覚障害児では，左右の眼の見え方の違いが大きいことがよくあるので，日常での両眼での見え方を確認することは大切である。

4）裸眼視力と矯正視力

　眼鏡やコンタクトレンズをしていない，屈折矯正なしで測定した視力を裸眼視力，屈折異常を矯正して測定した視力を矯正視力という。一般的には「視力」とは屈折矯正をした場合の視力を意味する。屈折矯正しても視力が低い場合，視力が1.0出ないから屈折矯正は不要という考えは不適切で，見えにくいからこそ，少しでもよく見える状態にすることが大切である。

（8）他の視力検査方法

自覚的反応
「見えたらボタンを押す」というように，自分で判断して反応すること。

　視力検査は，「ランドルト環を見て，切れ目の向きを答える」という**自覚的反応**ができること，それをぎりぎり見えなくなるまで続けることができること，という二つの条件を満たさないと実施できない。そうでなければ測定不能という扱いになり，見え方を知ることができなくなってしまう。そこで，そのような条件を減らす，もしくはなくした視力検査法が考案されている。

　①　**絵視標**（図2−28）　ランドルト環の代わりに生物のシルエットが描かれた視標で，注意を引きやすく，何が見えるか答えればよいので，より幅広い対象に実施可能である。これは最小可読閾の測定となっている。

　②　**ドットカード法**　動物の眼の存在を確認できるかで見え方を確認する。図2−29に，くまの顔で，眼の大きさが1枚1枚違っているカードを示した。このカードを子どもに見せて，くまの眼の存在について聞き，その反応をみる。正しく答えられればその大きさの眼（点）は認識できることを意味する。眼の直径の視角から視力の値を求める。これは最小視認閾の測定となっている。

　③　**縞視力**　どれくらい細かい縞まで見ることができるかで視力を確認する。言語による指示では測定できない乳幼児までを対象に用いられる。図2−30に縞視力の視標の例を示した。この方法の測定原理を簡潔に述べると次のとおりである。まず，乳幼児は，二つの画を同時に提示されると，より複雑なほうを見てしまうという特性を有している。そのため，均一に塗りつぶした面と縞模様の面を同時に見せると，縞模様の面のほうを見ることになる。検査に用いる視標は，片方が灰色，もう片方が白黒の縞になっている。この縞は，その人の視力で見分けられないくらい細くなると，灰色と同じに見えてしまうようになっている。図2−30を見ながら本書を徐々に遠ざけて行くと，線の細い

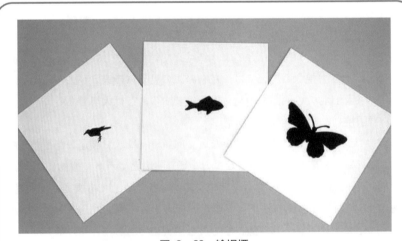

図 2−28　絵視標
単独絵視標（幼児用視力検査）（株式会社はんだや）

縞のほうから灰色になっていくのがわかるのではないか。これらのことから，縞として認識できれば縞の方向を見るが，縞として認識できなければ，どちらを見るかわからないという行動がみられることになる。そこで縞のほうを見たと判断できる最小の縞の幅の視角から視力を求めることができる。この場合は，最小分離閾を測定していることになる。

このように，いくつかの視力測定方法が考案されているが，視角何分のものまで見ることができるのかという観点から，その人の見る力をとらえようとするものである点は同じである。

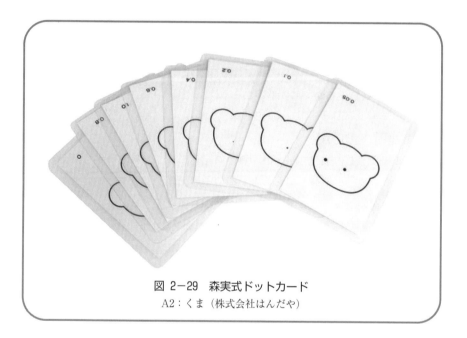

図 2－29　森実式ドットカード
A2：くま（株式会社はんだや）

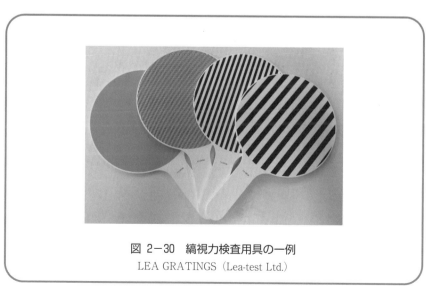

図 2－30　縞視力検査用具の一例
LEA GRATINGS（Lea-test Ltd.）

（9）最大視認力（最小可読視標）

　視力検査とは異なるが，ランドルト環の近距離単独視標を，視距離を固定せずに自由に眼を近づけて見てもらい，どれだけ小さな視標まで見分けられるかを調べることがある。これを**最大視認力**（最小可読視標）といい，視覚障害児が眼を近づけて見ているときにどれくらい小さなものまで見えているのかを把握する方法である。「この子はこれくらいの大きさのものが，この距離でわかる（例：0.5の視標が2cmで見える）」ことを把握する方法である。

　これは教育分野から生まれた指標で，眼科的には一般的なものではない。視覚障害教育の分野では従来「最大視認力」という名称を用いており，その他の分野では「最小可読視標」と呼ぶことが多い。視力検査の道具を用いるが視力検査ではなく，教育的な見え方のとらえ方である。30 cm で測定していないため，視標の0.3や0.1といった数値には意味がなく，「どの近距離視標（の切れ目の幅）まで見えるのか」に意味がある。

（10）指導への応用

　視力の値は，その子どもがどのくらいの見えにくさであるのかを伝える基本情報となる。視力を把握しておくと，その子の見えにくさや，他の児童生徒との見え方の違いから生じる困難さに気づき，対応を考えることができる。

　視力0.1の視覚障害児はランドルト環の切れ目10分まで認識でき，視力0.05の視覚障害児は20分の切れ目まで認識できる見え方であることを意味している。このことから，視力0.05の児に対しては，0.1の児の半分の視距離から，もしくは2倍に拡大して観察させることで同じ細かさまで見えると考えられる。また，遠くのものを見る状況においては，視力0.1の児は，0.05の児の倍の視距離から視対象を発見できると考えられる。こうしたことを念頭にかかわることが期待される。

　また，弱視特別支援学級の児童生徒の場合，ある**協力学級**の児童は視力1.0とすると，視力0.1の視覚障害児は視距離を1/10まで短くして他の児童と同じ大きさのものを見ることができることになる。そのため，例えば遠足で他の児童が遠くの気になる物体を発見して騒いだとしても，その視覚障害児は1/10の距離まで近づかないと発見できない程度の見え方と考えられる。このことは子ども間だけでなく，視力1.0の教員との関係でも同様であり，自分との見え方の違いを意識してかかわらなくてはならない。

　また，例えば指数弁の視覚障害児は，表示されている文字や人の表情ははっきりわからなくても，「向こうから誰かが近づいてくる」「人がたくさんいて，右から左へ移動している」といった状況把握や，退室時の消灯確認をすることはできると考えられる。つまり指数弁や手動弁，光覚といった非常に低い視力も「見る力」を有しており，その人の見る力をどのように生かせるかを考える

必要がある。

　一方で，そうした見えにくさが「見間違い」を引き起こしてしまうことがある。図2-31に示したように，似た字の読み間違いや自分の持ち物と友だちの持ち物の取り間違いや，人に近い大きさの物体を人と見間違えたり，路面上の影や暗くなっている部分と溝を見間違えたりといったことも起こりうる。それは見えにくさによるものであり，不注意やふざけているわけではない。情報提供や修正は必要であるが，見えにくさによる間違いをからかったり責めることのないよう留意する。

　また，「視角」は，「視対象の大きさ」と「視距離」で決まるが，その計算には三角関数が必要で，即座に計算することは難しい。そこで，「視対象の大きさ」と「視距離」から，見える大きさを考えることもできる。例えば図2-32に示したように，「視距離20cmで18ポイントの文字サイズで本を読むことができる」のであれば，「視距離1.4m（7倍）先の掲示板では126ポイント程度にする」ことで同じ視角で提示できると考えることができる。なお，これらの対応は，屈折異常への対応がなされていることが前提となる。

　このように視力から必要な視距離や倍率を考えることができるが，あくまでランドルト環の切れ目の認識に基づくものであり，より複雑な文字等の識別においてはそのままあてはまるものではないこと，そして，視力の値は閾値なの

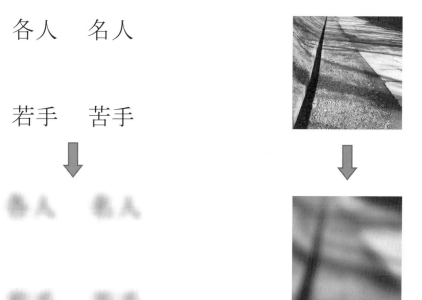

似た字と間違えて認識するかもしれない　　　　　左端の溝まで影と思い込んでしまうかもしれない

図 2-31　視力の低下による見間違いが起きる可能性がある

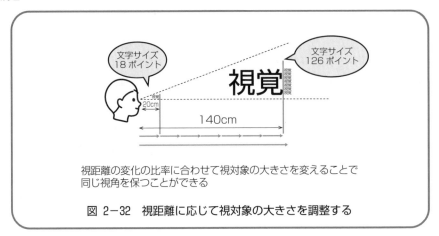

視距離の変化の比率に合わせて視対象の大きさを変えることで
同じ視角を保つことができる

図 2-32　視距離に応じて視対象の大きさを調整する

で，閾値よりも十分大きなものを見ている状況では，視力の違いほどの見え方
の違いを意識することはない可能性があることを理解しておく必要がある。

3　「どれくらいの範囲が見えているのか」の評価と指導への応用

（1）視野とは

　視野とは一般にものが見えている範囲を意味し，そこから，物事を柔軟に幅
広く考える態度を「視野が広い」と表現することもある。「どれくらいの範囲
が見えているのか」を表す指標であり，医学的な検査では「片眼で一点を見て
いるときに見える範囲」をさす。つまり，ある点を注視しているときに，眼を
動かさずに認識できる範囲を意味する。通常，人間の眼は視線を前方に固定し
た状態で，上方 60 度，下方 60 度，鼻側（内側）70 度，耳側（外側）100 度く
らいまで見える。

コラム　表計算ソフトウェアによる視角の計算

　視対象の大きさと視距離から視角を求めるには三角関数による計算が必要で，手計算では大
変である。しかし，表計算ソフトウェアを使うことで，視角を計算することができる。例えば
Microsoft 社の Excel や Apple 社の Numbers では，
　　　　　"=DEGREES(ATAN((視対象の大きさ/2)/視距離))＊2"
で計算することができる（視対象の大きさと視距離の単位を統一することが必要）。なお，この
ままでは角度の単位が「度」なので，視力等と比較をする場合には「分」に変換しなくてはな
らないので 60 を掛ける必要がある。
　　例：57cm 先の直径 1cm の円の視角は，=DEGREES(ATAN((1/2)/57))＊2 から 1.005・・・
　　　　となり，約 1 度であり約 60 分である。

（2）視野の島

　網膜は中心に向かって視力が高くなるため，中心のほうがより小さなものや暗いものを見つける力がある。このことを感度が高いという。それゆえ，視野の広さは視対象の明るさや大きさによって変わり，より小さなものや暗いものを見る際の視野は中心付近に限られ，より大きなものや明るいものを見る際の視野は周辺に広がっていくことになる。このように，視野の感度は中心に向かって高くなっていくため，図2−33のように最も感度が低いときの視野の広さから，高い感度が必要なときの視野の広さを徐々に積み上げていくと，島のような状態になる。これを「視野の島」と呼ぶ。

　この「視野の島」が教育的に意味することを簡単にいえば，見やすいものを見るときの視野は広く，より見えにくいものを見るときには視野は狭くなるということである。例えば，ビーズを使って工作をする際に，机の上に散らばった直径1.5mmのビーズを見つけることができる範囲は，直径6mmのビーズを見つけることができる範囲より狭いということになる。

（3）盲　点

　視野の中心から約15度耳側の位置に見えない場所がある。この部分に対応している網膜の部位，すなわち，網膜上の中心窩から約15度鼻側には，視神経が集まっている**視神経乳頭**がある。ここには視細胞がないので見ることができない。この部分を，**盲点**と呼ぶ。盲点は，片眼で一点を注視しているときにしか認識できない。日常では両眼で見ており，つねに視線を動かしているので認識することはないが，図2−34で盲点を認識することができる。

視神経乳頭
p.25 図2−4参照。

盲　点
マリオット盲点，盲斑ともいう。

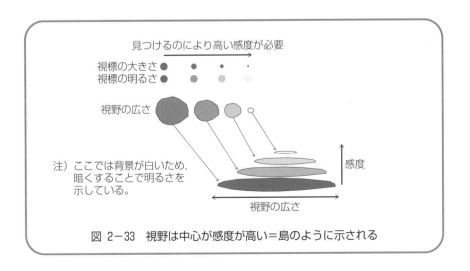

図 2−33　視野は中心が感度が高い＝島のように示される

図 2-34　盲点を実感してみる

　　まず，片眼で見る際に右眼を使うか左眼を使うかを決める。次に，図2-34
を近づけて（15 cmくらい）見る。右眼で見る場合には●を注視し，左眼で見る
場合には×を注視する（中心窩で見ていることになる）。そのとき，注視してい
ないほう，つまり，より耳側にあるほうの印に意識を向ける（眼は動かさない）。
その状態で，徐々に紙と眼の距離を離していく。そのままゆっくり距離を離し
ていくと，ある距離で意識を向けていた印が消える。このとき，視神経乳頭が
印に重なった状態になっている。この見えない位置が，盲点である。

（4）視野の検査

　　眼科における視野検査は，大きく動的視野の検査と静的視野の検査に分かれ
る。動的視野は，外側から移動してくる視標を見つけたら反応することで測定
され，静的視野は，視野のさまざまな位置の動かない光点を見つけたら反応す
ることで測定される。
　　図2-35に，動的視野と静的視野の測定結果のイメージを示した。動的視野
で視野の円が複数あるのは，視標の大きさや明るさを変えたためである。感度
の高さの違いを表しており，「視野の島の等高線」と考えることができる。こ
のように動的視野では全体的な見えている範囲を測定する。静的視野の結果
は，感度の高さを色の濃淡で表してあり，色が濃いほうが感度が低いことを意

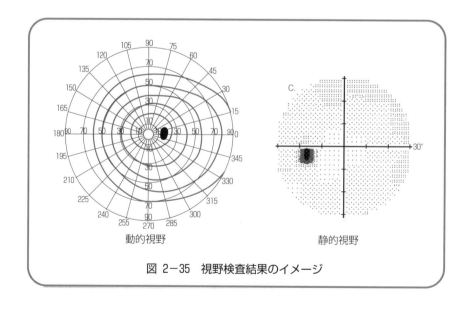

動的視野　　　　　　　　　　静的視野

図 2-35　視野検査結果のイメージ

味する。また，静的視野は視野の中心部分を詳細に測定する。どちらの図にも，盲点が示されており，測定中眼を動かさなかったことを示している。視野計を用いた視野検査は眼科で測定されるため，教育に携わる者が検査を行うことはない。しかし，測定結果から必要な情報を読み取ることが求められる。

　動的視野，静的視野ともに，「一点を見続けながら周辺に提示された刺激に反応する」という自覚的反応ができること，そしてその反応を一定の時間繰り返し続けることができること，という二つの要件を満たさなくては実施できない。そのような行動が取れない幼児児童では実施できないため，**対座法**を用いることがある。対座法では，左右差や視野の広がりの相違を大まかにではあるが確認することができる。さらに，より簡便に，ある刺激に興味を引きつけておいて，周辺に次の刺激を提示した際にその刺激に反応を示すかどうかといった行動観察から，視野の状態を把握することもできる。

対座法
検査者と被検査者とが向かい合って，互いに相対した目を注視する方法で，検査者が指先等の視標を動かして検査者自身の視野の広さと比較する。

（5）暗　点

　網膜の疾患等で視野に見えない部分が生じた場合，その場所を暗点といい，図2-36に示したように，特徴的な暗点の状態がある。中心部が見えなくなる状態を中心暗点という。また視野が狭くなっている状態を狭窄といい，特に周辺部の視野が見えず中心のみ見える状態を求心性視野狭窄という。ドーナツ状に見えない部分がある場合を輪状暗点という。**視路**疾患によって視野の左右半分が見えなくなった状態を半盲といい，特に左右の眼の同じ側が見えなくなっ

視　路
眼球から脳の後頭葉にある第一次視覚野まで情報を伝達する神経経路。

コラム　視野の欠けている所は「暗い点」として見えるか

　視野の見えない部分を表す際に，黒く塗りつぶして示すことがある。ことばで表現する際には暗点すなわち暗い点であることを意味する漢字を使用している。そして，視野障害のある当事者に見え方を質問すると，「中心よりちょっと下に暗点がある」「ちょうど暗点に入っていて見えない」といった表現をすることがある。しかし，よく話を聞いてみると，視界に暗い点が見えているということではないようである。では，「暗点」とはどのように見えているのだろうか？

　ここで，p.50で体験した盲点を思い出してみる。盲点と見ていたマークが重なったとき，その部分は黒く塗りつぶされては見えない。そこにあったマーク（●や×）が消え，周囲の情報（紙等）で埋められてしまうように見える。これは，脳が視野の見えていない部分は周囲と同じだろうと勝手に情報を補ってしまうために起こる現象である。視線をずらすと暗点の位置とマークの位置がずれるため，再びマークが現れる。この現象が視細胞のない部分の見え方を表しているとすると，暗点の実際の見え方は，「その部分が消え，周囲と同じものが見えている」という状態と考えられる。見え方のイメージとしては，「隠される」のではなく，「消えてしまう」というほうが近いのだろう（なお，視野の状態について「暗く見える」という表現をする人もおり，その表現が間違いということではない）。

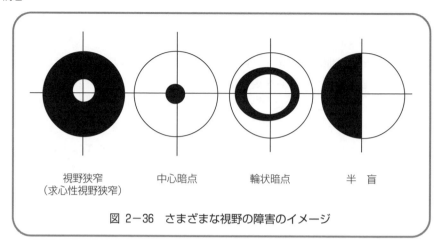

視野狭窄　　　　　中心暗点　　　　　輪状暗点　　　　　半　盲
（求心性視野狭窄）

図 2−36　さまざまな視野の障害のイメージ

た状態を同名半盲という。

　眼疾患名に網膜や視神経が含まれる視覚障害児の場合，視野の障害を有している可能性が高い。網膜色素変性症は視野狭窄を有することが考えられ，病名

点線で囲んだ位置を注視したときの見え方のイメージ
一点を見ているので周辺にいくほど視力は低下している様子を示している。

中心暗点がある場合のイメージ　　　　　　視野狭窄がある場合のイメージ
歩行の困難はどの程度と考えられるか　　　歩行の困難はどの程度と考えられるか

図 2−37　屋外での見え方の違いのイメージ

に黄斑とつく場合は中心暗点を有することが考えられる。網膜の病気の場合，主に損傷しているのが周辺なのか中心なのかによって，機能低下が生じる視細胞に違いがあり，そのことが見え方に影響することになる。

（6）指導への応用

　どのような視野の障害があるかが，指導と配慮の基礎情報となる。図2－37，図2－38は，遠くを見ているとき，近くを見ているときの視野の状態と見え方のイメージを示したものである。1点を見ているときのイメージのため，周辺にいくほどぼやけて見えるようになっている。

　視野狭窄がある場合，視野が狭く周辺が見えないため，環境の情報把握に困難が生じる。足元の様子をとらえづらく，人や自動車等が急に目の前に現れることになり，歩行に困難を感じやすい。一方で，中心窩付近は損傷を免れることが多いため，比較的小さな文字でも読書可能なこともある。そのため，歩行の困難を軽減するために白杖を使用する一方で，読書においては補助具なしと

白　杖
視覚障害者が使う白い杖。補装具の項目では視覚障害者安全つえといわれている。
p.76参照。

点線で囲んだ位置を注視したときの見え方のイメージ

中心暗点 ● がある場合のイメージ　　　視野狭窄がある場合のイメージ

読書の困難はどの程度と考えられるか

図 2－38　読書における見え方の違いのイメージ

いう状態もありうる[2]。しかし，視野が狭いために，交互に見比べたり探したりするような頻繁な注視点の移動を伴う動作が必要な場合には，読むことに多大な困難が生じることがある。

　中心暗点がある場合，暗点がそこまで大きくない場合は周辺の情報をとらえることには困難が少なく，歩行時の支障は相対的に少ないことが多い。しかし，中心窩が見えないため視力の低下の度合いが高くなり，文字等の細かいものの認識が困難になる。歩行時に前方に案内の看板があることを認識できても，そこに何が書いてあるかは読めないといったことが生じる。身体を動かす活動では，細かいものを認識する必要がないことが多いため，晴眼児と変わらない程度に活発に行動できる場合もある。その様子から，「他の子どもと同じように見えている」と勘違いしてしまうことのないように留意する必要がある。

　また，行動観察から視野の状態と困難について検討することもできる。例えば，特定の方向だけ肩をぶつけやすい，机の上の見落としが多い，または食べ残しが多いといった行動は，ある方向の視野の欠損と関連していることを推測させ，机の上に自分で置いたものは見つけられるが，下に落としてしまうと探すのに極端に時間がかかるといった行動は，視野の狭さを推測させる。

　このように，一人ひとりの視覚障害児の視野の状態を理解し，困難を強く感じる状況と感じにくい状況について把握することが，支援を考える最初となる。ここから，どのように環境や情報の見せ方を変えるとよいかを探っていくことになる。

　また，中心暗点のある視覚障害児は，認識するのに効果的な視野の位置を使って見ることを，自然に体得していることが多い。そのため，あたかもよそ

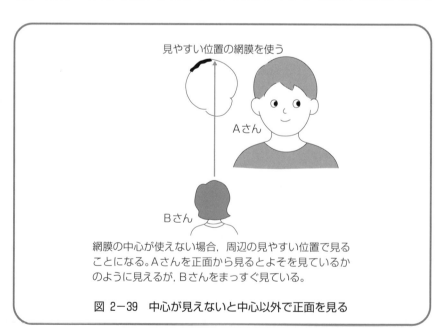

見やすい位置の網膜を使う

Aさん

Bさん

網膜の中心が使えない場合，周辺の見やすい位置で見ることになる。Aさんを正面から見るとよそを見ているかのように見えるが，Bさんをまっすぐ見ている。

図 2－39　中心が見えないと中心以外で正面を見る

を見ているかのようにみえることがあるが，それは図2-39に示したように，効率的に認識できる中心以外の視野の位置を使っているためである。小さな文字と大きな物体で見る位置を使い分けている場合もある。しかし，自分の視野の使い方が確立していないこともあるため，視野の情報に基づいて，視野の効率的な使い方について指導する必要があることもある。

4　明るさに関する評価と指導への応用

（1）まぶしさ

　明るい所から急に暗い所へ入ると，非常に見えにくくなり，20～30分くらい経つと，最初よりは見えるようになる。このように，暗さに眼が適応していくことを暗順応という。反対に，暗い所から急に明るい所に出ると，とてもまぶしく感じるがすぐに明るさに慣れる。これを明順応という。暗順応がうまくできないと暗い所では視力が低下する。この状態を夜盲といい，桿体の機能低下と関連が深い。明順応がうまくできないと明るい所で視力が低下する。まぶしくて眼を開けるのがつらい，と訴える視覚障害児もいる。この状態を，夜盲と対応させて昼盲ということがあり，錐体の機能低下と関連が深い。

　まぶしさによる困難を表す際に，グレアということばを用いることがある。強い光で不快感または視機能低下が生じることを意味する。視覚障害がなくてもまぶしさを感じることは起こりうるが，眼に何らかの問題がある場合にはその程度が甚だしく，困難が生じるほどのまぶしさを感じることもある。

　例えば，**透光体**に混濁がある場合，眼に入る光が散乱してまぶしさを感じやすい。網膜や視神経の疾患でもまぶしさを感じやすい。また，まぶしさによる困難を表す場合に，グレアではなく羞明ということばを用いることがある。これは，まぶしさを医学的に症状として表したものである[3]。視覚障害教育では，特に症状として診断されている場合でなくても，まぶしさの訴えがある場合に，羞明と呼ぶことが多い。

　まぶしさを評価するには，視力検査の際に周辺を黒い紙で覆って眼に届く光

透光体
角膜，房水，水晶体，硝子体のこと。どれも透明。

羞　明
まぶしさに対して強い不快感や目の痛み等を過剰に感じること。羞明を感じる眼疾患には白内障，緑内障，網膜剥離，視神経炎，網膜色素変性症，無虹彩症などがある。

コラム　視野と色覚

　暗点があるなどの視野異常がある場合，色覚を担う錐体が影響を受けて色覚異常も生じることがあり，後天性色覚異常と呼ぶ。この場合には，白・黄色の識別が難しい特性や，全般的に色味の違いがわかりにくくなる特性がある場合もある。一般的な色覚異常への教育的配慮として，「赤や緑のチョークは避けて，白と黄色のチョークを」といわれているが，視覚障害教育においては，各児童生徒の色覚特性によっては適切ではない場合もあるので注意が必要である。

の量を減少させたり，明るさを変えたりした際の見え方の変化をとらえる方法
や，本人からの訴えの程度から把握する方法，明るい所で眼を細める，天気がい
い日に外で遊びたがらないといった行動から評価する方法などが考えられる。

　まぶしさを低減させる補助具として，**遮光眼鏡**を使用している視覚障害児も
多い。処方の希望があった場合には，装着による効果があるか，どのような遮
光眼鏡が適切かといった点について本人と相談しながら検討する。

遮光眼鏡
p.72 参照。

（2）コントラスト

　一般的に，読書をするときは部屋を明るくする。これは，読んでいる面を明
るくし，文字がはっきり見えるようにするためである。つまり，白と黒がはっ
きりするようになると読みやすい，見やすいということである。この「明るい
部分と暗い部分の違いがどれくらいか」を表すのが，**コントラスト**である。コ
ントラストは，「明るい部分と暗い部分の**輝度**の相対的な違い」を表したもの
で，計算方法はいくつかあるが，Michelson コントラストが用いられることが
多い。これは，（最大輝度−最小輝度）÷（最大輝度＋最小輝度）で求められる。
最大輝度は最も明るい部分つまり紙面の白さであり，最小輝度は最も暗い部分
つまり文字の黒さ（濃さ）である。値は 0 から 1 までの値を取り，値が大きい
ほうが明暗の違いが大きい，つまりくっきりしていることを意味する。図 2−
40 に示したように，コントラストの値が低いことは，字が薄いもしくは背景
が暗いことを示している。

　コントラストが低下すると，白い部分と黒い部分の見分けがつきにくくな
る。この白黒（明暗）の違いを見分けられる能力を**コントラスト感度**と呼ぶ。

　視覚障害児では，視力が高くても，コントラスト感度は低いことがある。コ
ントラスト感度を把握するには，精密にコントラストが調節された像を提示す
る機器が必要だが，簡便にとらえるには，図 2−41 のようにプリンタやパソコ
ンの画面を使って，1 行ごとに文字や背景を黒から徐々に明るい灰色に変化さ
せた表を作成して，どの程度までコントラストが低下すると困難を感じるよう
になるか，あるいはどれくらい部屋の明るさを低下させると困難を感じるよう
になるか，晴眼児の感じ方と比較するという方法も考えらえる。その際に，**輝
度計**を用いて輝度を測定するとコントラストの値を知ることができるので，他
の環境においても再現しやすくなる。

コントラスト
第 3 章第 4 節 p.157 も
併せて参照。

輝　度
光源や光を反射してい
る面の明るさの強さを
表す単位のひとつ。数
値が大きいほど明るい。
紙の白い部分の明るさ
を表す際にも用いるこ
とがある。
一方「照度」は，光が
どれくらい届いている
か（例：天井の照明の
光は机上にどれくらい
届いているか）を表す。

コントラスト感度
第 3 章第 4 節 p.135 参
照。

輝度計
輝度を計測するための
装置。

（3）指導への応用

　視覚障害児の中には，明るいほうが見やすい・読みやすい者もいれば，余計
な光が眼に入らないように通常より暗くしたほうが見やすい・読みやすい者も
いる。それぞれの子どもの特性に応じて対応を決めていくが，同じ教室内に特
性の異なる児童がいる場合もある。そうした場合には，窓側に明るい環境を好

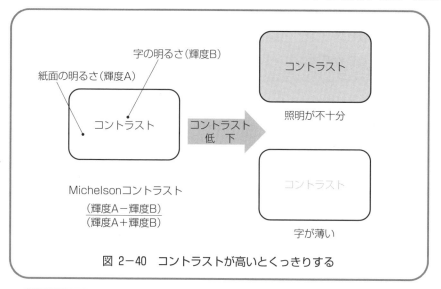

図 2−40　コントラストが高いとくっきりする

両眼の視力がおおむね 0.3 未満のもの
又は視力以外の視機能障害が高度のも
ののうち，拡大鏡等の使用によっても
通常の文字，図形等の視覚による認識
が不可能又は著しく困難な程度のもの
（学校教育法施行令　第 22 条の 3）

両眼の視力がおおむね 0.3 未満のもの
又は視力以外の視機能障害が高度のも
ののうち，拡大鏡等の使用によっても
通常の文字，図形等の視覚による認識
が不可能又は著しく困難な程度のもの
（学校教育法施行令　第 22 条の 3）

どこまでコントラストが低下しても同じ速度で読めるか

図 2−41　コントラスト感度の簡便な把握

両眼の視力がおおむね0.3未満のもの
又は視力以外の視機能障害が高度のも
ののうち，拡大鏡等の使用によっても
通常の文字，図形等の視覚による認識
が不可能又は著しく困難な程度のもの
（学校教育法施行令　第 22 条の 3）

両眼の視力がおおむね0.3未満のもの
又は視力以外の視機能障害が高度のも
ののうち，拡大鏡等の使用によっても
通常の文字，図形等の視覚による認識
が不可能又は著しく困難な程度のもの
（学校教育法施行令　第 22 条の 3）

白黒反転すると，コントラストを低下させることなく
目に入ってくる光の量を減らすことができる。

図 2−42　白黒反転させるとまぶしさを感じにくい

む子どもを座らせ，廊下側に暗い環境を好む子どもを座らせるとともに，その
間に暗幕等で仕切りを入れるなどして対応する。
　まぶしさを訴える視覚障害児に対しては，眼に入ってくる光の量を低減する
方法を検討する必要がある。その際に，図 2−42 のように読材料の白黒を反転

して提示することがある。白い紙面が明るいのは光を強く反射しているためであり，白い紙に黒い文字では白い部分の面積の広いことが眼に入る光の量を増やし，まぶしさの原因となっている。そこで白黒を反転させると，面積の広い紙面が黒，文字が白になるため，眼に入る光の量が大幅に減少することになる。一方で，白と黒の輝度は変わらないためコントラストは変化しない。それゆえ，白黒反転することによってコントラストを高く保ったまま，まぶしさを回避することができる。印刷教材を白黒反転して作成するには手間がかかるが，拡大読書器やタブレット端末等を用いると容易に反転できる。また，白黒反転をしなくても，**罫プレート**等と呼ばれる道具で，眼に入る光の量を減らすことができるとともに，読んでいる行の認識が楽になる。

罫プレート
第 4 章第 2 節 p.252 参照。

　また，階段の段差は，最初の段の段鼻（面の先端部分）と次の段の面の境目をとらえることで判別されるが，これには段鼻と面のコントラストが影響している。例えば，白色一色の下り階段は，段鼻と面のコントラストが低く，足をどの程度踏み出せばいいのかがわからず，恐怖すら覚えることもありうる。一方で，段鼻を面とのコントラストが高くなるように着色すると，次の段までの距離がわかりやすくなり，不安が低減する。それゆえ，図 2-43 に示したような階段の段鼻を強調する工夫をすることが望ましい。

図 2-43　階段の段差のコントラストをつけると段がわかりやすい

　また，眼に入る光の量を減らすために部屋の明るさを下げることがある。タブレット端末等の画面で読む場合に画面の輝度を下げる対応を行うこともある。これらは眼に入る光の量を減らす対応である。白黒反転ではなくこの状態を好む視覚障害児もいる。しかしこのことは，紙面の白い部分の輝度の低下によるコントラストの低下を引き起こし，読みづらくなることがある。それゆえ，太陽の光が教室内に入らないようにカーテンをしっかり閉めてほしいが，紙面を明るくするために手元の照明はほしいという，照明について一見矛盾するかのようなニーズが同居する視覚障害児もいる。これは矛盾ではなく，太陽の非常に強い光は遮りつつ視対象のコントラストを向上させるという妥当なニーズである。このように，明るさ，まぶしさへの視覚障害児のニーズとその対応手段は多様である。

5　読書の評価と指導への応用

（1）読書の評価方法

　視力の低下は細かいものの認識能力を低下させる。そのため，一般的な書籍等の文字サイズでは読みづらい。視覚障害児者の読書に必要な文字サイズについては，視力等も参考になるが，同じ視力でも必要な文字サイズは異なることもあり，視力から直接考えることは難しい。また，本人の選択する文字サイズが必ずしも最適とは限らないため，ただ本人に好みの文字サイズを聞くのではなく，客観的な評価を行うことが必要である。それゆえ，読書を通して文字サイズの評価を行うことが必要になる。

　近年，読書の評価には，MNREAD-J（図2-44）が用いられることが多い。MNREAD-J では，文字サイズが logMAR 値 0.1 ずつ小さくなっていく文章を読んでいき，各文字サイズにおける読書速度と読める限界の文字サイズを測定する。各文章の文字数，漢字数，難易度は統一してある。また，測定距離30cm における logMAR の値だけでなく，文字サイズのポイント数や7ポイントを基準にした倍率も記してあるため，視角だけでなく物理的な大きさからも文字サイズを把握することができる。

（2）読書に必要な文字サイズの評価方法

　視覚障害児者の読書の評価においては，読み手は文章を朗読するのではなく可能な限り速く，かつ音読するのが一般的である。MNREAD-J の評価結果か

MNREAD
MNREAD-J,
MNREAD-Jk
読書に適した文字サイズの評価や補助具の選定の際にきわめて有効な評価手段。Jは，教育漢字を利用した日本語版。Jk は，かな単語版。

logMAR
MAR は "minimum angle of resolution（認識できる最小視角）" のこと。視角を常用対数に変換（視角 10 分は 1.0，1 分は 0 になる）して，0.1 きざみで認識できる最小視角を表す視力のとらえ方。視角 10 分まで見える視力は 0.1 であり 1.0 logMAR となる。

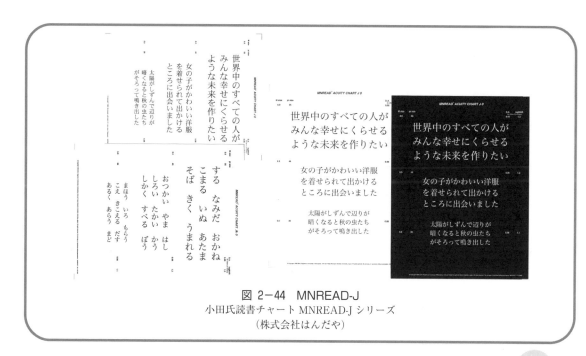

図 2-44　MNREAD-J
小田氏読書チャート MNREAD-J シリーズ
（株式会社はんだや）

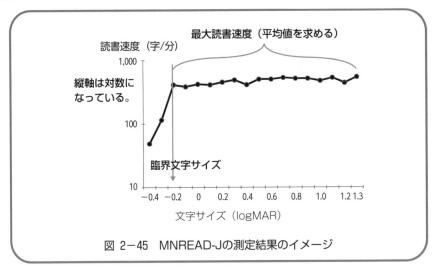

図 2-45　MNREAD-Jの測定結果のイメージ

（図中ラベル）
読書速度（字/分）
最大読書速度（平均値を求める）
縦軸は対数になっている。
1,000
100
10
臨界文字サイズ
-0.4　-0.2　0　0.2　0.4　0.6　0.8　1.0　1.2 1.3
文字サイズ（logMAR）

臨界文字サイズ
これより小さい文字サイズでは最大読書速度で読むことができない，限界の文字サイズ。

最大読書速度
臨界文字サイズまでの各文字サイズにおける読書速度の平均値。

ら得られる主な指標には，**臨界文字サイズ**と**最大読書速度**がある。臨界文字サイズを参考に必要な文字サイズ（倍率）を検討する。そして選択した文字サイズや拡大補助具による読書速度と，測定時の最大読書速度とを比較することで，その対応が適切であったかを評価できる。また，白黒反転した条件の結果との比較から，白黒反転の効果についても測定できる。図 2-45 にMNREAD-J の測定結果のイメージを示した。

　実施課題としては文章を読むだけではあるが，正確に測定するためには，可能な限り速く正確に読むということの理解とそれを実行できることが求められる。また，読めない文字があった場合に，あるときは考え込み，あるときは読み飛ばすと，そのことが読書速度に影響してしまうため，統一した反応をすることや，臨界文字サイズを明確にするために，全く読めなくなるまで可能な限り小さな文字サイズまで読むこと等も求められる。それゆえ，実施においては別の読材料で練習を繰り返して方法を理解してもらうことが必要になる。

（3）指導への応用

　一般的には，義務教育段階の拡大教科書は 18 ポイント，22 ポイント，26 あるいは 28 ポイントの 3 段階の文字サイズが用意されている。ある視覚障害児の臨界文字サイズが，視距離 30 cm で 18 ポイントだった場合，臨界文字サイズを下回らないよう留意して，本人の希望も踏まえて，教科書の文字サイズの選択や補助具の使用を検討することになる。授業で使う資料集の読みたい部分の文字サイズが 9 ポイントである場合，2 倍以上の倍率が得られる補助具を検討することになる。また，臨界文字サイズはワークシート等の教員の自作教材の文字サイズを決める際の目安にもなる。

　晴眼者の場合，視距離 30cm で 3 ポイント程度の小さな文字まで読むことが

できるが，一般的な文書では 10 〜 11 ポイントの文字を使用している。つまり，晴眼者は臨界文字サイズを読みたい文字サイズとは思っておらず，その 3 〜 4 倍程度のサイズを選択しているといえる。それゆえ，臨界文字サイズは最適文字サイズではなく，下回ってはならない基準として考えることが適切である。

　また，文字サイズは視距離と併せて考える必要があることに留意する。眼を視対象に近づけて読書を行うことは視覚障害児にとって特別なことではない。上述のケースでも，視距離を 15 cm より近づけて読むことに困難がない場合には， 9 ポイントの文字も読むことができると考えられるため，補助具の使用や視対象の拡大ではなく近づけて読むという選択も考えられる。視距離が 30cm より長くなる場合についても同様に考える。

　いずれの場合にも，設定した条件下での実際の読書行動（読速度，正確性，好み等）から文字サイズの適切さについて確認する必要がある。

6　視知覚のとらえ方

（1）視知覚の発達検査

　視覚障害児は，その見えにくさのために細かい部分を認識するのに時間がかかったり，認識できなかったりして，全体を同時にとらえることができず部分ごとに連続的に認識しなくてはならない場面が生じてしまう。その結果として，視知覚の能力が十分に発揮できていない可能性もある。図 2-46 から，それを構成している三角形，四角形（菱形と正方形），五角形を取り出して認識することに対しては，視力という細かいものまで見ることができる能力とは異なる能力が必要とされる。そのため，視知覚の能力の評価を行うことがある。

　現在入手可能な視知覚発達検査のひとつに，DTVP フロスティッグ視知覚

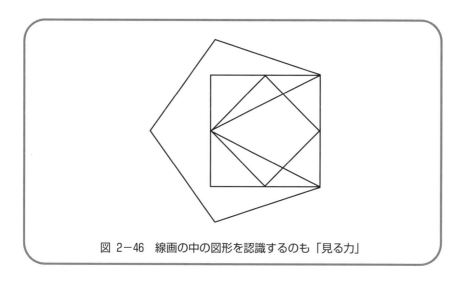

図 2-46　線画の中の図形を認識するのも「見る力」

発達検査（日本文化科学社）がある。この検査では，「視覚と運動の協応」「図形と素地」「形の恒常性」「空間における位置」「空間関係」の 5 領域について評価を行う。「視覚と運動の協応」では，眼と手の協応動作について評価する。「図形と素地」では，交差したり隠されている図形を見つけ出す力について評価する。「形の恒常性」では，大きさ等に関係なく特定の形を見つけ出す力について評価する。「空間における位置」では，見本との向きの正誤の認識の力について評価する。「空間関係」では手本どおりに書画できる力について評価する。

　また近年，視覚的困難を有する発達障害児に対する視覚機能の評価と訓練に関する取り組みが増えており，眼の訓練ということで**ビジョントレーニング**と称されることもある。

ビジョントレーニング
第 3 章第 4 節 p.161 参照。

眼球運動
見たいものへ眼を移動させる，向け続けるという動作。

衝動性眼球運動
眼球（眼）の動きの一種で，眼が素早く次の視点に移動する動き。跳躍性眼球運動等とも呼ばれる。

追従性眼球運動
眼球（眼）の動きの一種で，なめらかに連続して眼が移動する動き。滑動性眼球運動等とも呼ばれる。

（2）眼球運動

　視知覚の基礎として，**眼球運動**がある。視知覚の発達には眼球運動機能の発達が必須である。主な眼球運動の種類として，視対象に眼球の中心窩を移動させる**衝動性眼球運動**（saccade），移動する視対象に中心窩を固定させ続ける**追従性眼球運動**（smooth pursuit）がある。中心窩で見るということは，最もよく見える部分で見ようとする意識の現れであり，注意と関連する能力を示していると考えることができる。

　この眼球運動の特性の把握から読書能力の評価につなげたり，リハビリテーションの訓練に取り入れたりすることが行われている。また，自立活動の課題として取り組むこともある（第 3 章第 3 節 p.125 参照）。

7 発達検査・知能検査実施上の配慮

（1）視覚障害児の特性を踏まえた検査

　視覚障害児の発達の実態を踏まえて作成された発達検査として，広 D-K 式視覚障害児用発達診断検査がある。この検査は，「運動発達」「知的発達」「社会的発達」についてチェックリスト方式で確認する発達検査で，その特徴は表 2-5 のようにまとめられる。

　知能検査についてはいくつか存在するが，今日では盲児童生徒の実態にそぐわなくなってきたこと，また検査そのものが絶版あるいは入手困難であるという理由から，現在はほとんど活用されていないのが現状である[4]

（2）一般的な検査の視覚障害児への適用の困難

　現在，さまざまな子どもの知的能力や発達段階を把握するための検査が開発・使用されている。これらの検査は，障害のある子の状態像を把握するうえ

表 2-5　広 D-K 式視覚障害児用発達診断検査の特徴

①健常児の年齢基準としている。

②一義的に，視覚を必要とする項目が含まれていない。

③日常の生活で観察され，容易に成長の事実を捉えることのできる項目で構成されている。

④重複障害児にも適用できるよう，発達初期に出現する成長の事実を多く含んでいる。

⑤発達の各領域間でのバランスを把握できる。

⑥視覚障害児の発達の特徴である発達の不安定さを捉えることができる。

出典）小林秀之：視覚障害児に適用できる心理検査に関する展望，国立特殊教育研究総合研究所重複障害教育研究部一般研究報告書，B-179，79-81，2002.

で有効な評価方法のひとつである。しかし，視覚障害児の発達段階や知能の段階の評価に使用するうえでの問題点として，視覚を用いることを前提とした課題が検査に含まれていることがあげられる。

　一般的な知能検査の検査項目には，絵を見て答える等の視覚的要素が含まれている。言語的な課題であっても，問われている内容が視覚的な要素を含んでいる可能性もある。晴眼児であれば自然と経験することが想定される事項であっても，視覚障害児では意図的にその機会を設定しなければ経験できない事項もある。

　一方，観察に基づく評価を行う検査は視覚障害児にも適用できる可能性がある。しかし評価項目が，視覚を用いた課題ができるかを問うものであったり，視覚経験の有無が影響すると考えられる内容である場合には，それが発達の問題であるのか，見えにくい・見えないことが原因であるのか判断することが難しいという問題がある。

（3）留意事項を踏まえたうえでの実施

　視覚障害児への発達検査や知能検査の実施に際しては，視覚障害児に適用可能な項目を実施して実態把握に役立てている。例えば，ある知能検査に含まれる言語性の下位検査を実施することで，音声の処理・活用に関する知的能力についての把握が可能となる。また，全体的な発達段階の評価はできないが，視覚的要件を含まない事項についての発達段階をある程度把握することはできる。

　猪平ら[5]は，発達検査を視覚障害乳幼児に実施するための配慮事項として，①安心できる補助があること（大人が手を添える），②感覚代行によること（視覚以外の感覚での評価），③意欲と達成感等の心の育ちをみること（視覚の制限で動作自体はできなくてもやりたい気持ちが育っているか）を指摘している。こうした配慮を適用することで，視覚的要件を含む項目についても確認できる可能性を高めることができる。

継次処理
物事をひとつずつ順序
立てて処理していくこ
と。全体を把握した後
に細部を理解していく
のは同時処理。

ワーキングメモリ
「作業記憶」または「作
動記憶」と訳される。
情報を一時的に保持
し,操作するための貯蔵
システムを表す用語。

さらに,各種の検査を実施した後には,今後の支援方策を検討することになる。知能検査の結果から,例えば**継次処理**や**ワーキングメモリ**が高いと評価された場合には,音声情報を保持して処理していく能力が高いと考えられるので,音声による指導,情報提供が効果的であるが,反対に低いと評価された場合には,音声による情報を連続的に処理できなくなってしまう可能性がある。そのため,視覚障害教育では視覚情報を聴覚情報（音声）に置き換えて伝えるということがよく行われるが,その視覚障害児の特性によっては適切ではない可能性もある。

8　その他関連評価－重複障害,総合的な評価指標

（1）重複障害児の視機能評価

　視覚障害に他の障害を併せ有する重複障害児がどのように見えているのかを把握することは,その子どもとのかかわりを考えるうえで重要な情報のひとつである。しかし,多くの検査（測定・評価）方法では,検査を受ける側に,課題を理解（例：向こうに見える輪の切れ目の向きを答える）し,ある条件（特定の輪がさされたら／輪が出されたら）に対して一定の反応（切れ目の向きを指さしや口頭で回答）をすることが要求されるため,実際に標準的な評価方法で視力等の測定を実施することは困難である。その点で,乳幼児も課題の理解は困難なため,乳幼児の評価を想定した手法は適用が可能であることが多い。視力の項で述べた縞視力のように,何か反応をさせるのではなく見たときの反応から評価する視力測定の方法は,重複障害児の視機能評価が可能である。

　また,対象児の様子を踏まえた測定法を考えることもできる。例えば,図2－47に示したように,知的障害があって通常の視力検査が実施できず光覚と診断された子どもに対して,本人が取り組んでいたごみ拾いの活動を用いて,どれくらい小さなものまで見えるのかを推定したという報告がある[1]。その結果,単に明るさの有無が判断できる程度以上に視覚を活用していること,白黒反転が有効であることが把握できた。この子どもは医学的には光覚という視力であったが,それは指の数やランドルト環を用いた検査ができず見えているのかどうかが判断できないためであった。このような取り組みを通して,「光覚＝明るさがわかるだけ」という見え方よりも見えているということがわかった。

　さらに,身体の動きに制限のある重度重複障害児に対しては,眼の前の視覚的状況の変化への反応の有無から評価することが考えられる。表2－6は,重度脳性まひ児（者）の視機能評価の一例である。光に対しての反応,眼前を覆うように手を近づけたときの反応等の有無から,視機能評価を行うことができる。このように言語や身体での反応が難しい障害のある子どもでも,わずかな反応に着目することで見え方をとらえることが可能である。

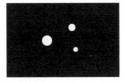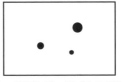

黒い背景に白い紙ごみの条件　　　白い背景に黒い紙ごみの条件

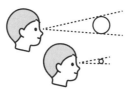

どれくらい小さな紙ごみをどれくらい近づけて認識して拾うか。
紙ごみの大きさと視距離から視角を算出できる。

図 2−47　重複障害児への教育的な視機能評価（視力）の例
出典）中野泰志：3. 教育的な視機能評価と配慮：大川原潔・香川邦生・瀬尾政雄・鈴木　篤・千田耕基編：
　　　視力の弱い子どもの理解と支援，教育出版，pp.60-70，1999．より改変

表 2−6　重度脳性まひ児（者）の視機能評価の一例

・対光反射と光覚反応の観察（光への反応を示すか）
・回避反応の確認による注視・追視能力の確認（片眼を塞がれ，視野が妨げら
　れてしまうことに対して回避する反応を示すか）
・瞥見視野による周辺への注意能力の確認（周辺から近づく刺激に反応を示すか）
・縞視力標弁別反応の確認（縞視力の検査に反応があるか）

出典）小町祐子・新井田孝裕：重度脳性麻痺児（者）における視機能評価方法，
　　　特殊教育学研究，55(3)，123-132，2017．より表の一部のみ抜粋し初学者向
　　　けの補足を加えた

（2）総合的な評価指標

　本書第 1 章第 1 節 p. 2 で functional vision について言及されているように，
日常生活では視力・視野などの視機能を総合的に活用して，その活動が行えて
いるかが問題になる。こうした活動能力の程度を表す指標として，視力と視野
を中心とした Functional Vision Score：FVS という総合的な評価指標が提唱
されている。2002 年の国際眼科学会で国際標準として採択されているが，日
本ではまだ一般的に認識されている考え方ではない。この指標は，正常を

表 2−7　Functional Vision Score（FVS）の特徴

1. 視機能を 1 つのスコアに数値化することが可能であり視機能評価に有用。
2. 検者間 / 内信頼性が高い。
3. 視覚関連 QOL と相関が高い。
4. 患者や家族，関係者など医療関係者以外の人に理解しやすい。
5. 身体障害者基準などの視覚障害の基準設定に利用しやすい。

出典）平塚義宗・加茂純子：Functional Vision Score に関する研究の現状，
　　　視覚の科学，40(1)，1-6，2019．

100，視機能が完全に失われた状態を0として表すものであり，表2−7のような特徴がある。

　FVSは精密な視機能評価に基づくため，その算出は医療機関が中心となって行われることになる。表中に「医療関係者以外の人に理解しやすい」とある。ある視覚障害児の視機能の状態について他者に説明する際，視機能の値そのものに基づいて説明すると，例えば「視力は○○で，視野は△△度の視野狭窄になっています」となる。それをfunctional vision scoreに基づいて説明すると，例えば「FVSは60で，このことは，よく見えている人の60％の視機能であることを意味します」という説明になる。視機能の値だけの説明では，その値の意味することを知らなければ，それがどの程度の困難なのか理解しづらいが，FVSによる説明を加えると困難の程度が伝わりやすくなる。

　教育においても，これまで述べてきた視機能の評価に基づき，総合的に「その人の見え方」「その人の生活上・学習上の困難」について考え対応していくことが望まれる。

演習課題

1. 視力0.08の弱視児が，視力1.0の晴眼児とともに学ぶ場面における困難にはどのようなことがあるか，考えてみよう。
2. 視野狭窄のある弱視児が感じる困難にはどのようなものがあり，そのことへの支援方法にはどのようなことがあるか，考えてみよう。
3. 自分で文字サイズが徐々に小さくなっていく文章を作成して，それを黙読，朗読，速読するなどして，読書に必要な文字サイズの把握の方法について話し合ってみよう。
4. 視力測定が困難な知的障害のある視覚障害児の見え方をとらえるにはどのような方法があるか自分なりの方法を考えてみよう。
5. ここでは視覚の特性について学んだが，聴覚と触覚の特性も理解しておきたい。第3章第5節指導法（盲児）等を参考に，聴覚と触覚の特性をまとめてみよう。

引用文献

1）中野泰志：視機能評価と配慮：大川原潔・香川邦生・瀬尾政雄・鈴木篤・千田耕基編：視力の弱い子どもの理解と支援，教育出版，pp.60-70，1999.
2）仲泊聡：視覚の話8. 周辺視の障害　情報処理系の異常とその対策，弱視教育，**50**(1)，13-18，2012.

コラム　Functional Vision Score：FVSの算出

　FVSをどう算出するのかという関心の出てきた人もいると思うが，入門書の本書では簡略に説明するにとどめておく。視力，視野それぞれについて，両眼での見え方（60％），右眼の見え方（20％），左眼の見え方（20％）として100点満点でスコアを求め，（視力×視野）/100で点数を算出し，それ以外の視覚の困難があれば調整点を加えて，FVSが得られる。詳細を知りたい人は大学図書館の文献検索で"Functional Vision Score"で検索して資料を読むことを勧める。

3）日本ロービジョン学会：ロービジョン関連用語ガイドライン2016．https://www.jslrr.org/low-vision/guideline（最終閲覧：2021年12月24日）

4）大城英名：盲児童生徒の触覚認知および触覚情報処理スピードの評価に関する研究知見と課題，秋田大学教育文化学部教育実践研究紀要，**26**，33-45，2004．

5）猪平眞理編著：視覚に障害のある乳幼児の育ちを支える，慶應義塾大学出版会，2018．

参考文献

・David Wechsler（日本版WISC-IV刊行委員会訳編）：日本版WISC-IV知能検査実施・採点マニュアル，日本文化科学社，2010．

・樋田哲夫編：眼科プラクティス14　ロービジョンケアガイド，文光堂，2007．

・五十嵐信敬：視覚障害児の発達と指導，コレール社，1993．

・飯鉢和子・鈴木陽子・茂木茂八：フロスティッグ視知覚発達検査　実施要領と採点法手引＜尺度修正版＞，日本文化科学社，1979．

・柿澤敏文：第4章　視覚障害の生理学：障害理解のための医学・生理学（宮本信也・竹田一則編），明石書店，pp.204-256，2007．

・加茂純子：日本眼科医会身体障害認定基準に関する委員会：身体障害認定における視覚障害評価（第2回）国際基準でありQuality of Life（QOL）との相関があるFunctional Vision Score（FVS），日本の眼科，**82**(4)，463-467，2011．

・加茂純子：日本眼科医会身体障害認定基準に関する委員会：身体障害認定における視覚障害評価（第3回）Visual Acuity Score（VAS）とVisual Field Score（VFS）の測定の実際，日本の眼科，**82**(6)，755-758，2011．

・加茂純子：日本眼科医会身体障害認定基準に関する委員会：身体障害認定における視覚障害評価（第4回）WHOの障害定義の変遷，Functional Vision Score（FVS）とWhole Person Impairmant（WPI：一個人に対するインパクト），日本の眼科，**82**(8)，1069-1072，2011．

・加茂純子：日本眼科医会身体障害認定基準に関する委員会：身体障害認定における視覚障害評価（第5回）自動視野計による評価にも対応しやすいFunctional Field Score（FFS），日本の眼科，**82**(10)，1339-1341，2011．

・加茂純子：日本眼科医会身体障害認定基準に関する委員会：身体障害認定における視覚障害評価（第6回）ビジョンケアへの連結，全国の視覚障害原因疾病統計に役立てる，日本の眼科，**82**(12)，1617-1619，2011．

・北出勝也：ビジョントレーニング，教育と医学，**67**(7)，582-589，2019．

・小林秀之：視覚障害と発達：筑波大学特別支援教育研究センター・前川久男・四日市章編：講座特別支援教育2　特別支援教育における障害の理解［第2版］，教育出版，pp.49-58，2006．

・小林秀之：視覚障害を伴う重複障害児の視機能評価と教育的支援，発達障害支援システム学研究，**7**(2)，81-87，2008．

・松久充子・川端秀仁：発達障害児・者のロービジョンケア－視覚の発達に課題（遅延もしくは障害）を抱える子ども・者のロービジョンケア，あたらしい眼科，**30**(4)，43-50，2013．

・松本長太監修，若山暁美・南雲幹・田中恵津子・小林昭子・石井祐子編：理解を深めよう視野検査，金原出版，2009．

・永井伸幸：弱視者の眼球運動に関する研究動向(1)　弱視教育，**42**(1)，23-26，2004．

・永井伸幸：弱視者の眼球運動に関する研究動向(2)－弱視者の読書に関する研究－，弱視教育，**42**(2)，23-26，2004．

・永井伸幸：弱視者の眼球運動に関する研究動向(3) − 弱視者のリハビリテーションに関する研究 −，弱視教育，**42**(3)，19-21，2004.
・仲泊聡：視覚の話 9. 制御系の異常とその対策，弱視教育，**50**(2)，14-22，2012.
・日本弱視教育研究会：小・中学校における視力の弱い子どもの学習支援，教育出版，2009.
・日本視覚学会編：視覚情報処理ハンドブック新装版，朝倉書店，2017.
・小田浩一：MNREAD-J, Jk チャートマニュアル，はんだや，2002.
・大川原潔・香川邦生・瀬尾政雄・鈴木篤・千田耕基編：視力の弱い子どもの理解と支援，教育出版，1999.
・和田直子・小林昭子・中川真紀・若山暁美編：視能検査学，医学書院，2018.
・全国盲学校長会編著：新訂版 視覚障害教育入門 Q&A，ジアース教育新社，2018.

③ 見えの困難への介入

1　見え方の特徴と対応

（1）視覚でできること・できないこと

　弱視の児童生徒への介入は，個々の視機能の特徴を知ることから始まる。支援者はもちろん，ある程度成長した段階からは本人も正確に視覚の特徴を理解し表現することが重要である。視覚の過小評価は自己効力感や動機づけの低下に，過大評価は不要な失敗経験の蓄積につながりかねない。

　場面ごとに，視機能を最大限利用するための道具立てを整え，不足分は聴覚や触覚または他人からの支援で補うことで目的の課題を達成させる。具体的な問題解決の経験の積み重ねは，応用する能力を生み社会参加の動機づけや機会を広げる可能性をもつ。

（2）視機能特性と対策

1）小さい文字が読めない

　①　**必要な文字サイズを評価する**（評価方法は p. 41 を参照）文章読みに必要なサイズは，単に文字として検出できるレベル（視力，最大視認力など）ではなく，効率よく読めるレベルのサイズ（**臨界文字サイズ**など）を探る。行動観察や検査で読みやすい文字サイズ（ポイント，cm など）がわかったら，視距離の条件とセットで理解し，作業距離が異なる場面の読みサイズも，比例関係をもとに算出しこれを利用する（図 2 − 48）。

　②　**拡大方法を選ぶ**　　典型的な方法として，接近視，拡大鏡，拡大読書器，

臨界文字サイズ
p. 60 参照。

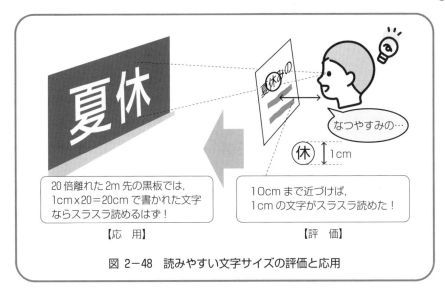

20倍離れた2m先の黒板では，
1cm×20＝20cmで書かれた文字
ならスラスラ読めるはず！

【応用】

10cmまで近づけば，
1cmの文字がスラスラ読めた！

【評価】

図2−48 読みやすい文字サイズの評価と応用

パソコン（タブレット端末やスマートフォンを含む）がある。課題ごとに適した方法を選択したい。

a. 接近視：ものを眼に近づけて拡大する方法である。**調節力**が十分にある子どもには最も手軽に使える。疲労による持続時間の短縮がないか，接近距離が近すぎて書字や作業の妨げになっていないかを確認する。調節力が乏しい白内障術後児や成人には，視距離ごとに矯正眼鏡などの光学補助具の調整が必要である。

b. 拡大鏡：基本的には，接近視による拡大をするために，眼の調節機能の代わりにピント合わせをする道具が**拡大鏡**である。効率よく読める中でできるだけ倍率の小さいものを選択する。

読みたい文字を眼前どこまで近づければ前述①のサイズになるか算出し，そこに焦点を合わせる拡大鏡＜（1／接近距離 m）Diopter ＞を試す。

遠用眼鏡と併用すると眼をレンズから離しても同じ拡大像を見ることができる。一方，レンズの下に台（足）がついた拡大鏡の場合はレンズと眼の距離によって拡大率が変わる。拡大鏡は，他の補助具より携帯性に優れるが，長時間の利用や長文読みには適さないことが多い。

c. 拡大読書器：大きな文字を広いモニタ上に提示でき，無理に近づく必要がないため，**拡大読書器**は姿勢に負担をかけない。拡大率の変更，コントラスト強調，反転表示が可能なため，さまざまな印刷物に合わせて読みやすい提示に調整できる。印刷物を乗せるテーブルを使えば，視線や頭の移動の代わりにテーブルを動かして行たどりができる。視線をそらして読む必要がある場合や視野が極端に狭い場合にこの機能が役立つ。カメラ下の空間が広ければ書字や手芸にも利用できる。

d. パソコン，タブレット端末，スマートフォン：電子素材を利用するため，拡大，コントラスト，配色の制御に加えて，（形式によっては）フォント，文字

調節力
水晶体の厚さを変えて目の焦点を視対象に合わせようとする眼の機能。

拡大鏡
レンズを使った拡大補助具。手持ち，ライトつき，脚つき，眼鏡式などデザインも多種ある。

Diopter
調節力はレンズ度数の単位であるディオプトリー Diopter（D）で表す。D＝1÷焦点距離(m)で求められる。10Dは焦点距離10cmのこと。

拡大読書器
印刷物をカメラ経由でモニタに映しながらズームや反転表示ができる機器。モニタサイズは多種ある。

間，行間，行幅などのレイアウトも変更できる。モニタ幅で自動改行する設定（リフロー）にすれば，中心視野障害に起因する行たどりや改行の困難が改善される。音声との併用も可能である。

　カメラ系のアプリを利用すれば人の顔や遠方の黒板など，接近できないものもモニタ上で拡大できる。学習での利用時は，保持を安定させるスタンドが役立つ。

2）まぶしさや，周辺の光源による見えにくさがある

　眼に入る光量を調節する虹彩が機能しなかったり，眼内の濁り，炎症，レーザー治療痕等が眼内の光を乱反射させてしまったり，その他解明されていない原因により，光量の過不足や周辺の邪魔な光の存在によって極端に見えづらさを感じることがある。

　弱視児童生徒にとっての適度な明るさの範囲については，本人の訴えや行動観察（眼を細める，疲労，見失い等）から見極め，明るさ環境を整える。

　明るすぎるときはサングラス，カーテン，帽子，など遮光の手段を取り入れ，暗すぎるときは光源を追加する。高感度カメラを利用した電子機器も徐々に期待を集めている。

　見えにくさの原因が，周辺の邪魔な光源によることがある。背景にある窓，夜間歩道を歩くときの車のライト，天井光，白い紙面の余白，白い壁等である。ひさしをつくる，サングラス，電子機器の白黒反転表示を利用する。

3）視野が狭い

　視野のある部位と広さについて，本人も周囲も正しく理解することが最も重要である。理解により対象物や対話者の配置や距離に配慮ができる。また自身が能動的に視野の欠損方向に視線を移動させれば，ものや人の存在を確認することができる。

　視野が狭いために，移動課題，探索課題，周辺の環境認知課題が困難になる可能性がある。時間的な効率を優先しなければならない場面では，視覚以外の情報を利用する。机から落下しない工夫をする，ボタンに立体シールをつける，欠損側で白杖をもつ，他者から周囲の様子の説明を受けるなどである。

4）コントラスト感度が低い

コントラスト感度
p.56 および第 3 章第 4
節 p.135 参照。

　視力が高くても**コントラスト感度**が低い場合には，視覚的に検出できるものが限られる。細かな段差，黒板の文字，グラフのテクスチャ，鉛筆書きなど生活や学習場面で検出の可否に注目し，対象物のコントラストを上げる，または視覚以外の手がかりを提示するといった配慮をする。読み書きは電子機器の利用が好まれる。

5）眼振がある

眼　振
p.35 参照。

　眼振がある人の多くは，揺れが軽減される特定の視線の方向（静止位）がある。その視線の方向で正面が向けるように頭部や姿勢を回転させて注視したり

眼振なし　　　　　　　右に視線を向けると眼振が止まる場合

眼振がある場合，揺れが最も少なくなる視線方向で注視できるように頭部を回転させて見ることがある。

図 2−49　眼振がある場合・ない場合の注視の様子

（図2−49），揺れが増強する視線方向に眼を動かさないようにしたりする。視対象を置く位置を，視線の角度から見て妥当か確認するとよい。

2　障害支援機器

（1）視覚障害の補助具と目的（環境整備）

　視力の低下（喪失）や視野の欠損など，視覚に障害を受けることで引き起こされる能力障害として**情報障害**と**移動障害**があげられ，多くの補助具はこの二つの能力障害を補うために存在する。本項ではこの補助具について説明する。

　視覚障害者のための機器をさす呼称として，支援機器・補助具・福祉機器などさまざまな呼び方があるが，これらは単に呼称の違いで意味が違うわけではない。混乱を招かぬよう，本項では日本ロービジョン学会の「**ロービジョン関連用語ガイドライン**」に沿ってすべての機器を「補助具」と呼称する。また補助具の中には，視覚障害者が行政へ給付申請をする際の「補装具」「日常生活用具」という行政上の区分がある（p.250を参照）。

（2）補助具の分類

　視覚障害に関する補助具は，使用する視覚障害者がどの感覚器を用いるかにより以下のように大別できる（表2−8）。

情報障害
ヒトが感覚器から受け取るすべての情報のうち視覚からは7〜8割を得ているといわれるがその情報が得られなくなる。

移動障害
周囲の状況が視覚で把握しづらいため，方向の定位や距離の把握ができずまた障害物の発見が遅れる。

ロービジョン関連用語ガイドライン
https://www.jslrr.org/low-vision/guideline

表 2−8　視覚障害の補助具の分類

視覚補助具	光学的視覚補助具	眼鏡・遮光眼鏡・弱視眼鏡・拡大鏡など
	非光学的視覚補助具	拡大読書器（EVES）・罫プレート・照明　など
視覚補助具以外の補助具	聴覚利用の補助具	画面音声化ソフト・ポータブルレコーダー・音声時計　など
	触覚利用の補助具	点字機器・触読時計　など
	移動支援の補助具	盲人安全杖・超音波ソナー・盲導犬など

　　①　眼を使う：視覚補助具　　保有する視機能を補完・強化し，眼から情報を得るための補助具。

　　②　他の感覚器を使う：視覚補助具以外の補助具　　視覚で得た情報を聴覚や触覚など他の感覚器で代償する。

　さらに，①の視覚補助具は光学的なレンズを用いた「光学的視覚補助具」と他の方法で視機能を利用する「非光学的視覚補助具」に分類でき，また視覚補助具以外の補助具は，音声で情報を受け取る「聴覚を利用する補助具」と触覚で情報を受け取る「触覚を利用する補助具」に分類できる。

　これら補助具の選定にあたっては，保有する視機能を活用したほうがよいのか，それとも聴覚や触覚など他の感覚へ代償したほうがよいのか，その視覚障害者が行いたい目的を達成するために最も効率がよいのはどの方法か，指導者は当事者の身体・精神的状況や環境を考慮しながら検討・選定する必要がある。

（3）視覚障害の補助具の種類

1）視覚補助具

　視覚補助具から得られる効果として「焦点距離の調整（ピント合わせ）」「網膜像の拡大（縮小）」「明るさのコントロール」「コントラストの強化」の4点があげられる。

　①　光学的視覚補助具　　主に光学的なレンズを用いて保有する視機能を活用する補助具を光学的視覚補助具と呼ぶ。

　ａ．眼鏡（屈折矯正）またはコンタクトレンズ：近視・遠視・乱視・調節力低下などの屈折異常を矯正することで網膜に焦点を結び鮮明な網膜像を得る，またプリズムレンズにより斜視など両眼視の異常や視野の移動を行うための補助具である。すべての視覚補助具においての出発点となる補助具であり，他の視覚補助具で網膜像の拡大を得られても網膜に焦点が合っていなければ見え方の質の低下や疲労につながる。

　コンタクトレンズは不正乱視や円錐角膜など，眼鏡では矯正不能な屈折異常がある当事者が利用する。

　ｂ．眼鏡（遮光眼鏡，その他のカラーフィルターレンズ含む）：眼疾患のある人の多くは羞明感を訴えるため，眼前に着色レンズを装着し眼に入る光量と波長のコントロールを行う。中でも**遮光眼鏡**と呼ばれるレンズはまぶしさの原因となる短波長をカットしつつ**比視感度の高い波長**を透過させるので，見え方を落とさずまぶしさを抑えられ，対象者によっては視力の向上を得られることもある。国内では東海光学のCCP，HOYAのレチネックスが主に遮光眼鏡として用いられており，それぞれ20種を超えるカラーの中から使用環境に合った色を選定する。

　ｃ．拡大鏡（縮小鏡）：凸レンズを用い手軽に網膜像の拡大が得られる補助

遮光眼鏡
身体障害者手帳があれば補装具として処方される。

比視感度の高い波長
より明るく感じる波長。同じ明るさでも光の波長によって感じる明るさが異なる。

拡大鏡（縮小鏡）
拡大鏡をルーペと呼称することも多いが全く同じものである。ルーペは商標の一部なので学術的には拡大鏡と呼称することが望ましい。

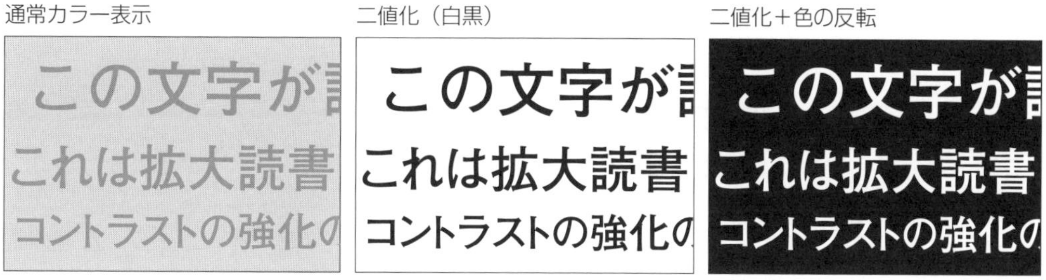

通常カラー表示　　　　　二値化（白黒）　　　　二値化＋色の反転

この文字が　　　この文字が　　　この文字が
これは拡大読書　これは拡大読書　これは拡大読書
コントラストの強化の　コントラストの強化の　コントラストの強化の

図 2−50　拡大読書器のコントラスト画面表示例

具である。形状は手持ち型，眼鏡型など多種あり，また倍率も様々であるため，用途に合わせてこれらを選択するとともに，場合によっては複数の拡大鏡を使い分けすることが必要である。使用にあたっては眼とレンズ，レンズと対象物の距離が適切に保持できるよう指導するとともに，眼に屈折異常がある場合は前述の眼鏡と併用する必要がある。

　縮小鏡は凹レンズを眼前にかざすと対象物が縮小して見える原理を利用し，視界の拡大を図る補助具である。求心性視野狭窄の人に用いることが多い。

　d．弱視眼鏡：拡大鏡と同じく網膜像の拡大を得るための補助具であるが，**弱視眼鏡**は複数のレンズを組み合わせることで焦点距離の自由度が高く，よく遠方視に利用される。また近方視でも作業距離が確保できるのが特徴である。眼鏡式によく使用される**ガリレオ式**（低倍率・小型）と焦点調節式（単眼鏡）に用いられる**ケプラー式**（高倍率・大型）に大別される。

　② 非光学的視覚補助具　　視機能を活用する補助具のうち，光学レンズを用いない，もしくはレンズのみではなく他の要素と組み合わせて視覚支援を行う補助具をさす。

　a．拡大読書器：非光学的視覚補助具の代表的なものとして，カメラで写した映像へ電子的な処理を加えてモニタに拡大像を投影する機器の総称としてElectronical Vision Enhancement System（以下，EVES）がある。中でも拡大読書器はその EVES の中で最も普及している補助具で，単に拡大像を得るだ

弱視眼鏡
小児が斜視弱視の治療用に装用する弱視眼鏡とは意味合いが異なるので注意。

ガリレオ式
ケプラー式
第3章第4節 p.144 表3−8参照。

コラム　拡大読書器は CCTV か EVES か？！

　拡大読書器のことを CCTV（closed-circuit television），つまり外部の電波を受け取っていない，閉回路テレビと表現することがある。しかし，一般的に CCTV は監視カメラなどをさすことが多いため，EVES（electronic vision enhancement system）つまり電子的視覚拡張システムといった表し方が提案されることもある。

けではなく電子的処理を加えることにより見やすい色合いに映像を変化させることができる。背景と読みたい文字のコントラストを際立たせるための二値化処理や，画面のまぶしさを防ぐための白黒反転機能などを装備している（図２－50）。モニターの大きさは3.4インチの小型のものから24インチを超える大画面のものまでさまざまあり，また機能や操作性の異なるさまざまなタイプがつくられている。一般的に大画面の据え置き型は読むことだけではなく筆記がしやすく，小型のものは携帯性に優れるが筆記は行いにくい，などの特徴があり，視機能の状況や用途に応じた選択が望ましい。

　近年普及したiPadを含むタブレット端末もカメラ機能を使いEVESとしての活用が可能である。また近年はヘッドマウント型のEVESも開発されており，両手が自由に使えることで可能になる作業が増えることから，今後の発展が期待されている。

　ｂ．その他の非光学的視覚補助具：他にも大活字本，罫プレート，書見台など，視機能を活用するさまざまな補助具はすべて視覚補助具のひとつと考えられる。これまで述べた視覚補助具は単一で利用するだけでなく組み合わせて利用することで見え方の質を向上させ**持続的作業時**の疲労を抑えることができる場合がある。また明るさのコントロールも見え方の重要な要素であることから，照明器具の工夫も非光学的な視覚補助具のひとつとして検討する価値がある。

　2）視覚補助具以外の補助具

　視覚から得ていた情報を，主に聴覚や触覚などの他の感覚器に置き換えて受け取る補助具をここに分類する。

　①　聴覚を利用した補助具　　聴覚を利用する音声機器類は，特に点字習得の難しい中途失明者にとっては，簡便に利用できる非常に重要な補助具である。

　ａ．OCR機器を利用したもの：盲の人が**墨字**から情報を得る方法には晴眼者による代読の利用などがあるが，OCRの技術を利用しスキャナやカメラで墨字を撮影することでテキストを抽出し，音声で読み上げる機器を使うことで，自分自身で墨字から情報を得ることが可能になる。このOCRを利用した音声読み上げはさまざまな機器が開発されており，操作が容易な据え置き型，小型の携帯用端末，またパソコンやスマートフォンで利用できるソフトウェア，眼鏡に取りつける小型カメラ型など複数の選択肢がある。注意点としてOCR認識に100％の精度を求めることは難しく，どうしても誤認識や読み取りできないものがあるということである。特にスマートフォン，携帯用端末，眼鏡型などは，機器の取り扱いに習熟するか何らかの工夫を行わないとカメラと視対象の距離や角度が不安定となり，認識精度にかなりの誤差を生じる。

　ｂ．画面音声化ソフト（スクリーンリーダー）を中心としたICT（情報通信技術）**機器**：パソコンのカーソル位置のテキスト情報を音声で読み上げてくれるソフ

iPad

iOSの「色の反転」機能は二値化（第3章第4節 p.153参照）ではなく単に逆相の色へ反転しているだけなので羞明軽減は期待できるがコントラスト強化の効果は薄い。
ズームの容易さ，オートフォーカス機能，撮影画像の保存や閲覧の容易さなど，遠方視のための補助具としてかなり有用である。

持続的作業時

単なる見え方だけの評価ではなく，目的とする作業を疲労せず持続して継続できるのかどうかも選定の際の判断材料とすべきである。

聴覚を利用した補助具

高齢の中途視覚障害者も高齢化社会の影響で増えており，加齢からくる難聴による聴覚情報取得の困難も念頭に置く。

OCR機器を利用したもの

optical character reader（光学的文字認識）の略。カメラやイメージスキャナが読み取った活字文字をコンピュータが利用できる電子テキストデータ化する技術。

墨　字

視覚障害者が指で触読する点字に対し，手書き印刷などの眼で読む文字を総称して墨字と呼ぶ。視覚障害教育の草創期には，弱視の児童生徒に普通の文字を墨で大きく書いて提示していたことに由来する。

トウェアを総称してスクリーンリーダーと呼ぶ。Microsoft のナレーター，Apple の VoiceOver のように標準装備されているものもあるが，Windows 対応のものには外部メーカーが開発した高性能なスクリーンリーダーが複数あり利用者も多い。マウスカーソルを使わず音声情報を頼りにキーボードのみで操作するには相応の訓練が必要ではあるが，晴眼者と変わらないパソコン技能を身につけ就労している視覚障害者も存在する。

　また就労以外にもインターネットを使った情報取得，電子メールによる情報のやり取りなど，視覚に障害を負うことで行いづらくなった情報取得・発信が能動的に行えるのが ICT 機器の活用の長所である。近年はパソコンに限らずiPhone をはじめとしたスマートフォンの活用も盛んであり，当事者の目的に応じパソコンとスマートフォンの使い分けも必要である。

　c．ポータブルレコーダー（DAISY 図書再生機器）：主に録音と読書の二つを目的とした機器である。勉学や講演などの際にメモを取ることが難しい視覚障害者にとって，これらで録音することにより情報の保存や整理が容易となる。

　またこのポータブルレコーダーは全国の点字図書館を中心として音訳された数万冊にも及ぶ録音図書の再生機器として使われる。この DAISY 図書と呼ばれる録音図書は単に音声のデータだけでなく見出しやページが図書内に挿入されており，当事者が読みたい位置へジャンプしたり章や節単位で早送りしたりと検索性に優れるのが特徴である。DAISY 図書は自治体の広報や視覚特別支援学校での教科書，受験時の試験問題などさまざまな分野で音声データ提供の方式として使われているが，一般的な CD ラジカセでは対応していない規格のため，専用のレコーダーが必要となる。

　d．その他の音声機器：体温計，体重計，血圧計，時計，調理器，携帯電話など，日常的な機器にも音声読み上げ機能つきの商品が一部メーカーから発売されているのでそれらも活用したい。他にも，色彩を判別し色を読み上げる機器，紙幣を音声で識別する機器，コップにお湯を注ぐ際にあふれないようブザーが鳴る道具などさまざまな音声機器がある。さらに，後述する日常生活用具の給付対象外のものもある。生活の質の向上に役立つものであれば積極的に提案を行いたい。

　② 触覚を利用した補助具

　a．点字機器：点筆を使いみずからの手で打つ点字盤，高速で点字を打つことができる点字タイプライター，また点字を電子的データとして記録・保存・読むことができる点字ディスプレイ端末などがある。

　点字に習熟すると音声よりも点字文書のほうが読書速度が速いケースがある。また社会においては音声補助がなく点字表記の支援のみの場合もあり得る。点字習得が困難といわれる中途失明者においても点字の習得は非常に有用である。

DAISY 図書
Digital Accessible Information System の頭文字をとった略語で，視覚障害者のための録音図書の国際標準規格。

　　b．触読時計：前述の音声機器のひとつである音声時計は非常に簡易であるが，音を出しづらい状況も考えられる。周囲の状況を気にせずいつでも時間を確認できる触読時計も当事者の生活環境によっては選択肢となる。針を直接触る触針時計が以前から一般的であったが，近年は振動の回数で時間を知らせる振動時計もあり，これらは触針が苦手な視覚障害者に人気がある。

　　c．その他：視覚補助具で述べた罫プレートは，盲の人でも自著サインが必要な際の位置の手がかりになる。パソコンや電子機器のよく触るボタンに貼りつけることで，手で触れる目印となる突起状シールも使用者が多い。

　　その他にも1cmごとに触ってわかる印のついた定規やメジャー，押した分だけ決まった分量が出てくる調味料の容器など，さまざまな便利グッズがある。

便利グッズ
日本点字図書館わくわく用具ショップや日本盲人会連合用具購買所などが便利グッズの取扱いが豊富。

コラム　新分野－ウェアラブルな補助具

　ここ数年，ヘッドマウントディスプレイ型や眼鏡に装着するなどの，ウェアラブル端末の新製品が続々開発されており新しい分野の補助具として注目されている。

　手持ちの眼鏡フレームに装着できる100円ライター程度の小型端末にカメラとコンピュータを内蔵し，カメラでとらえた文字情報を音声化して耳元で教えてくれる「オーカムマイアイ2」，レーザー光を網膜に直接投影するディスプレイ端末「RETISSA Display II」，暗所でウェアラブル端末に装着したカメラでとらえた画像を明るく投影してみることのできる暗所視支援眼鏡「HOYA MW10 HiKARI」など，これまでにない画期的なものも多い。

　特にMW10は暗所で困る夜盲症の人に対し昼間のような明るい映像を提供でき，夜間外出時の移動や情報取得の支援を行うというこれまでにないコンセプトの視覚補助具である。対象者の保有視機能により適合・不適合が分かれるものの，今後のさらなる普及が期待される。

オーカムマイアイ2
（株式会社システムギアビジョン）

HOYA MW10 HiKARI
（ViXion 株式会社）

RETTISSA
（株式会社 QD レーザ）

3）移動に関する補助具

ａ．視覚障害者安全つえ（白杖）：視覚障害者が主に移動時に使用する白い杖のこと。補装具だが申請する際に医師の意見書は不要である。携帯用（折りたたみ）か普通用（直杖）か，材質が軽金属かカーボン（複合繊維）かなどにより，給付額や耐用年数が違うので注意が必要である。

ｂ．超音波ソナー：白杖は主に路面から腰あたりまでの障害物探索を行うため，探知しづらい腰から上の障害物を感知するために超音波を利用したソナーを使う者もいる。近年は白杖にソナーを組み込んだ一体型のものも商品化されている。

この他，盲導犬もここに加えられるが，詳細は第4章第2節 p.253 を参照のこと。

ｃ．GPS などの歩行補助端末：視覚障害者は自身の定位が困難なため，目的地までの距離や現在位置を確認するために GPS を利用した専用端末やスマートフォンアプリを活用するケースもある。

演習課題

1. 12 ポイントの文字で印刷された算数のドリルを見るのに，紙に目を 5cm まで近づけている弱視児がいる。20cm くらい離して作業ができるように拡大版のドリルを自作するためには，何ポイントの文字設定にして印刷すればよいか。
2. 視力は高いが視野がとても狭い児が，国語の授業で困難を感じるタスクと，その困難解消のための工夫について考えてみよう。
3. 「墨字が読みたい」という視覚障害者のニーズがあった場合に，弱視者と盲，それぞれのケースでどのような補助具の提案ができるのか，考えてみよう。

参考文献

1・Jackson, A.J. and Wolffsohn, J.S. eds.: Low Vision Manual, Elsevier, 2007.（ジャクソン・ウルフソン編，小田浩一総監訳：ロービジョン・マニュアル，エルゼビアジャパン，2010）
・神戸アイセンター病院編：ポインタマスター！ロービジョンケア外来ノート，三輪書店，2019.
・佐渡一成・仲泊聡編：これから始めるロービジョン外来ポイントアドバイス，Oculista, 15, 2014.
・高橋広編：ロービジョンケアの実際，視覚障害者の QOL 向上のために　第二版，医学書院，2006.
・Whittaker, S.G., Scheiman, M. and Sokol-McKay, D.A: Low Vision Rehabilitation- A Practical Guide for Occupational Therpists-, New Jersey, SLACK Incorporated, 2016.
・山本修一・加藤聡・新井三樹編：新しいロービジョンケア，メジカルビュー社，2018.

4　家族・家庭との連携

1　視覚障害児を取り巻く現状と課題

（1）就学前の視覚障害乳幼児を取り巻く現状と課題

　全国には視覚障害児の教育を保障するために，各都道府県に視覚特別支援学校が設置されている。しかし，全国でも 84 校（分校 2 校含む，令和 3 年度学校基本調査）しかなく，ほとんどの県には 1 校しか設置されていないのが現状である。視覚に障害のある子どもたちはその出現率の低さから，全国に数少ない学校を増やすという動きにはなりにくいまま，現在に至っている。視覚特別支援学校は，他の障害の特別支援学校と比べると在籍児童生徒数も少なくなっている。

　視覚特別支援学校は必要に応じて，3 〜 5 歳の視覚障害幼児に対し，幼稚部を設置して幼児教育を行うことができる。しかし，幼稚部在籍の子どもは非常に少なく，設置されていない地域も多い。子どもが少ない理由として，以下のことが考えられる。

- ・家から視覚特別支援学校が遠く，子どもの送迎ができない。
- ・幼児期には，定型発達児といっしょの保育所・幼稚園などで保育の場を保障したい。
- ・視覚特別支援学校に入っても子どもが少なく，集団が保障されない。
- ・居住する県（地域）に幼稚部がないので，イメージがもてない。

　3 歳未満の視覚障害児に対しては，教育相談という形で必要に応じて視覚特別支援学校で支援をされているが，そのための経費も十分には保障されておらず，その頻度や形態は学校によりさまざまである。

　また，視覚特別支援学校のハードルが高いなどの理由で，相談に行きにくい弱視の子どもをもつ保護者もいる。眼科医の診断や視力検査の結果だけでは，子どもに対して視覚的な支援が必要なのかどうか保護者はわかりにくい。結果的に乳幼児期に専門機関につながりにくいことも多い。視力や視野の検査が十分にできにくい乳幼児期は，身体障害者手帳（視覚障害）を取得できていない場合も多く，子どもへの支援の必要性がわかりにくいことも考えられる。

図 2−51　乳幼児の療育「芋ほり」

　視覚の専門機関につながることができずにいる視覚障害乳幼児とその保護者が，子どもの育て方や相談機関などの情報が得られにくいまま，不安を感じながらも生活を送ることにつながってしまう。

（2）学齢の視覚障害児を取り巻く現状と課題

　小学校への就学は，子どもとその家族にとって，とても大きな節目となる。視覚障害児にとって，どのような教育機関でどのような学習の仕方が望ましいのか，悩みをもつ保護者も多い。「点字学習ができるのか」「教科書などは拡大して文字を読みやすくするほうがよいのか」「給食やトイレ，移動などの日常生活は大丈夫か」「友だちとは遊べるのか」など，保護者はいろいろな不安を抱えている。乳幼児期に必要な子どもへの支援と情報が少ない保護者にとって，子どもの就学先には，視覚特別支援学校がよいのか，地域の小学校がよいのか，とても難しい選択になってくるのが学齢である少年・少女期である。

　「視覚特別支援学校が家から遠い場合，送迎ができるのか」は家族にとって大きな課題である。家から遠い場合，「6歳の視覚障害児を視覚特別支援学校の寄宿舎に入舎させるべきか」これも難しい選択である。視覚特別支援学校の数が少ないということが，専門教育を受けることの難しさにつながっていることも確かである。「視覚特別支援学校の近くに引っ越しをした……」「母親が仕事を辞めて子どもの送迎をすることにした……」など，家族の生活を大きく変えなければ視覚障害児の教育保障ができないという現状が今でも多くある。

　地域の小学校を選択した場合，その学校で視覚の専門教育が受けられるのかという不安も残る。就学という節目で，保護者は自信をもった進路選択が果たしてできているのか……。これは視覚障害児とその家族にとって，とても大きな課題といえる。

図 2−52　乳幼児の療育「バスの乗車体験」

2　視覚障害乳幼児の地域生活を考える

（1）地域の保育所・幼稚園・こども園について

　地域の保育所・幼稚園・こども園などで，障害のある子どもたちを受け入れている所も多くある。その中で視覚障害乳幼児も入園しているケースもある。

　視覚障害乳幼児は，「一人で移動ができにくい」「何をして遊ぶのがよいのかわからない」「不安感が高い」「友だちや先生の様子がわからない」など，園の先生が指導や関わり方に戸惑うことも多くある。食事や着替えなどの生活動作

も見て模倣することが難しいので，一人でなかなかできないため，大人がしてあげることも多くなる。

　子どもの発達や状況に合わせて，わかりやすく物の存在や動作を伝えること，安心して過ごせる環境設定や大人との関わり方，子どもへのアプローチの仕方などを，専門機関と連携をとりながら進めていくことが，本来はとても大切である。視覚特別支援学校の幼稚部や教育相談，視覚障害乳幼児の療育を行う専門機関などで専門教育を受けながら，地域の保育所・幼稚園・こども園などに通うことができると，子どもも遊びや生活・人とのコミュニケーションなどが向上し，保護者も負担感が少なく，安心して地域生活を送ることにつながるのではないか。

　視覚障害の専門機関と地域の園が連携を取りながら子どもの支援ができる環境にあれば，保護者も地域の園も安心して自信をもって子育てをしていくことにつながっていく。

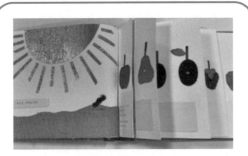

図 2−53　地域園の子どもたちもいっしょに楽しめる「触る絵本」

図 2−54　地域園の先生対象の「アイマスク体験」

（2）地域の療育施設などについて

　障害のある子どもたちが就学前に通うことができる療育施設は全国にある。障害児全般をサポートする公立の福祉センターや，民間の療育施設など，地域によって数や形態はさまざまではあるが，その中で視覚障害乳幼児を受け入れている所もある。

　しかし，「視覚障害のある子どもにどうかかわったらよいのか」という疑問をもつ一般の療育施設も多い。地域の療育施設と視覚の専門機関が連携を取り，子どもの支援ができる環境にあることが大切である。

（3）視覚障害児の療育を行う施設

　視覚障害児の療育を行っている施設を紹介する。京都ライトハウスの「あいあい教室」は1954年に発足した。「視覚障害児をどう育てたらよいのかわからない……」という1組の親子が相談に来られ，何とか力になれないかと対応したのが始まりであった。

　今は，0歳〜就学前の視覚に障害や不安のある子どもたちのための親子教室（児童発達支援）と，小学生〜高校生の視覚障害児を支援する「放課後等デイサー

表 2-9 通園のプログラム

時間	9:45	10:00〜	10:40〜	11:45〜	13:00〜	13:30
子ども	<u>登園</u> ・身支度 ・ノート入れ ・タオル掛け	<u>おあつまり</u> ・歌や楽器遊び ・身体を動かしてリズム <u>排泄練習</u>	<u>*課題遊び</u> ・保護者と別れて遊びます。 <u>排泄練習 給食準備</u>	<u>給食</u>	<u>自由遊び 片づけ</u>	<u>帰りの おあつまり 降園</u>
時間	9:45	10:00〜	10:40〜11:30	11:45〜	13:00〜	
保護者	<u>登園後,おあつまりに参加</u> ・リズム遊びをしますので,保護者の方も動きやすい服装で参加してください。		<u>保護者グループ(グループワーク)</u> ・保護者支援担当職員と懇談や情報交換を行います。	<u>昼食</u>	<u>保護者への報告</u>	

表 2-10 2022 年度 年間行事

月	内 容
6月	視覚障がい疑似体験
7月	経験交流「先輩お母さんの体験談を聞く」 きょうだい児のつどい(小学生対象)
8月	お父さんたちと遊ぼう会
10月	親子遠足 京都ライトハウスまつり
11月	眼科学習会
12月	クリスマス会
3月	卒園を祝う会

ビス」を行っている。

あいあい教室では,以下の3本柱で事業を行っている。

① 子どもたちへのていねいな療育

② 保護者・家族支援

③ 地域支援

0歳〜就学前の子どもたちは,親子通園である。親子でいっしょに遊ぶ時間や,保護者同士が話をしたり交流できる時間を設けている。

通園のプログラムを表2-9に示す。

また,さまざまな行事を通して,家族同士が交流できるようにしている。「あいあい教室」2022年度の年間行事を表2-10に示す。

(4)「放課後等デイサービス」など学齢児の放課後支援について

2012年の児童福祉法改正により,新しく「放課後等デイサービス」という仕組みがつくられた。障害のある子どもたちが放課後や長期休暇をどのように

図 2-55　家族参加の行事
「お父さんたちと遊ぼう会」

図 2-56　放課後等デイサービスの活動「夏まつり」

過ごすのか。「どこにも通える場所がない」「友だちといっしょに遊べない」「一人で留守番ができないので，母親が仕事を辞めなければならない」など，さまざまな問題点が多くあった。長い時間，子どもと親が家でいっしょに過ごすことは親子ともにストレスを感じる場合がある。これまで福祉サービスから抜け落ちていた小学生～高校生までの，障害のある子どもたちの放課後の支援体制が少しずつ整備されてきた。

　法改正により，数年の間に小規模な「放課後等デイサービス」の事業所が急増してきた。特別支援学校や地域の学校へ迎えに行き，放課後の時間を過ごし自宅まで送る／長期休暇は一日子どもが通うというスタイルの「放課後等デイサービス」の事業所が多く，余暇を充実して過ごすことが難しかった障害児を抱える家族にとっては，大きな安心につながっていることは確かである。

　しかし，「放課後等デイサービス」の事業所は，行政が各地域に計画的につくっているわけではない。数も地域間で格差があり，定員を満たしているため利用できない，一人の障害児が1週間に曜日変わりでいろいろな事業所を利用せざるを得ない場合もある。事業所によって，場所も職員もプログラムも違う。「子どもが混乱しないか」「疲労しないか」「家族との時間は保障されているのか」などの課題も多くある。

　また事業所も，子どもの利用がなければ報酬を得られないため不安定な経営を強いられており，施設の環境や職員の充実が困難になってくる。

　障害のある子どもたちの放課後支援は，まだまだ課題が多く残されている。

（5）視覚障害児にとっての放課後支援

　視覚障害児は，家から遠い視覚特別支援学校に通学したり，寄宿舎に入っていることも多い。その場合，「地域に友だちがいない」「地域の人が視覚障害児の存在をよく知らない」ということが起こりがちである。長期休暇中に地域で

図 2−57　全盲児がレーズライターに
描いた絵「ともだち」

通える場所がないなど，知り合いの少ない中で親子で過ごすことにやりにくさを感じているケースも多くみられる。

また，地域の**学童保育所**や放課後等デイサービスでは，視覚障害児の受け入れに消極的だったり，職員が対応の仕方がわからないなど，不安を抱えているケースもある。

学童保育所
保護者の就労などで放課後に子どもを保護する者がいない小学校就学児童を保育する場。

　視覚障害児の生活する環境で，多くの保護者が負担や不安を抱えながら暮らしている現状がある。それが少しでも軽減でき，安心につなげられるような制度の充実と，地域社会の理解を進めていく必要がある。

3　保護者支援・家族支援を考える

（1）母親の思い

　赤ちゃんが生まれることは，家族にとってとても大きなでき事である。みんなに誕生を「おめでとう！」と心から祝福してもらえること，たくさんの人と出会い，楽しい時間を過ごしながら大きくなっていくことは，どんな子どもにも家族にも本来なくてはならないものである。

　しかし，さまざまな理由から子どもの誕生や成長を喜べない場合がある。生まれた子どもに障害があるとわかったとき，ショックを受けない親はいない。子どもがどんな状態にあるのか……。今後どう育てたらいいのかわからない自分に何ができるのか……。障害のある子どもを産んでしまった自分を責めてしまう母親が大勢いる。

　「この子は一生，私の顔がわからない」「このきれいな景色が見えない」「この子といっしょに死ぬことを考えていた」「もう笑うことはないと思った」「目が見えない子どもは何もできない」というのが，子どもが全盲だとわかったときの，実際のお母さんの思いである。

図 2−58　乳幼児の療育
「音の鳴る玩具で遊ぼう！」

（2）保護者に対する支援

　子どもを育てるのは大変なことである。子どもに障害がある場合，どのように育てていけばよいのか……途方に暮れる保護者も大勢いる。視覚障害児は他の障害児と比較して出現率が低く，情報の少ない中で子育てをしなくてはならない。子どもの障害や発達を知ること，子どもの障害を受容することは，とても難しいことである。

　京都ライトハウスあいあい教室では，子どもたちの療育の時間と並行して，職員が入りながら行う保護者のグループワークの時間をつくっている。自分の子育ての悩みを話せる場があり共感してくれる仲間がいることや，他の保護者の話を聞きながらいっしょに物事を考えることは，大きな連帯感や安心感につながっていく。少し気持ちに余裕ができることで，子どもの成長が少しずつうれしく感じられていくものである。保護者が前向きに，自信をもって子育てができるように，寄り添いながらいっしょに歩む支援が必要なのである。

（3）家族に対する支援

　家族は小さな社会である。一人親家庭で子どもを育てている，あるいはきょうだいがいる，祖父母と同居しているなど家族の形はさまざまである。家族が

図 2-59　乳幼児の療育「新聞紙で遊ぼう！」

どのような思いで日々過ごしているのかも，子育てに大きくかかわってくる。

　京都ライトハウスあいあい教室では，年間のさまざまな行事の中で，家族が参加しやすい企画を考えている。お父さんと子どもがいっしょに遊ぶ会や，きょうだい児の学びや交流ができる会などもある。教室に気軽に足を運んでもらうことで，家族にとっても教室が身近で楽しい場所であることが，子どもたちへの理解にもつながっていく一歩だと考えている。

（4）社会で子どもを育てる－レスパイトケア

　近年，核家族化が進み，近所や地域との触れ合いなどと疎遠な中で子育てをする家族が増えている。子どもは親とは違う一人の人間である。やりにくいと思う場面にたくさん出会う。子育てをしていると，楽しいことや幸せなことは，もちろんいっぱいある。しかし，「どうやって育てたらいいかわからない」「子どもの気持ちがわからない」「親子でいると精神的に煮詰まってしまう」「イライラする」「自分の時間がもてない」など，さまざまな感情も湧き起こってくるだろう。「経済的に余裕がない」「体力的に限界」「だれも母親である自分のことをわかってくれない」「家族の理解が得られない」などの要因が重なると，

だれでもイライラ感はさらに増していく。中でも視覚障害のある子どもは，子育てに関する情報量も少なく，相談できる機関も限られているため，孤立感をもつ家族は大勢いる。

「レスパイトケア」とは，在宅で乳幼児や障害児者，高齢者などを介護（育児）している家族に対し，支援者が介護を一時的に代替えしリフレッシュしてもらうことや，そのサービスのことなどをさす。ショートステイ（短期入所）や，放課後等デイサービスなどがこれにあたる。子育てや介護を家族だけで抱えるのではなく，社

図 2-60 家族参加の行事
「親子遠足でバルーン遊び」

会で子どもを育てるという視点が大切である。そのための施設環境や職員体制の充実，質の向上にも力を入れなければならない。

また，視覚障害でも状況によって身体障害者手帳が取得できる。手帳の制度を使うことで日常生活用具や補装具が購入できたり，特別児童扶養手当の給付を受けることなどができる。

このような制度があることを知り活用していくことで，少しでも生活しやすくなる。そして，子育てに対する気持ちの余裕にもつながっていく。

4 視覚障害児の支援のために

視覚障害児を支援していくためには，以下の三つの支援が必要だと考える。
① 子どもへのていねいな支援。
② 保護者や家族への支援。
③ 地域生活を支えるための支援。

そのためには，視覚障害児の存在や生活を，より多くの人に知ってもらい理解してもらうこと（啓発）が大切になる。そして支援者同士が横のつながりを深め，子どもやその家族が安心して暮らしていけるようにサポートしていかなければならない。これが，子どもへの虐待を防ぐことにもつながる。子どもたちの笑顔と未来のために，社会制度のさらなる充実をともに目ざしていこう。

5 思春期・青年期の心

（1）思春期・青年期の定義について

思春期・青年期の定義については，一般に共有された理解があるわけではない。佐藤は，思春期・青年期とは，「こどもから大人への移行期あるいは過渡期…中略…小学校高学年頃から思春期が始まり，中学・高校時代に最盛期をむ

かえ，青年期と重なり，青年期は社会に出始める時期まで続き，成人期初期と重なる部分もある」「思春期・青年期の終始には，個人差がある」[1] としている。そこで，ここでは実際に有用と思われる以下の区分を使うこととする。

「自分を支える心の母」という内的イメージを自由に生きる少年・少女期が続き，「自分を支える自分」が心の世界に創出されていく時期が，思春期・青年期である。

そして，この移行期に，第二次性徴，もらい子空想，もうひとりの自分との対話，などが浮沈する。

文部科学省初等中等教育局児童生徒課によれば，「思春期・青年期」の定義は「児童生徒は，乳幼児期，学童期，青年前期（中学校），青年中期（高等学校）の発達段階に区分され，思春期は，青年前期（中学校）にあたる」とされる。

（2）思春期・青年期の心

この時期の彼ら彼女ら（以下，彼ら）は，おおむね以下のような発達過程をたどる。

思春期は，心身ともに，彼らにとって未知の領域である。これまで頼っていた価値観や他者に疑問をもち，自立を目ざす一方，まだ助けも必要であることを感じ，揺れ動く時期である。

この時期には，自分と同じ過程を歩む友だち，特に同性の友だちとのかかわりが，彼らの心身の安定に大きな役割をもつ。中井は，「この時代を支えたものが『仲良し三人組』だったことがわかる……中略……この年代に『仲良し三人組』を経験することはとても大切な経験なのだ」[2] と述べている。

第二次性徴を通過した心身は，幾分の安定を得，将来への展望をもてるようになる。異性への健康な興味・関心は，自分と異なる性をもつ相手へのあこがれや思いやりを育み，成人期への大切なステップとなる。

さらに，「自分は何者か？」「自分はどうなっていくのか？」「なぜ生きる必要があるのか？」など，自分自身への問いかけが始まる。経験上，彼らは混乱し，時として周りの人間を困惑に陥れることがある。また，適切な応答が得られない場合，彼らは，孤立し，引きこもりに向かうこともある。その問いかけに，答えを出せなくても，彼らとそこにいっしょに居続けることが，私たち大人がこの時期の彼らにできることである。中井は，「彼らにとっては孤独な，「壁を背にしての」挑戦である。……中略……治療者が絶句するような問題をぶちあててくることもある」[2] と書いている。

文部科学省によれば，思春期（青年前期）の子どもの発達において重視すべき課題として「人間としての生き方を踏まえ，自己を見つめ，自己の在り方を思考」「社会の一員として自立した生活を営む力の育成」「法やきまりの意義の理解や公徳心の自覚」，同じく青年中期（高等学校）の課題として「人間として

の在り方生き方を踏まえ，自らの生き方について考え，主体的な選択と進路の決定」「他者の善意や支えへの感謝の気持ちとそれにこたえること」「社会の一員としての自覚を持った行動」があげられている。

（3）病院外来の風景－見えに困難がある彼ら彼女ら

1）自分の病気は何か？

彼らが，学校や家庭で，自分の眼に関して語られない環境で過ごしていることは少なくない。しかし，経験上，小学生でも，「自分の眼は人と違う。どこかおかしい」と疑問をもっていることが多い。昨今は，パソコンなどで簡単に調べられる環境にあり，すでに自分の病気を知っていると打ち明けてくれる彼らの多くは，親を気遣ってそのことを親にいわない。

中井は，「何の病気でもそうだが，病気の重大な副作用は，それを機会に孤立することである」[2]と記す。親が子どもの病気を隠すなど，見えの困難の不便や不安を安心して語れない環境は，彼らに「病気の自分は価値のない人間」と思い込ませることになりかねない。

健康的な自立とは，他者と対等に話ができることである。病名告知の問題は別としても，症状の説明と，困ったことや心配事があれば，その都度親や教員，主治医に安心して話ができる場が必要である。これによって，彼らの「自分を支える自分」は確かなものになっていく。

2）具体から抽象へ

見えに困難がある彼らは，視覚以外の感覚もフルに用いて，自分自身を発達させていく。例えば，「これはミカン，これはリンゴ」など，彼らは，対象物を触って，耳で聞いたその名前を符合させ，それをそれと認識する。ところが，「ミカン，リンゴ」の上位概念の「くだもの」は，触ることでは認識・理解できない。この触ることができない世界が抽象概念である。

抽象概念は数，単位，次元，そして自分に及ぶ。この世を豊かに生きるために必要な，「自分について理解し，考えること」ができるのは，抽象概念の処理ができるからであるといわれている。

インクルーシブ教育の開始とともに，見えの困難が先天か中途かを問わず，彼らは通常の学級で授業を受けることが多くなった。抽象概念は，晴眼でも理解しにくく，見えに困難がある場合，その理解に大きなハンディがあることは想像に難くない。この時期の彼らには，抽象概念を理解・定着させるための，それ相応に特化した専門教育の技術が必要である。

抽象的な思考の基礎を身につける必要がある時期に通常の学級のみで過ごす場合，通級や地域の支援学校の各種教育を利用して，彼らがその時期に必須のスキルを身につけるための配慮が望まれる。

3）「普通でありたい」「同じでありたい」

見えに困難がある彼らにとっては，健全な発達の証である「普通でありたい」「同じでありたい」という願望が，大きな苦しみとなることがある。例えば，彼らは，**単眼鏡**で黒板を見たり，遮光眼鏡が必要だったり，席替えをしても，いつも一番前だったりする。特に，日常は通常の学級にいて，特別支援学級に通う場合，特別支援学級に通うことも，特別メニューである。これらは，クラスの仲間と自分が違う存在であることを彼らに強く意識させる。そのことで彼らは，自分が他者より劣っていると感じ，その意識が高まると，特にいじめにあったりしなくても，学校に行けなくなることも起きる。

最近，見えに困難がある彼らは，学校でのタブレット端末使用を許可されることが多くなった。経験上，タブレット端末は，単眼鏡などに比べると，彼らの心理的抵抗が少ないようである。理由は「かっこいいから」である。このことばからも，ちょっとした優越感や満足感が，特別メニューへの抵抗感を下げることがわかる。そのためのグッズを，教員や親が，彼らといっしょに発掘することや，使用時の工夫を考えることが，彼らが安心して仲間と過ごす時間につながると考えられる。

4）合理的配慮への道

合理的配慮は，それを希望する者が，その必要性を相手に説明し，具体的な方策を提示して初めてスタートする。そして，相手が，その提案は難しいと返答した場合，対案の提示とその検討の場をつくることも必要となる。

見えに困難がある彼らには，自分の見え方や，そのために何が不便なのか，できないことは何なのかを他者に説明したり，自分の思いや気持ちを自覚し，相手に伝え，交渉する練習が必要である。「自分を支える自分」を起動し，自分の思いを他者に伝えてもよいのだ，という実感をもてるよう，大人たちが支援することも大切である。

また，コミュニケーションは，相手をまねることから始まるといわれる。人を鏡として利用することにハンディがある彼らに，年代に応じてその代替手段を伝え，繰り返し練習させることも必要となる。彼らの社会化の第一歩は，専門性を身につけた教員によるコミュニケーショントレーニングから始まるといっても過言ではない。

5）進　路

中学進学は，親の「子どものためを思い」という名目で決まることが多いようだ。そして，高校進学を考える際，筆者が多く耳にするのは，親の「〜学校（〜学級）に行かせていたら〜」という，そのとき選ばなかった道への心残りのことばである。

最近では，高校が多様化し，直接将来の職業に結びつく学科も設けられている。進行性の疾患では，車の運転が必要などの理由から，将来，病気が進行し

単眼鏡
p.73および第3章第4節 p.144参照。

たときには，就くことが難しいと予想される職業もある。その場合は，本人とともに，教員・主治医・親が一体となり，早い時期から，病気の正しい理解に伴う将来の症状予測に併せたキャリア形成を手助けする必要がある。

　昨今，視覚障害者の職業は，さまざまな可能性に拓かれている。その意味では，最近，中学で一般に行われる職業体験授業の，視覚障害児バージョンがあってもよいのではないかと考える。

　見える見えないにかかわらず，年齢に応じたキャリア教育は必要で，特に意識していないと選択の幅が狭くなる見えに困難がある彼らの人生設計には，幼少期から周囲が配慮してかかわっていく必要がある。

[演習課題]
1.　視覚障害児とその家族を支えるためには，どのようなサポートの仕方が考えられるか，考えてみよう。
2.　家族の負担が増え，人との関係性が疎遠になりやすい「コロナ禍の社会」において，視覚障害児とその家族にはどのようなことが起こっているか，考えてみよう。
3.　思春期・青年期の心の特徴を元に，見えに困難がある彼ら彼女らへの具体的な支援にはどのような方法があるか，イメージしてみよう。

[引用文献]
1）佐藤仁美・西村喜文編：思春期・青年期の心理臨床，放送大学教材，p.10，2013.
2）中井久夫：「思春期を考える」ことについて，筑摩書房，p.40，58，79，2011.

[参考文献]
①・榎並悦子：光の記憶　見えなくて見えるもの－視覚障害を生きる，光村推古書院，2020.
④・猪平眞理：視覚に障害のある乳幼児の育ちを支える，慶應義塾大学出版会，2018.
　・かるがもの会編著：見えなくてもみんなで子育て　一人じゃない私たちの30年，読書工房，2021.
　・京都ライトハウス視覚支援あいあい教室監修：えがおのいっぽ～見えない・見えにくい子どもたちとともに～，京都府（障害児の強み育成推進事業）.
　・視覚障がい乳幼児研究会監修：あゆみ　見えない・見えにくい子どもたちを育てる方へのメッセージ，二瓶社，2021.
⑤・文部科学省：子どもの発達段階ごとの特徴と重視すべき課題　初等中等教育局児童生徒課　登録：平成21年以前.
　http://www.mext.go.jp/b_menu/shingi/chousa/shotou/053/gaiyou/attach/1286156.htm（最終閲覧：2021年12月25日）
　・坂田三充他編：思春期・青年期の精神看護，中山書店，2005.
　・白井利明・都筑学・森陽子：やさしい青年心理学，有斐閣アルマ，2002.
　・湯本香樹実：夏の庭，新潮社，1994.

⑤　医療機関との連携

保有視機能
p.36 参照。

　視覚障害教育の場では児童生徒の**保有視機能**を生かした教育をすることが大切である。そのためには眼科医療機関との連携が必要になる。また視機能以外の能力（知的能力，運動能力，社会性など）がどの程度あるかによって指導計画も異なってくるため，場合によっては小児科，耳鼻咽喉科，整形外科などとも連携が必要になる。年齢によっては行政の福祉サービス，ハローワークや就労支援施設とも共同することがある。幼児児童生徒が視覚特別支援学校に在籍している場合と通常の学校の場合，小・中学校等の特別支援学級の場合など，所属が異なると連携先の対応が変化する。

　図２−61に視覚特別支援学校，弱視特別支援学級・通級，視覚以外の特別支援学校，小・中学校等在籍の場合の各診療科の主治医との連携を示す。特別支援学校に在籍する幼児児童生徒は何らかの疾患や障害があることが前提であり，定期的に主治医の元へ通院しているものである。通院が途絶えがちな場合には，1年に1回程度は通院するよう促したい。医療的なケアや判断が必要になったときに相談できる主治医をもっていることは，卒業後のライフスタイルの変化の際にも医学的な判断の元，さまざまな支援が得られやすくなる。

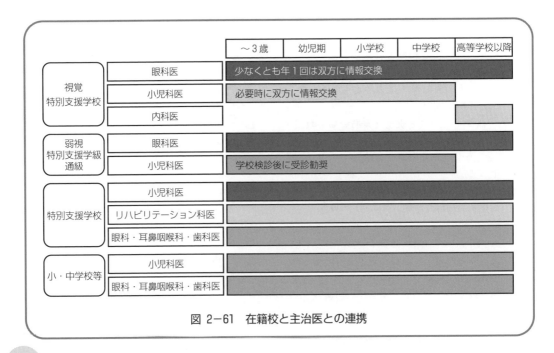

図 2−61　在籍校と主治医との連携

1　眼科医療機関

　日本眼科学会認定眼科専門医は約1万1,000人ほどである。眼科専門医とは眼科すべての専門分野でその知識と技量が一定のレベルに達していることを日本眼科学会が認定した眼科医であり，眼科のすべての疾患に対応でき，必要に応じて他の診療科との連携や適切な施設への紹介など，的確な対応を行える眼科医とされている。視覚特別支援学校や弱視特別支援学級・通級の在籍校からの連携先として眼科専門医のいる医療機関は必須である。

　眼科の中でも専門分野が分かれており，視覚の発達を管理・治療してくれるのは斜視・弱視や小児眼科の専門の眼科医である。しかし，その数は少ない。日本小児眼科学会，日本弱視斜視学会などのホームページに名前のある眼科医でなくとも，地元の小児科医から勧められた眼科やかかりつけの眼科医から紹介してもらった「子どもの診察の上手な先生」を受診するとよい。

　眼科には視力検査や視能訓練，ロービジョンケアを行う視能訓練士という専門職もいる。視能訓練士が勤務している眼科は日本視能訓練士協会ホームページにある「会員の勤務する施設」などを参考にするとよい。

　眼科ではここ数年，ロービジョン外来が増えつつある。ロービジョン外来では視機能評価や矯正眼鏡や遮光眼鏡の処方，エイドの選定，地域リソースの紹介，その他の相談にも応じてもらえる。「見えに困難」のある場合，ロービジョン外来を受診すると一般眼科外来よりも詳しい視機能評価を受けることができる。ロービジョン外来は成人の中途障害者に対応しているところが多く，子どもに関しては対応できることにばらつきが大きいため，最寄りのロービジョン外来に問い合わせてみるとよい。

斜視・弱視の専門
斜視や臨界期までに治療すれば視力が出る屈折性弱視・不同視弱視・斜視弱視の分野。

小児眼科の専門
小児のうちに発症する病気を診る分野。先天性眼疾患や未熟児網膜症が主な対象疾患。

ロービジョンケア
失明も含めた視覚障害のために日常生活，就学，職業，スポーツ，文化活動，その他の精神的活動あるいは社会的生活に支障をきたしている状況に対し，何らかの方法によってこれらの問題を解決する支援行為[1]。

視能訓練士
眼科一般検査，斜視・弱視などの訓練士。健診業務，ロービジョンケアなどを行う専門職。国家資格である。

エイド
補助具のこと。拡大鏡や単眼鏡，拡大読書器など。

コラム　発達障害と斜視・弱視，ロービジョン

　発達障害児の中には眼科疾患のない児，斜視や弱視（医学的弱視）の児，弱視（ロービジョン）の児なども含まれている。発達障害の診断のあいまいさも手伝って，眼科疾患を併発する児がどの程度いるかなどの疫学的な資料がまだないが，少なからず「見えの困難」を併せ有する。弱視（ロービジョン）と発達障害が併存すると，視機能のわりに目が使えない，訓練がうまくいかないなどがあり，教育学的支援としては視機能低下に対するものと発達障害に対する支援の両方が必要となる。

2　関連する診療科

（1）小児科，小児神経科，整形外科

　視覚障害児は同時に「実行機能の困難」など他の困難がある場合もある。未熟児網膜症で盲や弱視（ロービジョン）になる子どもは20年前と比較すると在胎週数が短く，出生時体重が軽く，発達障害を含む全身合併症が多い[2]。先天性眼疾患のある子どもも全身症候群の眼症状での弱視（ロービジョン）の状態である場合も少なくない。眼の症状が目立つと保護者も周囲も「見えにくいからできない」と他の併存症の存在に気がつかない場合もある。健康調査票や学校検診の結果も活用し，眼科以外にも小児神経科，整形外科など必要な科の受診勧奨を行うことが必要である。

（2）療育センターやリハビリテーション病院

　地域の療育センターやリハビリテーション病院の中には，眼の病気の治療やロービジョンケアと，肢体不自由・知的障害・発達障害などに対する療育を包括的に行っている医療機関もある。言語発達，運動発達などの部門があり，それぞれが専門的な療育を提供している。医師以外に言語聴覚士，作業療法士，理学療法士，臨床心理士など多種の専門職がかかわる。個別訓練だけでなく小グループで遊びを通してSSTなども行っており，集団適応を促してくれる。小学校入学後も定期健診に通院していることもある。幼児期より療育機関に通所している場合，入学時に医療情報を提供してもらうことは多いが，入学後は疎遠になっていることもあるため，2～3年に1度程度でも情報提供してもらっておくとよい。

SST
ソーシャルスキルトレーニングの略。社会において人とかかわって生きていくうえで必要不可欠なスキルを身につける訓練。

3　医療機関との連携のタイミングと連携方法

（1）視覚特別支援学校の場合 （図2-62）

　幼少時より視覚障害が判明している場合には，小学校入学前の就学相談の前には必ず眼科医療機関を受診している。入学先の学校が決定すると，その後は特別支援学校に在籍するか小学校に在籍するかによって，連携のタイミングや方法が多少異なる。視覚特別支援学校の場合，幼児児童生徒には何らかの眼の病気があり，眼鏡のみならずエイドの使用が必要である。

　その際に屈折矯正ができているか，眼をどのように使うとよいのかなどは，眼科検査結果を基に判断する。また，もともとの眼の病気の悪化を避けるために学校生活上必要な医学的な配慮に関する情報も得たい。そのため，少なくとも1年に1度は眼科主治医の受診を促し，検査結果などの健康情報を学校側に提供してもらう。

屈折矯正
p.26 参照。

図 2−62　視覚特別支援学校での学習−斜面台と拡大鏡を用いて

　学校検診時期の後などは眼科外来が混雑し，主治医も詳細な健康情報を記載する時間がなかなか取れない。また，主治医が小児眼科やロービジョンケアに詳しくないこともよくあるため，提供してもらいたい眼科検査結果をチェックリスト式にした受診結果連絡票を用いるとよい（図2−63）。前年度に提供してもらった検査結果を基に現在どのような補装具や日常生活用具を使用しているかなどの学校からの報告や，保護者の気になることなども書き添えた診察依頼状などを添えることで，主治医も教育に関心をもちやすくなる。教育的視機能評価などは一般の眼科検査ではされないことであり，眼科スタッフの勉強にもなると報告されている[3]。医療機関からの健康情報を得るだけでなく，その健康情報がどう判断され，支援に結びついたかを主治医にフィードバックすることで，お互いの理解が深まりよい連携を保てる。

　小学校高学年以上になると視野検査ができるようになり，より詳しい視機能が判定できる。小学校3・4年生，5年生から6年生の始め，中学校2年生，高校2年生などの時期にタイミングを見計らってロービジョン外来を受診して，そのときどきの視機能を評価してもらい，拡大倍率の見直しやエイドの選定，使い方の工夫など再考するとよい。小学校入学時に合わせてもらった**拡大鏡**や**単眼鏡**を，高学年や成人になるまで使用している子どもも少なくないが，本来は視機能の低下の際や，教科書の記載方法が大きく変わるタイミング，学習方法が変わるタイミングなどでエイドの再選定が必要である。

（2）弱視特別支援学級・通級の場合と通常の学級の場合

　学校保健安全法施行規則では年1回は定期健康診断を行い，視力検査もすることが義務づけられている。学習に支障があるような場合には，眼科受診の勧奨がされている。弱視特別支援学級に在籍する児童生徒は晴眼児と同じ受診勧奨の通知に加えて視覚特別支援学校在籍の幼児児童生徒と同様の検査結果を提

拡大鏡
p.72および第3章第4
節 p.139 参照。

単眼鏡
p.73および第3章第4
節 p.144 参照。

学校保健安全法
2008年6月18日改正
（学校保健法から題名
改正），2009年4月1
日施行。学校での児童
生徒等および職員の健
康の保持増進と安全確
保を図る。

受診結果連絡票

○○視覚支援学校

○○小学校（中学校）　弱視学級

お忙しいところ大変お手数をおかけしますが、学校教育や生活指導に役立てるため下記の検査結果や眼疾患の管理、留意事項等についてご指導・ご助言よろしくお願いいたします。

幼・小・中・高等・理療　　年　　組		児童生徒名	
眼科疾患名等			
遠見視力	右	左	
近見視力	右	左	

以下の項目にあてはまるものに○をお願いいたします。

自鏡	矯正眼鏡	遠用	近用
	遮光眼鏡	必要 （屋外・屋内）	必要なし
斜視・弱視治療	治療中	治療終了・治療必要なし	
白内障手術歴	あり	眼内レンズ挿入眼（右・左）	無水晶体眼（右・左）
	なし		
視野狭窄	あり（右・左）	なし	評価不能
夜盲	あり	なし	不明
ロービジョン 外来受診	受診済 （最終受診 　　頃）	必要	希望時受診
運動制限	なし	あり　避けた方が良いもの （水泳、球技、格闘技など　具体的にご提示ください）	
動作制限	なし	あり：いきむこと、頭を下に下げる所作、眼周囲の圧迫 （具体的にご提示ください　　　　　　　　　　　　　）	

視野検査の結果がありましたら写しをいただけますと助かります。
その他留意事項等ありましたら記載ください。

図 2−63　受診結果連絡票の例

供してもらうとよい。その際は図2-63のような連携
ツール（連絡票）を利用する。

　2017年度に実施された全国小・中学校弱視特別支
援学級及び弱視通級指導教室設置校及び実態調査[4]
によれば，全国での弱視特別支援学級在籍および通級
の数は563学級であった。一人学級が多いことを考え
ると，弱視特別支援学級および通級利用の児童生徒の
数は600〜650人程度である。文部科学省の学校基本
調査によれば，視覚障害があり特別支援学校小・中学
部に在籍する人数は2,700人程度である。学齢期の児
童生徒の中で盲児と弱視（ロービジョン）児がどの程
度いるかの統計学的な調査はないが，眼科外来では盲
児より弱視（ロービジョン）児のほうが多いことを考

図 2-64　授業がわからず困る子

えると，弱視（ロービジョン）児の多くが通常の学級の集団の中で授業を受け
ていることになる[5]〜[8]。

　小学校入学時の就学相談では，視力0.4, 0.5見えていると小学校に就学する。
学年が上がると，集団授業の中で要求される視機能も高度になり，小学校高学
年では0.7の文字が見える必要がある[9]。軽度の弱視（ロービジョン）の場合，
大きく書かれたコントラストの高いものは見えても，細かい文字や低コントラ
ストのもの（リトマス試験紙の色や副読本の薄い文字，音楽の楽譜など）が見え
にくくなる。本人の知的レベルにもよるが，学習速度についていけない，複雑な
漢字が覚えにくい，相手の顔が見えにくいため自分から友だちに声をかけて関
係を築くことが苦手であるなど，コミュニケーションの問題も起こることが多
い[5]。幼少時から見えにくい場合，患児本人から「見えにくい」という訴えが
なく，周囲の大人が気がついて介入しなければできないことが増え，**自尊感情**
の低下が起こる[10]。

自尊感情
自分自身を価値のある
者だと感じ，自分を大
切に思える感情。

　緑内障，網膜色素変性症などは慢性進行性である。黄斑低形成などの網膜疾
患も徐々に進行するものも多い[11]。小学校入学時には弱視（ロービジョン）で
なくとも学年が上がるにつれて視機能低下が起こり，どこかで学習支援が必要
になる。学校検診用紙の眼科からの返事などを確認し，眼疾患のある児童生徒
は弱視特別支援学級・通級の利用がなくとも，眼科の検査結果を連絡してもら
うとよい。眼疾患の中には網膜剥離を起こしやすいものがあり，弱視（ロービ
ジョン）の程度が軽く視力がよくても学校生活上運動や動作の際に注意が必要
なものもある。学校検診の機会をうまく生かして医療機関の受診を促し，個別
支援や合理的配慮を提供するようにしたい。

（３）高等部，理療科など

　高等部や理療科などの上級学校になると，中途視覚障害の生徒が入学・転校してくる。中途視覚障害の原因疾患に多い糖尿病網膜症は視覚障害になった時点で他の**糖尿病の全身合併症**も併存する。腎機能障害のために人工透析を受けている場合もある。成人の生徒の場合には，内科疾患や精神科，整形外科的疾患などの有無を確認し，内科主治医や精神科，整形外科の主治医など複数の医療機関と連携する必要がある。年齢が高くなると投薬をしている場合が多く，食事療法が必要な場合もある。通院時間の確保，寮生活などの際の給食に関する相談なども必要である。成人の中途視覚障害者の場合には入学前に通院先からの診療情報を提供してもらい，急変時の指示や連絡先なども確認しておく。

（４）他の特別支援学校の場合

　昨今の医療の進歩によって眼疾患の視覚予後が向上している。未熟児網膜症では高度の視機能障害を残す割合が減り，弱視（ロービジョン）ないし正常範囲にとどまる子どもが増えた。しかし，全身合併症のある子どもが増加している[2]。また，**アッシャー症候群**や**チャージ症候群**などのように，全身疾患に合併する先天性眼疾患がある。視覚以外の障害がある場合に，障害程度や自宅から支援学校までの距離や通学手段などの社会的要因によって聴覚・知的障害・肢体不自由・病弱特別支援学校に通学している場合もある。こうした場合には，各々の科の主治医とも連携するが，視覚特別支援学校の教育相談などを利用して教育的視機能評価を行い，他の特別支援学校に視覚障害教育の手法も取り入れてもらうことが望まれる。

糖尿病の全身合併症
腎症，神経症，網膜症が三大合併症である。腎不全や皮膚感覚の低下，心筋梗塞や脳梗塞，がんにもり患しやすい。

アッシャー症候群
網膜色素変性症と難聴の合併。

チャージ症候群
眼のコロボーマ，心臓異常，口腔と鼻腔のつながりの異常，成長発達遅延，性ホルモン異常を併せ有する。

コラム　ロービジョンケアとスマートサイト（地域ネットワーク）

　ロービジョンケアとは視覚に障害があるため生活に何らかの支障をきたしている人に対する医療的・教育的・職業的・社会的・福祉的・心理的等すべての支援の総称である。視覚障害になった場合，福祉リソースなどにたどりつくまでに数年の時間を要している者が多い。視覚障害者の多くは眼科医療機関に通院しているため，眼科医療機関が窓口となって紹介リーフレットなどを用いて地域のリソースにつなぐためのネットワークをスマートサイトといい，都道府県単位で整備されている。

4　医療機関以外との連携

　視覚障害児の場合には，医療機関以外の福祉や就労支援リソースとの連携も推奨される。単独歩行が困難な視覚障害の場合，公道での**歩行指導**が必要である。卒業時に単独歩行での通勤ができない場合には，就職の際に大変不利な状態になるからである。上級学校進学時も，自分で通学することが求められる。

　学校に在籍しながら福祉サービスを利用するためには本人または保護者による障害者福祉サービスを受けるための手続きが必要であるため，本人と保護者に歩行指導の意義を説明し，なるべく早めに取り組むよう促す。歩行指導は数回で安全に歩けるというものではなく，ある程度の期間を要する。何らかの事情で，高等学校，高等部や理療科の生徒で歩行指導が十分ではない者は，長期休みを利用して指導を受け，卒業までに終了しておくことが望ましい。

　就職活動をするころになると，公共職業安定所（ハローワーク）の障害者窓口や民間の障害者就職支援サービス，**地域障害者職業センター**，障害者就業・生活支援センター，在宅就業支援団体，障害者職業能力開発校などと連携し，就職の相談をすることになる。本人の「できること」と「できないこと」，安全に通勤し作業するために必要な環境整備が何かなどがわかっていると配慮を受けやすい。本人みずからが「自分の見え方を周囲に説明できる」「支援を申し出ることができる」とよい。

歩行指導
第3章第6節 p.204〜参照。

地域障害者職業センター
障害者への職業リハビリテーションサービス，事業主への障害者の雇用管理に関する相談・援助，地域の関係機関への助言・援助を行う。

図2-65　白杖歩行指導

5　連携の意義

　高等学校を卒業し，上級学校の受験や就職をする際は，その年齢なりに自立した生活が送れることが前提となる。また「自分の眼疾患を理解し，見え方を周囲に説明できること」も重要である。弱視（ロービジョン）のある人の見え方は周囲から理解されにくく，大学などの上級学校や職場での合理的配慮は，みずからが申し出なければ受けられない。大学などでは「過去に配慮を受けていた」という実績があれば入学試験，入学後の学習にも支援が得られやすい。

　保護者がわが子の障害を受容できない・見えの困難を理解できない，進行性眼疾患で思春期に入ってから「見えの困難さ」が厳しくなったなどの理由から，教育学的支援にも医療のロービジョンケアにもつながらず，高校卒業を迎えてしまう弱視（ロービジョン）児も多い[7), 8)]。学校時代に適切な連携の元，教育学的支援を受けた経験があれば「支援を受けることのメリット」を体験でき，

その後の人生においてもプラスに働く[5]。また，学校時代にはすぐには支援につながらなくても，医療機関を受診する習慣，ロービジョンケアを受けた経験，**福祉サービス**の知識などがあれば，困ったときに相談先を思い出すかもしれない。よい連携を取ることは「そのときの学習計画・学校生活に役立つ」だけでなく，視覚障害児一人ひとりに卒業後のリソースを提示することにもなる。特に普通校の中に埋もれている弱視（ロービジョン）児には，「今困っていないからよいだろう」で済ますことなく，将来を見据えての対応が望まれる。

福祉サービス
身体障害者手帳所持，難病等の障害者総合支援法の対象疾患であれば補装具の給付などの福祉サービスが受けられる。

演習課題

1. 視覚特別支援学校小学部2年生の男児。先天性の黄斑低形成で裸眼は右0.1，左0.04である。眼鏡を持っていない。眼科通院はしているようである。どう対応すべきか考えてみよう。

2. 視覚特別支援学校専攻科の新入生。46歳男性，糖尿病あり。内科，眼科に通院している。通院先へどのように連携するか考えてみよう。

3. 通常の学級に在籍する中学2年生女子生徒。眼振を伴う生来の眼疾患があり，眼鏡視力が0.3と0.4である。眼科受診歴ははっきりしない。漢字学習に遅れがあり，体育が苦手，消極的な性格である。どう対応すべきか考えてみよう。

4. 小学校3年生弱視学級の男児。未熟児だったとのこと。落ち着きがなく授業に集中しない。保護者は「見えにくいために集中力がない」と考えているようである。教科書は拡大教科書を用いている。補助具の必要性を判断するためにどこと連携すればいいか考えてみよう。

5. 視覚特別支援学校高等部3年生。視力は右手動弁，左0.03。視野狭窄あり。卒業後は大学進学予定。卒業後に向けて今から連携するべき機関はどこか。また，身につけておくスキルは何か考えてみよう。

引用文献

1) 田淵昭雄・菊入昭ほか：ロービジョンケアの総合的リハビリテーション　理論と実践，自由企画出版，2010.

2) 太刀川貴子他：臨床研究　超低出生体重児における未熟児網膜症：東京都多施設研究，日本眼科学会雑誌，122（2），103-113，2018.

3) 石田圭他：群馬大学医学部附属病院眼科と群馬県立盲学校の連携に関する実態調査，日本視能訓練士協会誌，43，93-99，2014.

4) 全国小・中学校弱視特別支援学級及び弱視通級指導教室設置校及び実態調査，2017. http://www.nise.go.jp/cms/resources/content/7412/20180628-100351.pdf（最終閲覧：2021年12月24日）

5) 大山歩美他：小・中学校において弱視児が感じる困難とその対応：教科学習に着目して，障害科学研究，37，1-12，2013.

6) 村上美紀他：産業医科大学における小児のロービジョンケア：ロービジョン外来開設10カ月の報告，眼科臨床紀要，10（5），409-413，2017.

7) 鶴岡三惠子他：井上眼科病院のロービジョン専門外来を受診した眼皮膚白子症の2例，眼科臨床紀要，12（2），103-109，2019.

8) 鶴岡三惠子他：脈絡膜欠損の1症例におけるFunctional Vision Scoreによる評価，臨床眼科，72（10），1435-1441，2018.

9) 上原知子他：教室における黒板の文字の見え方の検討－視力が0.7以上あると黒板の文字が見えるのか－，日本視能訓練士協会誌，45，323-329，2016.

10) 永井春彦他：就学期のロービジョンケア，あたらしい眼科，**30**（4），437-442，2013.

11) 村上晶：治療と対応　網膜ジストロフィをもつ小児への対応（特集　遺伝性網膜疾患のトータルケア），臨床眼科，**69**（12），1636-1640，2015.

参考文献

・電子政府の総合窓口（e-Gov）：https://www.e-gov.go.jp/
（最終閲覧：2021年12月24日）

・e-start 政府統計の窓口　学校基本調査.
https://www.e-stat.go.jp/stat-search/files?page=1&layout=datalist&toukei=00400001&tstat=000001011528&cycle=0&tclass1=000001123176&tclass2=000001123177&tclass3=000001123178&tclass4=000001123189
（最終閲覧：2021年12月24日）

・日本眼科学会：一般のみなさまへ　眼科専門医を探す.　https://www.nichigan.or.jp/public/senmonlist/（最終閲覧：2021年12月24日）

・日本眼科医会：ロービジョンケア.　https://www.gankaikai.or.jp/lowvision/
（最終閲覧：2021年12月24日）

・日本弱視斜視学会：https://www.jasa-web.jp/（最終閲覧：2021年12月24日）

・日本ロービジョン学会：https://www.jslrr.org/（最終閲覧：2021年12月24日）

・日本視能訓練士協会：https://www.jaco.or.jp/（最終閲覧：2021年12月24日）

・日本小児眼科学会：http://www.japo-web.jp/（最終閲覧：2021年12月24日）

・田淵昭雄監修：ロービジョンの総合的リハビリテーション　理論と実践，自由企画・出版，2010.

第3章

教育課程・指導法

---

① 教育課程の特徴

　　教育課程とは，学校教育の目的や目標を達成するために，教育の内容を児童生徒の心身の発達に応じ，授業時数との関連において総合的に組織した学校の教育計画で，学習指導要領が基準とされている。その編成主体は各学校である。視覚障害教育における教育課程の特徴として，指導の形態，自立活動，重複障害の教育課程があげられる。

1　視覚障害教育における指導の形態

　　視覚障害教育における指導の形態は，① 学校種別，② 障害の程度（使用文字）等で分類することができる。以下にその概要を示す。

（1）学校種別による指導の形態

　　視覚障害児は，視覚特別支援学校，弱視特別支援学級，通級による指導（弱視通級指導教室），そして，指導形態とはいえないが，通常の学級に在籍し，配慮や支援を受けながら学習している視覚障害児も存在している。

　　このうち，弱視特別支援学級は小・中学校および義務教育学校において，通級による指導は小・中・高等学校において実施されている指導形態である。なお，視覚特別支援学校については，後述する（第2節 p.113参照）。

1）弱視特別支援学級における指導形態

　　表3-1に示したように2021年に文部科学省が公表した特別支援教育資料によると，全国で開設されている弱視特別支援学級は，小学校402学級（456人），中学校157学級（185人），義務教育学校2学級（2人），合計561学級（643人）となっている。

　　これを見ると，小・中学校ともに，学級数と児童生徒数の差がそれほどない

ことがわかる。公立義務教育諸学校の学級編制及び教職員定数の標準に関する法律では，特別支援学級の1学級の児童生徒数は8人と定められているが，弱視特別支援学級では，その80％以上が児童生徒1人，担任教員が1人という，いわゆる一人学級となっているのが実態である。つまり，弱視特別支援学級における指導形態はほとんどの場合，個別指導となっている。

表 3-1　弱視特別支援学級設置状況

	学級数	児童生徒数
小学校	402	456
中学校	157	185
義務教育学校	2	2
合　計	561	643

出典）文部科学省：特別支援教育資料（令和2年度），2021.

　また，2017年度に国立特別支援教育総合研究所が実施した「全国小・中学校弱視特別支援学級及び弱視通級指導教室設置校及び実態調査（平成29年度）」によると，弱視特別支援学級において週あたりに実施している個別指導の時数は，学年により異なるが，小学校では12〜15時間，総時数に占める割合は45〜55％という解答が最も多かった。これと比較して中学校では，実施時数の値が幅広く分布しており，ほとんど実施していない場合から，授業時数のほとんどを個別指導で行っている場合などさまざまであった。このことから，中学校においては，個々の生徒の視覚障害の状態や特性も非常に幅広いことが伺える。

　同様に，弱視特別支援学級において週あたりに実施されている**交流及び共同学習**の状況では，小学校では13時間と回答した学校が最も多く，授業時数に占める割合に換算すると45〜50％程度となっている。中学校においては，個別指導の場合と同じ傾向を示しており，週あたりの交流及び共同学習の実施時数も幅広く分布していた。

交流及び共同学習
第1章第4節 p.19 参照。

2）弱視通級指導教室における指導形態

　通級指導教室は小・中学校に設置されており，その指導形態は，自校通級，他校通級，そして巡回指導の三つに分類される。

　自校通級とは，通級による指導を受けている児童生徒が在籍している学校に通級指導教室が設置されている場合をさし，他校通級とは，通級による指導を受けている児童生徒が，通級指導教室が設置されている他の小・中学校へ出向いて指導を受ける形態をさしている。また，巡回指導とは，巡回指導教員が通級による指導を必要としている児童生徒が在籍する学校へ必要な教材・教具を持ち込んで指導を行う指導形態をさしている。

　表3-2は，2018年現在全国に設置されている**弱視通級指導教室**で指導を受けている児童生徒数を示している。これによると，小学校自校通級27人，小

弱視通級指導教室
p.127 参照。

表 3-2　弱視通級指導教室で指導を受けている児童生徒数

	児童生徒数	統計に占める割合
小学校	191	0.2
中学校	27	0.2
合　計	218	0.2

出典）文部科学省：特別支援教育資料（令和2年度），2021.

学校他校通級 134 人，小学校巡回指導 15 人となっている。同様に，中学校自校通級 1 人，他校通級 17 人，巡回指導 3 人となっている。ちなみに，小・中学校において弱視通級指導教室で指導を受けている 197 人という値は，全障害種の通級指導を受けている 1 万 8,946 人の 0.2％にあたる。

　上述した国立特別支援教育総合研究所による実態調査によると，小学校の弱視通級指導教室における週あたりの指導回数は「1 回」と回答した学校が最も多く，全体の 75.2％を占めている。週あたりの指導時数については，「2 時間」（35.6％）で，ほぼ同程度で「4 時間」（29.7％）の回答が続いている。その後は「6時間」「5 時間」「3 時間」の順に 10％前後の割合で続いている。なお，中学校弱視通級指導教室における指導回数・時数については，母数が少なく，回答率も高くなかったことから統計的な処理は行われていない。

（2）使用文字による指導の形態

　視覚特別支援学校（盲学校）には，各学部における学年別の指導は勿論のこと，使用文字による分類として，点字（盲）クラスと墨字（弱視）クラスという指導形態がある。

　このように使用文字により分類するのには，いくつかの理由がある。そのひとつは教科書の読み取りやノートテイクについて，点字では指導上特別な配慮をする必要があるためである。点字は触覚を用いた継次情報処理によって文字を読み取っていくことから，点字教科書の構成（ページ内のどこに何が書かれているか）を把握することは容易なことではない。そのため，特に小学部段階では各教科書の構成を適切に理解させながら，ていねいに指導していくことが必要となってくる。

　また，ノートテイクについては，点字使用の児童生徒は板書事項を見て書き取ることはできないので，指導している教員がノートの取り方を詳細に説明しながら板書事項を読み上げている。例えば，「1 行目の 7 マス目から標題を書

コラム　日本弱視教育研究会・研究誌「弱視教育」

　日本弱視教育研究会は，視覚障害，特に弱視のある幼児児童生徒の自立や社会参加に向けて，教育・心理・保育・医療・保健・福祉・労働などの基礎と実践の専門家を包含した研究団体である。1964 年に設立され，毎年研究全国大会を開催しながら地道に活動を続け，2018 年には設立 55 周年を迎えている。

　研究全国大会での発表や弱視教育に関するトピックスなどを掲載している研究誌「弱視教育」は，日本を主体として諸外国をも含んだ弱視教育の進歩・発展の記録を綴る資料として，また，未来の弱視教育のあるべき方向性を探る研究資料として，唯一無二の存在であるといえる。

きなさい。2行目の5マス目から，解答1と書きなさい」などと具体的な指示をしながらノートテイクを行わせている。さらに，点字使用の児童生徒の場合は，書いたノート（点字用紙）をファイリングする必要があることから，パンチで用紙の中央に穴を空ける方法などについても指導している。

　しかし，このような使用文字，あるいは視覚障害の程度による指導形態は，一部の視覚特別支援学校を除き現在では行われていない。それは，取りも直さず在籍児童生徒数が年々減少しており，最も児童生徒数が多かった1959年度（約1万200人）の3分の1以下になっているために，使用文字別のクラス編成をすることができない状態となっているからである。

2　自立活動

（1）自立活動の考え方

　障害のある幼児児童生徒にとって，なぜ**自立活動**の指導が必要なのか？　それは障害があることによって日常生活や学習場面においてさまざまなつまずきや困難が生ずることから，障害のない幼児児童生徒と同じような配慮では十分に人間として調和の取れた育成を図ることが困難であるという前提に立っているからである。

　これを視覚障害児に当てはめると，図3-1に示したようにとらえることができる。

　視覚障害に対する社会的障壁により行動の制限を受けることになる。行動の制限を受けることにより歩行が困難になってしまう。そのため，自立活動の指導として白杖による単独歩行の練習を行うことが必要になるということである。また，視覚情報が制限されることによって通常の文字の読み書きが困難になる。そのため，点字の読み書きや弱視レンズによる文字の読み取り等の練習を行うことが必要になるということである。さらに，中途で視覚障害になると，

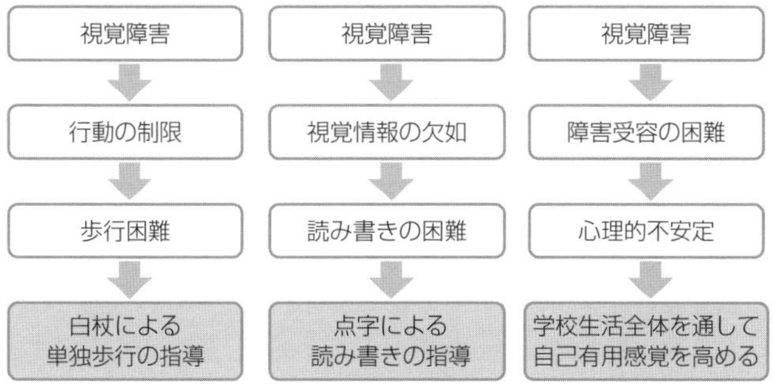

自立活動
第1章第3節2 p.14～に示された自立活動の考え方の変化について確認しておくこと。

図 3-1　自立活動のとらえ方

その事実を受け止めることが困難になる場合がある。その結果，心理的に不安定な状態に陥ってしまうことになる。そのため，学校教育全体を通して，自己効力感を高めたり，自己有用（有能）感を養ったりする指導や支援を行っていくことになる。その結果，自己の障害の状態を受け止め，それを改善・克服するための知識や技能および態度が養われることにつながっていくということである。

これらのことを踏まえると，障害種を問わず特別支援教育においては自立活動の考え方や指導が如何に大切であるかが理解できよう。

（2）自立活動の教育課程上の位置づけ

特別支援学校の教育課程は，各教科（特別の教科 道徳を含む），特別活動，総合的な学習の時間，外国語活動，そして自立活動の6領域からなっている。学校教育法では第72条（特別支援学校の目的）で規定されている。

> **学校教育法　第72条**
> 　特別支援学校は，視覚障害者，聴覚障害者，知的障害者，肢体不自由社又は病弱者（身体虚弱者を含む。以下同じ。）に対して，幼稚園，小学校，中学校又は高等学校に準ずる教育を施すとともに，障害による学習上又は生活上の困難を克服し自立を図るために必要な知識技能を授けることを目的とする。
>
> 　　　　　　　　　　　　　　　　　　　　　　　（＊下線部は筆者が付加）

この中で「準ずる教育」とあるのは，ほぼ同じ教育を行うことを示しており，特別支援学校では，幼稚園，小・中・高等学校等と同様の教育に加えて，自立活動の指導（下線部で示した部分）を行わなければならないことがわかる。言い換えれば，小・中・高等学校等の教育と特別支援学校における教育とを区別する内容は，偏に教育課程の一領域として自立活動が設けられているか否かという一点に集約できるのである。

リソースルーム
通常の学級に在籍する障害のある子どもが，特別な教育支援を受けるために通う教室。

コラム　ケンタッキー州における巡回指導教員（itinerant teacher）

アメリカ合衆国では，盲学校以外の学校に在籍している視覚障害児に対する教育的支援として，多くの場合 itinerant teacher と呼ばれる巡回指導教員がその役割を担っている。例えば，ケンタッキー州ジェファーソン郡には30人弱の巡回指導教員と5名の歩行指導教員が郡内の約300校，250人の視覚障害児に訪問による指導を行っている。また，拠点校として小・中・高等学校にそれぞれ**リソースルーム**を設け，専任教員による指導が行われている。日本では，巡回指導がそれほど実施されていないが，指導効果や財政面からも，今後は巡回指導の充実が求められよう。

（3）自立活動と他の領域との関係

　図3-2は教育課程における自立活動と他の領域との関係を示したものである。これをみると自立活動の中に他の領域がすべて含まれていることがわかる。これは他の領域の一つひとつと自立活動が密接にかかわっていることを示しており，他の領域の学習活動を行う際には，必ず自立活動の視点に基づく配慮や支援を行わなければならないということである。特別支援学校小学・中学・高等部学習指導要領には，「自立活動の指導は学校教育全体を通して適切に行わなければならない」とある。

（4）自立活動のL字構造

　特別支援学校教育要領・学習指導要領解説自立活動編（幼稚部，小・中学部）（平成30年3月）では，自立活動の内容が次の二つの要素に分けて示されている。ひとつは「人間としての基本的な行動を遂行するために必要な要素」であり，もうひとつは「障害による学習上または生活上の困難を改善・克服するために必要な要素」である。

　このうち，前者は発達段階の初期，主に幼稚部段階における自立活動にかかわる内容を示しており，後者は小学部から中学部，高等部段階における自立活動にかかわる内容ととらえることができる。このことを示したのが，図3-3である。つまり，幼稚部段階において，身につけるべき学習活動の内容の大部分は自立活動にかかわるものであり，学部（発達段階）が上がるにつれて学習活動に占める自立活動にかかわる内容の割合が少なくなっていくことを示している。このことは，個々の障害の状態や特性に応じて自立活動の学習を進めていくことにより，自らの障害を改善・克服する知識や技能，態度が培われていき，より円滑に学校生活を送ることができるようになっていくことを物語っている。

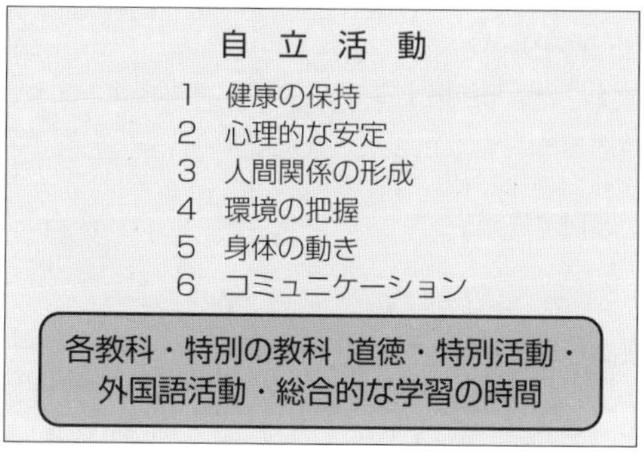

図 3-2　自立活動と他の領域との関係

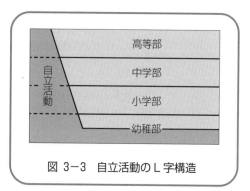

図 3-3　自立活動のL字構造

（5）自立活動の内容の取り扱い

　自立活動の内容は，表3-3に示したように6区分27項目に分類されている。これらは個々の幼児児童生徒に設定される自立活動にかかわる指導内容の要素を示している。実際に自立活動の指導を行うにあたっては，当該の幼児児童生徒の障害の状態や特性等に応じて必要な項目を選定し，それらを相互に関連づけて指導内容を設定することになる。

　ここで留意しなければならないことは，「3　人間関係の形成」にかかわる内

表 3-3　自立活動の6区分27項目

1　健康の保持
(1) 生活のリズムや生活習慣の形成に関すること
(2) 病気の状態の理解と生活管理に関すること
(3) 身体各部の状態の理解と養護に関すること
(4) 障害の特性の理解と生活環境の調整に関すること
(5) 健康状態の維持・改善に関すること

2　心理的な安定
(1) 情緒の安定に関すること
(2) 状況の理解と変化への対応に関すること
(3) 障害による学習上又は生活上の困難を改善・克服する意欲に関すること

3　人間関係の形成
(1) 他者とのかかわりの基礎に関すること
(2) 他者の意図や感情の理解に関すること
(3) 自己の理解と行動の調整に関すること
(4) 集団への参加の基礎に関すること

4　環境の把握
(1) 保有する感覚の活用に関すること
(2) 感覚や認知の特性についての理解と対応に関すること
(3) 感覚の補助及び代行手段の活用に関すること
(4) 感覚を総合的に活用した周囲の状況についての把握と状況に応じた行動に関すること
(5) 認知や行動の手掛かりとなる概念の形成に関すること

5　身体の動き
(1) 姿勢と運動・動作の基本的技能に関すること
(2) 姿勢保持と運動・動作の補助的手段の活用に関すること
(3) 日常生活に必要な基本動作に関すること
(4) 身体の移動能力に関すること
(5) 作業に必要な動作と円滑な遂行に関すること

6　コミュニケーション
(1) コミュニケーションの基礎的能力に関すること
(2) 言語の受容と表出に関すること
(3) 言語の形成と活用に関すること
(4) コミュニケーション手段の選択と活用に関すること
(5) 状況に応じたコミュニケーションに関すること

容，「4　環境の把握」にかかわる指導内容というように1区分ずつに内容を設定するということではなく，6区分27項目から必要な項目を選定し，それらを相互に関連づけて設定しなければならないということである。

　このことを視覚障害教育における代表的な指導内容である「歩行指導」を例に取ると以下のように整理することができる（表3−3を参照しながら確認していただきたい）。

　歩行を「歩く」という運動面に焦点をあてると「5　身体の動き」の「(4)　身体の移動能力に関すること」に関する内容と捉えることができるが，「白杖から伝わる触覚や聴覚情報により環境を把握しながら歩行する」ことに焦点を当てると「4　環境の把握」の「(1)　保有する感覚の活用に関すること」，「(4)　感覚を総合的に活用した周囲の状況についての把握と状況に応じた行動に関すること」に該当する内容になる。あるいは，歩行中に道に迷い通行人に援助依頼をすることを想定すると，「6　コミュニケーション」の「(5)　状況に応じたコミュニケーションに関すること」や「3　人間関係の形成」の「他者との関わりの基礎に関すること」と関連している。さらに，歩行指導を通じて，自信をつけ何事にも積極的に取り組むことができるようになってきた場合には，「2　心理的な安定」の「障害による学習上又は生活上の困難を改善・克服する意欲の向上に関すること」にも該当する内容である。

　視点を変えれば，設定した指導内容に6区分27項目がどのように含まれているかを確認することが必要であり，これにより当該の学習活動における評価の観点にもなりうるということである。

（6）自立活動の指導計画の作成

　今般の学習指導要領の改訂（平成29年告示）では，自立活動の指導計画の作成と内容の取り扱いに関して当該の幼児児童生徒の実態把握から指導目標（ねらい）や具体的指導内容設定までの手続きの中に，「指導すべき課題を明確にすること」を加え，手続きの各過程を整理する際の配慮事項がそれぞれ示された（表3−4）。

表 3−4　自立活動の指導内容を設定するまでの手続き

1　実態把握を行うために必要な情報の収集
2-①　収集した情報を自立活動の内容の区分に即して整理
2-②　収集した情報をこれまでの学習状況の視点から整理
2-③　収集した情報を○○年後の姿の観点から整理
3　整理した情報（2-①・②・③）から課題を抽出
4　抽出した課題同士の関連の整理と中心的な課題の把握
5　4に基づき指導目標の設定
6　指導目標を達成するために必要な項目の選定（6区分27項目）
7　選定した項目同士を関連付けるポイント
8　具体的な指導内容の設定

　ここでポイントとなるのは，指導内容の設定に際して当該の幼児児童生徒の実態把握の観点として，6区分27項目の視点は勿論のこと，これまでの指導経過（2-②）と将来の自立の姿（2-③）を加味することが示されていることである。

　具体例をあげると次のように考えることができる。校舎内の教室間の移動は行うことができるようになった児童に対して，次の段階として白杖による単独歩行の指導を行うかどうかを決める際に，将来的には施設入所が想定されることから，手引きによる誘導を十分に行うことによって上手に手引きされる技能（手引き者に過度の負担をかけない歩き方，ことばがけに従って速度や方向を変えること等）や態度を養うことを目標とするといった場合である。あるいは，高等部普通科の卒業後は大学進学を目ざしている生徒の場合には，情報処理能力を高めるためにICTリテラシーの向上を図ること，板書事項やスクリーンに投影された情報を的確に読み取ることができるように単眼鏡（遠用弱視レンズ）の活用に重点を置いた指導内容を設定するということ等をさしている。

（7）自己選択・自己決定する機会の設定

　今般の学習指導要領の改訂（平成29年告示）では，上述した自立活動の指導計画の作成と内容の取り扱いに関する配慮事項の他に，個々の児童生徒に対して自己選択・自己決定する機会を設けることによって，思考・判断・表現する力を高めるような指導内容を取り上げることを求めている。

　自己選択・自己決定する機会を設けるということは，言うまでもなく児童生徒に単に「自分で選びなさい，自分で決めない」と指示するということではない。自立活動の指導，あるいは自立活動にかかわる指導において当該の児童生徒が自ら主体的，意図的に課題に取り組もうとする態度，自立活動の項目に照らし合わせれば「障害による学習上又は生活上の困難を改善・克服する意欲の向上」を図っていくことが求められているのである。

　では，そのような態度はどのように培われるのであろうか。それは，言うなれば児童生徒の内面に働きかけることであり，自己効力感を高めることであるととらえたい。自己効力感とは，何かの課題に取り組もうとするときに「自分だったらそれを上手くやり遂げることができる」という前向きな気持ちをさしている。そして，自己効力感は，日常的な小さな成功体験を積み重ね，それが賞賛されることによって高まっていく。図3-4に示したように自己効力感が高まることにより，自己有

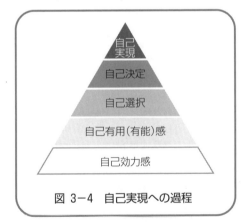

図3-4　自己実現への過程

用（有能）感が高まり，自己選択・自己決定，さらには自己実現へとつながっていくのである。

　上述したように，自立活動の時間における指導は勿論のこと，自立活動に関する指導は学校教育全体を通じて行っていかなければならないことから，自己選択・自己決定する機会もあらゆる学習活動において設定されなければならないことを肝に銘じておきたい。

（8）自立活動の具体的内容

　各教科においては学習指導要領において各学年において学ぶべき内容の基準が示されている。一方，自立活動は，個々の児童生徒の視覚障害の状態や特性に応じることが必要となることから，個別の指導計画に基づいて学習が進められる。したがって，自立活動の指導にあたっては，個別に指導を行うことが原則となる。自立活動における個別指導の代表的な例として，盲児童生徒に対する**歩行指導**，**点字の初期指導**や触読速度向上指導，また，弱視児童生徒に対する**視覚補助具の指導**などがあげられる。

歩行指導
p.204 参照。

点字の初期指導
p.179 参照。

視覚補助具の指導
第 3 章第 4 節参照。

3　重複障害の教育課程

　視覚特別支援学校における小・中学部のクラス編成は，いわゆる普通学級と重複学級の二つに分かれている。本項では，重複障害児が在籍する重複学級の教育課程について概説する。

（1）視覚特別支援学校の教育課程の類型

　視覚特別支援学校における教育課程は，各学校においてそれぞれ編成されていることから必ずしも同一ではないが，おおよそその類型は以下の四つに分類できる。

① 小学校・中学校・高等学校に準ずる教育課程：小・中・高等学校での教科等の目標と内容に加えて，自立活動の指導を行う場合。

② 下学年を適用した教育課程：小・中・高等学校での教科等の目標と内容を，下学年（1，2学年）に替え，加えて自立活動の指導を行う場合。

③ 知的障害の教育課程適用：知的障害特別支援学校の教育課程を参考として，教科等の目標と内容，および自立活動の指導を行う場合。

④ 自立活動を主とした教育課程：道徳および特別活動と学習することが適切な教科，自立活動の指導を行う場合。

　これら四つの中で重複障害児が対象となるのは，知的障害特別支援学校を適用した教育課程と自立活動を主とした教育課程である。

（2）知的障害特別支援学校の教育課程

　では，視覚特別支援学校で実施されている知的障害特別支援学校を適用した教育課程ではどのような教育活動が行われているのだろうか。

　知的障害児は，記憶・推理・判断などの知的機能の発達に遅れがみられるとともに，社会生活などへの対応が難しい状態である。そのため，生活に役立つ内容を中心とした体験学習を重視しており，認識力や主体的な行動力および社会性などを育てる指導を行っている。

　児童生徒の障害の状態等に応じた指導の形態として，教科別の指導，領域別の指導，各教科等を合わせた指導を組み合わせた学習を行っている。教科別の指導では，知的障害児の状態等に応じて設定された教科（生活，国語，算数，音楽，図画工作，体育）や特別の教科　道徳，特別活動，自立活動が設定されている。また，各教科等を合わせた指導としては，日常生活の指導，遊びの指導，**生活単元学習**などが行われている。

　小学部では，これらの学習を通して，基本的な生活習慣を養い，生活に必要な基礎的な知識や技能を習得し集団性や社会性を育むための教育を行っている。

　中学部では集団生活の中で他の人と協力し，集団の一員としての役割を果たすとともに，社会生活につなげる指導として，職業・家庭や**作業学習**などを学んでいる。また，教科別指導では，知的障害者に対する教育を行う教科（国語，社会，数学，理科，音楽，美術，保健体育，職業・家庭，外国語）の他に，特別の教科　道徳，総合的な学習の時間，特別活動，自立活動が設定されている。

（3）生活単元学習の指導内容

　生活単元学習では，広範囲に各教科等の目標や内容が扱われる。指導の際は，児童生徒の学習活動は実際の生活で取り上げられる目標や課題に沿って組織されることが大切となる。以下に生活単元学習の指導上の配慮事項を示す。

①　単元は，実際の生活から発展し，児童生徒の知的障害の状態や生活年齢および興味・関心等を踏まえたものであり，個人差の大きい集団にも適合するものであること。

②　単元は，必要な知識や技能の習得とともに，思考力，判断力，表現力や学びに向かう力・人間性等の育成を図るものであり，生活上の好ましい態度・習慣が形成され，身につけた内容が現在や将来の生活に生かされるようにすること。

③　単元は，児童生徒が目標をもち，見通しをもって，単元の活動に意欲的に取り組むものであり，目標意識や課題意識，課題の解決意欲等を育む活動も含んだものであること。

④　単元は，一人ひとりの児童生徒が力を発揮し，主体的に取り組むととも

生活単元学習
生活上の課題処理や問題解決のための一連の活動を組織的に経験することによって，自立的な生活に必要な事がらを実際的・総合的に学習できるようにする，各教科等を合わせた指導の代表的な指導形態。

作業学習
作業活動を学習活動の中心にしながら，児童生徒の働く意欲を培い，将来の職業生活や社会自立に必要な事がらを総合的に学習するもの。

表 3-5 知的障害の各教科の段階の考え方と内容の示し方

段　階	段階の考え方と内容の示し方
小学部 一段階	主として知的障害の程度は，比較的重く，他人との意思の疎通に困難があり，日常生活を営むのに，ほぼ常時援助が必要な者を対象とした内容を示している。この段階では，知的発達がきわめて未分化であり，認知面での発達も十分でないことや，生活経験の積み重ねが難しいことなどから，主として教員の直接的な援助を受けながら，児童が体験したり，基本的な行動の一つひとつを着実に身につけたりすることをねらいとする内容を示している。
小学部 二段階	知的障害の程度は，一段階ほどではないが，他人との意思の疎通に困難があり，日常生活を営むのに頻繁に援助を必要とする者を対象とした内容を示している。この段階では，一段階を踏まえ主として教員からのことばがけによる援助を受けたり，教員が示した動作や動きを模倣したりするなどして，児童が基本的な行動を身につけることをねらいとする内容を示している。
小学部 三段階	知的障害の程度は，他人との意思疎通や日常生活を営む際に困難さがみられる。適宜援助を必要とする者を対象とした内容を示している。この段階では，二段階を踏まえ，主として児童がみずから主体的に活動に取り組み，将来的な社会生活につながる行動を身につけることをねらいとする内容を示している。
中学部 一段階	小学部三段階を踏まえ，生活年齢に応じながら，主として経験の積み重ねを重視するとともに，他人との意思疎通や日常生活への適応に困難が大きい生徒にも配慮した内容を示している。この段階では，主として生徒がみずから主体的に活動に取り組み，日常生活や社会生活の基礎を育てることをねらいとする内容を示している。
中学部 二段階	中学部一段階を踏まえ，生徒の日常生活や社会生活および将来の職業生活の基礎を育てることをねらいとする内容を示している。この段階では，主として生徒がみずから主体的に活動に取り組み，将来の職業生活を見据えた力を身につけることをねらいとする内容を示している。

に，学修活動の中でさまざまな役割を担い，集団全体で単元の活動に協働して取り組めるものであること。

⑤　単元は，各単元における児童生徒の目標あるいは課題の達成や解決に必要かつ十分な活動で組織され，その一連の単元の活動は，児童生徒の自然な生活としてのまとまりのあるものであること。

⑥　単元は，各教科等に係る見方・考え方を生かしたり，働かせたりすることのできる内容を含む活動で組織され，児童生徒が色々な単元を通して，多種多様な意義のある経験ができるように計画されていること。

表3-5は知的障害児に教科を指導する際に，児童生徒の知的障害の程度を段階別に示し，その段階ごとの内容を示したものである。

これを見てわかるように，知的障害児に対して各教科の指導を行う際には，学年にかかわらず知的障害の程度に応じて柔軟に指導を行うことができるようになっていることも大きな特徴である。

（4）重複障害者等に関する教育課程の取扱い

特別支援学校小学部・中学部学習指導要領（平成29年告示）の第1章　総則第8節　重複障害者等に関する教育課程の取扱い　4には，次のように示され

ている。

> 4　重複障害者のうち，障害の状態により特に必要がある場合には，各教科，道徳科，外国語活動若しくは特別活動の目標及び内容に関する事項の一部又は各教科，外国語活動若しくは総合的な学習の時間に替えて，自立活動を主として指導を行うことができるものとする。

この内容は，まさに上述の自立活動を主とした教育課程の対象となる児童生徒をさしている。

また，特別支援学校学習指導要領解説自立活動編によると自立活動の内容は次のように示されている。

> 自立活動の内容は，人間としての基本的な行動を遂行するために必要な要素と，障害による学習上又は生活上の困難を改善・克服するために必要な要素を検討して，その代表的なものを項目として六つの区分の下に分類・調整したものである。

この中で，上記の自立活動を主とした教育課程の対象となる児童生徒に対する自立活動の指導とは，前半部分の「人間としての基本的な行動を遂行するために必要な要素」をさしている。

つまり，障害が比較的重いことにより各教科等の学習を行うことが困難であることから，その代替として自立活動の指導を教育課程の中心に据え，日々の教育活動を行っていくことになる。

（5）知的障害を伴う視覚障害のある児童生徒への指導上の留意点

上述したように，視覚特別支援学校において，重複障害児の教育課程は，知的障害特別支援学校の教育課程を適用することになっている。したがって，視覚特別支援学校においても，生活単元学習や作業学習等の各教科等を合わせた指導を行うことになる。その際に，留意しなければならないことは，知的障害児と同様の配慮事項では，決してその授業や単元の目標を達成することはできないということである。

つまり，知的障害児と同じ活動内容であっても，特に盲の児童生徒は活動内容の全体を把握することが難しかったり，見通しをもつことが困難な場合もあることを十分に踏まえた指導を行うことが必要となる。

例えば，作業学習として「牛乳パックを用いた紙すき」を行うとする。作業分担として，牛乳パックをちぎったり，ミキサーで粉砕したり，実際に紙をすいたりという作業工程全体を事前にことばで説明したり，それぞれの工程を触って体験させたりしてから，当該児童生徒の分担する内容に取り組ませることが必要となる。また，その時間内で自分がどれだけの作業量をこなしたのかを，一定の量に達したら音を出す，数えられる**トークン**を与える等，「見える化」することも盲の児童生徒の動機づけを高める手立てとなる。

トークン
約束どおりにできたときに受け取ることができるご褒美。

　また，学習内容の評価に際しては，達成できなかった学習課題の要因が視覚障害によるものか，知的障害によるものかを適切に見極めることが必要である。これにより適切な評価につながることに加え，次の指導計画の作成の際に，より適切な指導目標，指導内容につながるのである。

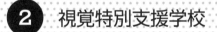

1. 通級による指導（弱視）における指導形態について考えてみよう。
2. 自立活動の点字指導，歩行指導，補助具の指導について，p.109 に示した参照先などを参考に考えてみよう。
3. 視覚障害のある重複障害児童生徒への配慮事項について整理してみよう。

参考文献

・国立特別支援教育総合研究所：特別支援教育の基礎・基本　新訂版，ジアース教育新社，2015.
・文部科学省：特別支援学校学習指導要領解説各教科等編（小学部・中学部），開隆堂出版，2018.
・文部科学省：特別支援学校学習指導要領解説自立活動編（幼稚部・小学部・中学部），開隆堂出版，2018.
・杉野学・長沼俊夫・徳永亜希雄編著：特別支援教育の基礎，大学図書出版，2018.

---

❷　視覚特別支援学校

1　視覚特別支援学校の教育課程

　重度の視覚障害児者への教育を担う視覚特別支援学校には，年代と障害の程度により多くの教育課程がある。校内を歩くようなつもりでそれを確認しよう。

（1）学習環境は「見えの困難」への配慮や教育課程と密接につながっている

　視覚特別支援学校を参観するならば，最寄りのバス停から学校までずっと黄色い**点字ブロック**が敷かれていることに気づくだろう。学校によっては表札に「○○盲学校」と記されていたり，敷地内に色々な種類の樹木（特に実のなる木）が植えられていたりする。また，校舎に入ると，とても静かなうえ，廊下にもものが置かれておらず，廊下の中央線には金属のプレート（または点字ブロック）が埋め込まれていることに気づく。これら学校周辺の環境や敷地内の植栽，校

点字ブロック
視覚障害者の安全な誘導と注意喚起の目的で路面に敷設される板。線状のものと点状のものがある。

「盲学校」
2021年度，全国に67校
ある視覚特別支援学校
のうち約6割の学校で
「盲学校」の名称が使
われている。

舎のつくりや静けさは，視覚障害がある幼児児童生徒の学びに合わせてつくり上げられてきたものであり，そのことに学校関係者が**「盲学校」**という名称とともに学校に愛着と誇りをもってきたことと深いつながりがある。今や視覚特別支援学校は視覚障害教育の唯一の場とはいえなくなったが，そこでの「見えの困難」に最大限配慮した環境や教育課程，指導法を知ることは，視覚特別支援学校以外の場で何をどう教え，その際何に配慮すべきかを考えるために大変有意義なことである。

（2）視覚特別支援学校では幅広い年代の人が学んでいる

　教室を順にのぞくと，1歳に満たない乳児から年配と呼べそうな高齢者まで，幅広い年代の人が学んでいるのがわかる。学部名でいうと，小学部就学前の3～5歳児が学ぶ幼稚部（全国に55校設置：令和2年度全国盲学校長会調査）があり，さらにその前に0～2歳の乳幼児と保護者を支援する早期支援教室（母子教室）がある。小・中学部以降では高等部本科とさらに深い学びをする高等部専攻科があり，そこには多数の中途視覚障害者が在籍している。このように視覚特別支援学校には広い年代ごとに学部学科があることを知ったうえで，その間のつながりを意識し，それを強みとして生かして指導にあたりたい。

（3）視覚特別支援学校では普通教育と職業教育の両方が行われている

教育課程
p.104参照。

視覚補助具
第2章第3節 p.71, 72
参照。

　校舎内を広く歩くと，普通教室に加えいくつもの特別教室があることに気づく。その種類は音楽室，理科室，図工・美術室，被服室等，小・中・高等学校とほとんど変わらない。そのことは視覚障害があっても小・中・高等学校に準ずる**教育課程**（いわゆる「準ずる教育課程」）が組まれていることを意味している。小・中・高等学校にはないものとして自立活動室があるが，そこに備えられている教材，**視覚補助具**等を通じて，視覚特別支援学校における自立活動の意義と目的を知ることができる。また，パソコン室では点字プリンタを見るだけでなく，視覚障害者の生活を大きく変えた音声読み上げソフトや電子メールによる点訳データのやり取りなどを体験することができる。

　これらに加え，高等部が設置されている視覚特別支援学校の多くでは，生理学室，解剖学室，あん摩マッサージ指圧・はり・きゅう関係の実習室，臨床治療室等がある。これらは，あん摩マッサージ指圧師の資格取得を目ざす保健理療科と，それに加えてはり師・きゅう師の資格取得も目ざす専攻科理療科のための特別教室である。全国的にはこの二つの学科が多いが，伝統的な音楽科（2校），コメディカルの理学療法科（2校）も，設置校は少ないものの，職業教育を重視してきた視覚特別支援学校にとって大切な存在となっている。過去に

は職域開拓のために情報処理科が設置された学校もあったが，現在はその役割を終え，閉科された。その一方で柔道整復科が新たに設置されている（大阪南視覚支援学校）。

　近年は視覚に障害があっても地域の小・中・高等学校で学び，卒業後も大学・短期大学・専門学校に進学する者が多く，視覚特別支援学校の高等部普通科でも卒業時に同様な進路を選択する者が少なくない。普通教育と職業教育の両方の充実が求められている。

（4）各学部の中にも複数の教育課程がある

　視覚特別支援学校では，視覚障害が最も重い（全盲）児童生徒も特別支援学校学習指導要領に示された教育目標（小・中・高等学校に準ずる目標）と自立活動に関する教育目標を達成するよう教育課程を編成している。自立活動に充てる時間数によって多少変動するが，基本的に総授業時数も年間数週も小・中・高等学校の各学年のそれに準ずるようになっている。

　しかし，視覚特別支援学校の中には，作業学習のための教室が確保されているところがある。これは知的障害を併せ有する者のための学習空間で，知的特別支援学校の教育目標および内容を取り入れた教育課程によって授業が行われている。

　今や視覚特別支援学校の学級の4割以上が重複障害学級であり，視覚障害に加え重度の知的障害や肢体不自由を有する幼児児童生徒も多数在籍している。そのような幼児児童生徒には，自立活動を主として指導を行うことが認められており，視覚特別支援学校に勤務する教員には，視覚障害教育についてはもちろん，他の障害教育に関する知識や経験も求められるようになった。**盲ろう重複児**への教育については，山梨盲学校や横浜訓盲学院での実践をはじめ優れた研究が残されているので，実践にあたっては参照されたい。

（5）課外活動も大事な教育の一部になっている

　視覚特別支援学校の玄関ホールには，トロフィーや優勝カップ，賞状等が晴れやかに飾られていたり，それに関する新聞記事のコピーが掲示されていたりすることが多い。それらは**グランドソフトボール**や**フロアバレーボール**などといった運動系の大会のものであったり，弁論，点字競技，珠算競技などといった文科系の大会のものであったりする。また，体育館には小・中学校ではみることができないような独特な卓球台やバレーボールネットがあることがある。これは代々の在籍生がスポーツや文化活動に打ち込んできた証であり，学校もそれを大事にしてきた。現在では在籍者数の減少により維持が難しい**部活動**もあるが，視覚特別支援学校に来て初めて思い切り身体を動かせ，スポーツに熱中することができたという児童生徒が沢山おり，視覚障害者の活躍や表現の場

盲ろう重複
視覚障害と聴覚障害を併せ有する障害。その指導には高度な専門性を必要とする。

グランドソフトボール
投手がハンドボールのようなボールを転がしバッターはそれをバットで打つ，全盲選手がゴロをキャッチするとフライアウトとして扱うなどの特徴がある。

フロアバレーボール
床上30cmにネットを張りボールはその下を転がるようにする，前衛はアイシェード（目隠し）で視覚情報を遮断する，ローテーションは前衛・後衛別々で行うなどの特徴がある。

部活動
視覚特別支援学校で行われている部活動例
・フロアバレーボール
・グランドソフトボール
・サウンドテーブルテニス
・陸上競技
・水泳
・ブラインドサッカー
・視覚障害柔道
・合唱

115

としてこれからも大切にしていきたい領域である。

（6）寄宿舎も大切な学びの場

日中の学習が終わると，幼児児童生徒は保護者等の迎えで，または自力で家路につく。その中には，学校の敷地内または近くにある寄宿舎に戻る者もいる。

多くの視覚特別支援学校には寄宿舎があり，夕方から翌朝にかけて寄宿舎生の安らぎの場になるとともに，卒業後の自立に向けた学習の場にもなっている。着替え，掃除，洗濯から自学自習の習慣形成，余暇利用に至るまで，個別の指導計画に基づき，寄宿舎指導員によって指導支援が行われている。

2　視覚特別支援学校における指導の実際

（1）指導の実際：一日の流れ

視覚特別支援学校では，授業だけでなく，日常生活そのものが自立と社会参加に向けての学習の機会である。特に早期支援教室や幼稚部の教育にあっては，外界への興味を誘ったり，移動や歩行を引き出したりするなど，日常生活の中で重要な指導・支援が行われることを意識したい。

小学部以上では，多くの学校で子どもは8時半ごろに登校する。年齢の低い子，交通の便が悪い地区の子，障害の重い子は保護者による送迎がほとんどだが，自力通学の可能性のある子に計画的に指導を行うことで，その実現を目ざしている。自力通学が実現するまでの間，スクールバスを利用できる学校もある。

朝の会，帰りの会も幼児児童生徒にとってはその日の予定を確認したり，他の子の意見や行動を知ったりする機会であり，教員にとっても幼児児童生徒の様子を知る大切な機会になっている。

授業時間
個別の教育支援計画
個別の指導計画
作成等にあたっての配慮事項は，特別支援学校小学部・中学部学習指導要領 p.66-68 参照。

TT
チームティーチング。2名以上の教員でチームを組んで教育にあたる協力型授業形態。

授業時間は学習指導要領の規定にそって決められ，1**授業時間**は小学部では45分間，中学部以上では50分間で，障害の重い子に対しては過度の負担をかけないよう柔軟に設定されている。授業は基本的に学級ごとに行われるが，1学級の人数が少ないため，話し合い活動や合唱，ゲーム等，集団で行うことを体験させたいときは，複数の学級が合同で行うこともある。指導する教員は学級担任であったり，教科担任であったりするが，複数の学級が合同で授業を行ったり，自立活動担当教員が加わる場合は，複数の教員がTTで指導にあたる。

指導内容は，学習指導要領にのっとり，幼児児童生徒の障害の実態や個々の願い，保護者の願い，そして教員を含めた支援者の願いを元に作成した**個別の教育支援計画**，**個別の指導計画**にそって決めていく。自立活動の指導は重要な意味をもっており，重い視覚障害のある子が点字を習得したり，白杖を使用して自力で歩行できるようになることを目ざす等は，視覚特別支援学校ならでは

の指導内容である。

　昼の時間には多くの学校で給食が提供されていて，仲間とともに食事をしながら楽しく過ごす時間になっている。この時間は食に関する自立活動の指導の時間でもあり，食について学ぶ食育の時間でもある。また，食後の清掃もみずからの手で場を整える経験を積む機会であり，自立活動の指導として，また道徳の指導として各校で行われている。

　中学部以上の生徒は，放課後の時間を活用して部活動に打ち込む者が多い。文化祭等に向けて行われる児童生徒会活動も，集団づくりや自治活動の経験の場となっている。これらの指導にあたっては，教員間の連携により指導の効果が上がるよう校内で体制が組まれている。

（2）指導の実際：一年間の流れ

　季節ごとに行われる行事も教育上大事な意義を有している。

　入学式，始業式，卒業式等の儀式的行事は，式典等の社会的通念を体験的に学ぶ機会であり，新入生歓迎会，卒業生を送る会と併せて新たな人間関係を構築する機会にもなっている。運動会や体育祭，音楽会，文化祭等の行事も，教科等で身につけた技能を発表する場であるとともに，全校の幼児児童生徒，保護者，教職員，地域住民等が活動を通して一体感を感じる貴重な機会になっている。

　季節ごと，部ごとに行事が企画され，夏休みを中心にキャンプ，登山，海水浴等の体験を積んでいる。卒業学年では修学旅行も行われ，視覚障害者の活躍の場を切り拓いた先人の跡を訪ねる等，視覚特別支援学校独特の体験を企画することが多い。また，理療にかかわる学科では治療院を訪ねて研修を積むことが多い。

　春から秋にかけてはスポーツ，弁論，点字技能，珠算競技等の地区大会や全国大会が行われ，それに向けて各校で取り組みが行われている。

　進学，就職への準備は一年を通じて計画的に進められているが，毎年2月下旬に行われる**あはき師**国家試験は，理療関係学科があるすべての視覚特別支援学校における大きなヤマ場となっている。

あはき師
あん摩マッサージ指圧師，はり師，きゅう師の総称。

（3）校外支援者との連携

　視覚障害教育は学校の教員だけでなく，福祉関係者やボランティア等の校外の多くの支援者によって支えられてきた。教材の点訳や通知の読み上げに始まり，音楽鑑賞，身だしなみ，外出時の同行援護に至るまで，沢山の支援をいただいていることを意識し，感謝の気持ちを忘れないようにしたい。

3　教育相談,センター的機能

（1）視覚特別支援学校が行ってきた教育相談等校外支援

　視覚障害があっても地域の幼稚園や小・中・高等学校で学ぶことを選択した幼児児童生徒を支援するために，視覚特別支援学校では以前から弱視学級の担任や視覚障害幼児児童生徒の担任を対象に研修会や研究会を行ってきた。また，視覚障害がある幼児児童生徒に関する教職員や保護者からの相談にも対応してきた。1993年に通級指導が制度化されてからは，地域の小・中学校で学ぶ児童生徒を視覚特別支援学校で直接指導することもできるようになっている。視覚特別支援学校の教職員は，今後もこれらの支援を組織的・継続的に行い，それによって専門性を磨いていくこととなる。

（2）充実拡大する教育相談事業，地域支援事業

　地方によっては視覚障害に関する支援相談機関が少ないため，視覚特別支援学校が中途視覚障害者からの生活・就労に関する相談を受けることが多い。そのことは社会において視覚障害者がどのような状況に置かれているのかを直接学ぶ機会になり，また相談者が視覚特別支援学校（理療科）へ入学して，卒業後の社会復帰につながることもあるので，関係機関と連携してしかるべき対応をしたい。そして，その中で得られた情報を整理し，**スマートサイト**等の関係機関で共有することで，支援の質の向上を図っていきたい。

　近年ICT機器を中心に，支援機器の開発・改良は速いペースで進んでおり，視覚特別支援学校自身がその変化を学ぶとともに，学ぶ場を地域の小・中・高等学校に公開していく必要がある。教科書のデジタルデータは2019年度からすべての小・中・高等学校で使用できるようになり，それを有効に活用できる教科書・教材閲覧用アプリ「UDブラウザ」とともに，その普及が期待されている。視覚特別支援学校は各都道府県において支援を望む幼児児童生徒との接点（ハブ的役割）を担うよう期待されており，その役割を果たすことは地域の**センター的機能**を強化することにつながっていく。

　視覚障害のある児童生徒の進路についても，高校および大学へのスムーズな接続や，進学・就職先についての情報提供が求められている。視覚特別支援学校はそれらに関する情報を地域で学ぶ視覚障害のある幼児児童生徒および保護者に提供し，人生を切り開く支援をしようとしている。

（3）発信と連携の強化を

　視覚特別支援学校はその役割と実情が社会に正しく認識されるよう，情報発信に努めている。学校公開，体験会，啓発活動，ポスターの作成・配布，マスコミへの情報提供等はそのために行っているもので，教職員がまずその趣旨を

スマートサイト
ロービジョン者のQOL向上のために医療，福祉,教育,労働の諸機関が連携して支援にあたる枠組み。都道府県単位で整備が進んでいる。第2章第5節 p.96 コラム参照。

センター的機能
盲学校は視覚障害教育の専門教育機関として140年の歴史があり,その中で視覚障害教育の専門性を蓄積し，地域における視覚障害教育のセンター的な役割を担ってきた。主な機能は以下のとおりである。
①小・中学校等の教員への支援。
②特別支援教育等に関する相談・情報提供。
③障害のある幼児児童生徒への指導・支援。
④福祉,医療,労働などの関係機関等との連絡・調整。
⑤小・中学校等の教員に対する研修協力。
⑥障害のある幼児児童生徒への施設設備等の提供。

理解し，「通いたい」「通わせたい」「働きたい」「頼りたい」「応援したい」視覚特別支援学校の実現を目ざしたい。また，視覚障害教育を支えるボランティア，支援組織等の貢献の様子も社会に紹介し，そのような人びとと今後も協働し続けられるよう態勢を整えていきたい。視覚障害が発生率の低い障害であっても，支援の態勢とノウハウを途絶えさせるわけにはいかない。視覚特別支援学校はこれからもその役割を担っていく組織としての意識と気概をもちたい。

4　視覚特別支援学校の特徴

　幼稚部から中学部まで，あるいは高等部単置など，いくつかの設置形態があるが，多くの視覚特別支援学校は幼稚部から高等部専攻科までを設置している。本項では，視覚特別支援学校の一日の流れから，特徴的な事がらを含めてその概要を示す。

（1）一日の始まり

　他の多くの特別支援学校と同様に，視覚特別支援学校においても学校の一日は，学校長が幼児児童生徒玄関の前で，幼児児童生徒を出迎えるところから始まる。幼児児童生徒の通学方法はさまざまだが，大別すると，① 保護者による付き添い，② 自宅からバス等・徒歩，③ 寄宿舎からの徒歩，④ スクールバスの四つの方法である。「障害者の移動支援の在り方に関する実態調査に関する研究」によると，スクールバスを運行しているのは20校であった[1]。回収率が70％弱であったことから，実際にはもう少し多い可能性もある。また，視覚特別支援学校は各県に1校しか設置されていないことが多いことから，多くの場合寄宿舎を設置している。

　保護者や寄宿舎指導員が付き添って登校してくる幼児児童生徒は，幼児児童生徒玄関で担任教員に引き渡される。その際に担任教員は，家庭や寄宿舎での様子を聞いたり，連絡事項等を伝えたりしている。

　表3-6はある視覚特別支援学校の幼稚部と小学部の時間割である。これをみると，幼稚部では朝の会の前に運動を取り入れている。視覚障害は，その特性から行動の制限を受けることになるために，意図的にこのように運動の時間を設定しているところが視覚特別支援学校の特徴を表している。また，3時間目は3年生から6年生までが体育となっている。このことから，学年単位では人数が少なく，集団活動を行うことが難しいため，学年の枠を超えて一定の人数を集めて実施されていることがうかがえる。さらに，4年生と6年生の重複学級では，合同で国語の勉強をしていることがわかる。このように時間割から，視覚特別支援学校の様子をうかがい知ることができるのは興味深いことである。

表 3−6　幼稚部・小学部の時間割例

月曜日						
	1	2	3	4	5	6
1年	国　語	音　楽	算　数	体　育	国　語	
2年	国／算	自　活	国　語	体　育	算／国	
3年	理　科	国　語	体　育	算　数	国　語	
4年	国　語	算　数	体　育	社　会	自／図	図　工
4年（重）	4・6国語	算　数	体　育	生活社	自／図	図　工
6年	社　会	算　数	体　育	国　語	理／図	図　工
6年（重）	4・6国語	生　活	体　育	算　数	自／図	図　工
6組	日生・自活	生　単	重体育	自活・日生	自　活	（日生・自）
幼稚部	うんどう	朝の会	あそび	あそび	自　活	

（2）給食時間

　最近の視覚特別支援学校の特徴のひとつに，寄宿舎の食堂を学校給食の場としても利用していることがあげられる。以前は，学級ごとに給食室から食缶を運んできて，学級で盛りつけをして給食を食べていた。ところが近年は，給食の開始時間こそ異なっているが，幼稚部から専攻科生までが同じ場所で一斉に給食を食べている学校が増えてきている。このような取り組みによって，学部や学年の異なる幼児児童生徒同士がお互いを知るきっかけになったり，教員も普段あまり接することのない他学部の幼児児童生徒の様子について把握することができる。

（3）臨床実習

　視覚特別支援学校の授業形態で特徴的なことのひとつに，専攻科理療科と専攻科保健理療科による臨床実習がある。臨床実習とは，三療の施術の技量を高めるために，近隣の地域住民が，患者として視覚特別支援学校を訪れてあん摩，はり等の施術を受けるというものである。このことにより，施術の技量はもちろんのこと，学校外の人たちとのかかわりを通じて，社会性を培うことにも役立っている。

（4）下校時

　視覚特別支援学校に限ったことではないが，下校時の様子で特徴的なのは，いわゆる放課後等デイサービスを利用している児童生徒の数が増えているということであろう。登校時と様子が異なるのは，放課後等デイサービスの送迎サービスの車両が正門の近くに待機していることである。特に共働きの家庭には，送迎が保証されていることから，利用価値が高くなっている。

理療科
三療（下記参照）すべてを履修する。

保健理療科
あん摩マッサージ指圧師に関することだけを履修する。

三　療
あん摩マッサージ指圧師，はり師，きゅう師等に関する法律に定められた三つの治療行為であるあん摩マッサージ指圧・はり・きゅうのこと。

放課後等デイサービス
障害のある就学児向けの学童保育のようなサービス。施設の設備や目的，提供されるサービスは多岐にわたり，療育や運動に特化した所など，その内容はさまざまある。

（5）放課後

下校後における児童生徒の活動のひとつは，いわゆる部活動である。視覚障害に特化したスポーツとしては，パラリンピック競技にもなっているブラインドサッカーや**ゴールボール**があげられる。寄宿舎を利用している児童生徒は，場合によっては夕食後にも部活動をすることが可能となっていることから，そのような児童生徒たちにとっては，非常に好都合といえる。

（6）寄宿舎での生活

自宅が学校から離れている児童生徒たちは，寄宿舎での生活を送っている。部活動等を終えた児童生徒たちは，一日の終わりを寄宿舎で過ごすことになる。寄宿舎は中学生（場合によっては小学生）から高等部専攻科生まで，異年齢の児童生徒が文字どおりひとつ屋根の下で寝起きをともにしている。そのようなことから，ひとつの小社会といっても過言ではない。

ゴールボール
1チーム3名で両陣に分かれ，鈴の入ったバスケットボール大のボールを転がして投げ，敵陣奥のゴールに入れると得点となる。全員アイシェード（目隠し）をつける。

演習課題

1. 視覚特別支援学校で見ることができる在籍者の年齢，教室の種類や教材，玄関ホールの様子等から，視覚特別支援学校の教育課程の特徴についてまとめてみよう。
2. 視覚特別支援学校では，どのような場面でどのような指導が行われているか，①一日の流れ，②一年間の流れ，③校外支援者との連携のそれぞれについてまとめてみよう。
3. 視覚特別支援学校がこれまでに行い，また，これからも行うことが期待されるセンター的機能についてまとめてみよう。

引用文献

1）中野泰志：障害者の移動支援の在り方に関する実態調査に関する研究，厚生労働省科学研究費補助金障害者対策総合研究事業総括研究報告書，2016.

参考文献

・まんが／新井隆広・大内進監修：小学館版　学習まんが人物館　ルイ・ブライユ，小学館，2016.
・日本鍼灸手技療法教育研究会編：理療教育学 序説，ジアース教育新社，2015.
・全国盲学校長会編著：視覚障害教育入門 Q&A 新訂版，ジアース教育新社，2018.
・全国盲学校長会編著：見えない・見えにくい子供のための歩行指導 Q&A，ジアース教育新社，2016.
・全国盲学校長会編著：生きるということ　全国盲学校弁論大会 第2集52話，2020.

③　特別支援学級，通級による指導

　弱視の子どもたちが専門的教育を受ける場として，視覚特別支援学校および，小・中学校内に設置されている弱視特別支援学級，通級による指導（弱視）がある。本節では，後者の弱視特別支援学級，通級による指導（弱視）の学級経営と教育課程・指導法を述べる。

1　弱視特別支援学級

（1）教育課程と留意事項

1）弱視特別支援学級の教育課程編成における基本的な考え方

　特別支援学級は，小・中学校内に設置される学級のひとつである。そのため，編成される教育課程も小・中学校の教育目的および目標を達成するための内容であるが，特別支援学級については，規則等によって「特別の教育課程」を編成することができる，とされている。

特別支援学級の「特別の教育課程」

学校教育法施行規則

第138条　小学校，中学校若しくは義務教育学校又は中等教育学校の前期課程における特別支援学級に係る教育課程については，特に必要がある場合は，…（略）…，特別の教育課程によることができる。

平成29年告示小学校学習指導要領　総則　第4－2－（1）－イ

（ア）　障害による学習上又は生活上の困難を克服し自立を図るため，特別支援学校小学部・中学部学習指導要領第7章に示す自立活動を取り入れること。

（イ）　児童の障害の程度や学級の実態等を考慮の上，各教科の目標や内容を下学年の教科の目標や内容に替えたり，…（略）…，実態に応じた教育課程を編成すること。

　特別の教育課程とは，具体的には，平成29年告示特別支援学校小学部・中学部学習指導要領で示される自立活動を取り入れることである。自立活動は，障害による学習上または生活上の困難を克服し自立を図る領域である。弱視特別支援学級では，視覚特別支援学校で行われている自立活動を取り入れることにあたる。よって，弱視特別支援学級の教育課程は，小・中学校の各教科・領域の指導を基本とし，児童生徒の実態を踏まえた自立活動の指導内容を加えて編成する。

2）弱視特別支援学級の学級経営と留意事項

弱視特別支援学級の学級経営は，在籍する児童生徒の実態を踏まえて行う。学級に在籍する児童生徒は少人数である。そのため，一人ひとりの実態に応じた，きめ細かな個別指導，および小集団の学習活動を展開することが可能である。

その一方で，学級の集団が小さいため，学級内での同学年の児童生徒同士の学びの時間は限られる。よって，適宜，通常の学級の児童生徒との交流および共同学習の時間を設定することが望ましい。弱視特別支援学級の担任は，交流学級の担任と連携を図り，組織的および計画的に学習の時間を設定するようにする。学習のねらいを明確にし，弱視特別支援学級での個別指導で学ぶ内容と，交流学級の集団で学ぶ内容を組み合わせるようにする。

交流学級での共同学習の開始時などに，弱視理解のための授業を行うことも有効である。弱視特別支援学級の児童生徒の見えにくさや，いっしょに学ぶ際に気に留めてほしいことなどを交流学級の児童生徒に事前に伝える。このことにより，共同学習の安全と充実が図られるものと期待できる。

3）視覚特別支援学校のセンター的機能を活用した学級経営

教育課程の編成，指導内容や指導方法の検討においては，視覚障害教育の専門性を有する視覚特別支援学校との連携が有効である。視覚特別支援学校の**セ** ンター的機能を活用し，適宜，具体的な助言を受けることが可能である。

センター的機能
p.118 参照。

（2）支援・指導の例

弱視特別支援学級に学ぶ児童生徒の支援・指導については，大きく以下の3点を押さえたい。必要な支援・指導については後述する。

ひとつ目は，見えやすさの外的環境条件の整備である。学級の児童生徒一人ひとりの視機能の状態を的確に把握して，実態に即した学習環境を整える必要がある。

二つ目は，見えやすさの内的環境の整備である。弱視児童生徒が，保有する視認知力を最大限に活用できるよう，視覚による認知能力を高める必要がある。

三つ目は，自分の見えにくさの理解と適応に関する内容である。

1）学習環境の整備

① 校内および教室内の環境の整備

校舎内：弱視特別支援学級を設置する小・中学校は，弱視の児童生徒が通う学校として，安全かつ安心して学校生活が送れるよう，校舎内を整備することが望ましい。昇降口や階段等の段差のエッジ（縁）はコントラストの高い配色にすると，段差を把握しやすくなる。廊下にはできるだけ歩行の障害になるものを置かないことを校内に周知することも大切である。全校の児童生徒には，生活指導の中で，弱視の児童生徒にとって，不意に駆け寄ってくる児童生徒との衝突は避けがたいことを伝え，廊下を走らないよう指導したい。また，廊下

の右側通行を励行するよう，センターラインまたは目印をつけるなど，環境の
ユニバーサルデザイン化も有効である。

　　教　室：教室においては，適切な明るさを調整することが望ましい。直射日
光は避けたいため，カーテンやブラインドは採光の調節に欠かせない。眼疾患
によっては，明るすぎることで見えにくくなる者もいる。その際にはまぶしさ
を取り除く配慮が必須である。明暗への順応については，個人差があるため，
机上照明を活用したり，遮光眼鏡を装用することで対応できるとよい。

　　②　見せるものを見やすくする工夫

　　拡　大：弱視の児童生徒に，見る対象をはっきり明確に認知させるために，
対象を大きく提示することを「網膜像の拡大」という。網膜像の拡大には，文
字や図など対象そのものを拡大した教材を用意する方法と，近用レンズや拡大
読書器，タブレット端末の写真機能など，視覚を補助する機器を活用する方法
がある。視覚補助具の活用に関する指導は後述する。

　　単純化：ひとつの紙面に，たくさんの情報が入り乱れて書き込まれている教
材は，見えにくい児童生徒にはわかりにくい。見せたいものを焦点化・単純化
し，書き改めるなどの工夫が必要である。**地図の指導**では，白地図を使用し最
小限の情報を書き加えたり，注目させたいところを太線にするなどの工夫が考
えられる。その他の教材についても同様の視点で，作成・改良していくとよい。

地図の指導
p.186 参照。

　　色　彩：弱視の児童生徒の中には，色彩への反応が弱い者が少なくない。教
材作成の際には，認知しやすい配色を心掛けたい。同系色で彩度の低い色を隣
り合わせに用いないなど，コントラストの高さに配慮する。色と色との境界線
にはできるだけ輪郭線を入れるようにする。黒または白の縁取りをすることで
強調効果が生まれ，弱視の児童生徒にとって見やすい教材となる。

　　拡大教科書：拡大した教材の代表的なものとして「拡大教科書」がある。通
常の大きさの文字での学習が困難な児童生徒のために文字や図版を拡大して見
やすくなっている教科書である。教科書出版社作成の市販教科書は，内容は一
般の教科書と同様であるが，文字の拡大，フォント・レイアウトの変更，色や
コントラストの調整など，見やすくする工夫がなされている。文字サイズの選
定にあたっては，児童生徒の視機能の実態を踏まえ，本人の使いやすさを優先
に考える。選定に迷う場合は，近隣の視覚特別支援学校に相談するとよい。

　　市販教科書の文字の大きさ等が児童生徒の実態に合わない場合は，教科書作
成ボランティアに依頼し，個別のニーズに合った教科書を作成することもあ
る。また，デジタル教科書や電子教科書の研究・開発が，高等学校段階の教科
書を中心に進んでおり，担当者は適宜，必要な情報を得るよう心掛けたい。

　　③　疲れず学べる学習環境の整備　　弱視の児童生徒は「見えにくいが，が
んばれば見える」ということが少なくない。見ることに精一杯にならないよう，
疲れず学べる環境を整えたい。

机の選定：弱視の児童生徒は，拡大教科書など拡大された教材や，書見台などを使用して学習活動を行うことになる。そのため，机上面が通常の学級で学ぶ児童生徒用より大きめなものが望ましい。また，机の高さは，視距離の条件が通常の小・中学生と異なるため，若干，高めのものを使用するとよい。ただし個人差もあるため，児童生徒の様子で判断したい。また，机面が傾斜する美術用の傾斜机を使用し，書見台の機能を代替することも可能である。

書見台・書写台：書見台・書写台の使用は，弱視の児童生徒の読書や書字の姿勢を良好に保つために有効である。適宜使用し，学習活動を効率的に行えるようにしたい。児童生徒によっては，書見台・書写台の使用を煩わしく思う者もいるが，悪い姿勢は成長期の頸椎，脊椎によくない影響を与えることを伝えるとよいだろう。

学用品：特に小学校では，ノート，鉛筆，定規類など**学用品**を，学年でそろえることがある。通常の学級で学ぶ児童と同様のものでは，弱視の児童生徒には見えにくいこともあるため，個人の見え方に合ったものを選定する。

ノートは罫線が太いものが見やすい。マス目の十字リーダーの有無は，本人の見やすさで判断する。

鉛筆は，通常の児童生徒が使用しているものよりも濃い芯のものを使用すると見やすくなる。描線が見えにくい場合は，サインペンなど，より太い描線が可能なものを選定するとよい。

定規類は，不透明の黒地に白文字のものなどを使用すると見やすくなる。

2）視知覚課題と視覚補助具の活用

弱視特別支援学級の教育課程は，小・中学校の各教科・領域の指導を基本とし，自立活動の指導内容を加えて編成することは前述のとおりである。

自立活動では，弱視の児童生徒自身が視覚による認知能力を高めるための学習課題を設定していく。眼球運動の調整や視覚と運動の協応などの視知覚課題や，視覚を補助する機器の活用である。これらは，自立活動として取り組みつつ，各教科等の学習場面においても応用・活用されていくべき内容である。

①　視知覚課題の学習

眼球運動の調整：注目してよく見ることができるかどうか，動きを追視できるかどうか，視線を飛ばしながら探したり写したりすることができるかどうか等，学習にはさまざまな眼球運動が必要となる。これらの技能は幼児期に経験的に習得していることが望ましいが，小学校段階においても実態に応じて補充していく。視野の障害のある児童生徒にとっては自分の見やすい視野に気づくためにも必要な活動である。また，児童生徒の中には，眼振や斜視など，不随意に眼球が動く者も少なくないので，疲労度に留意しながら指導を行う。

学用品
市販のもので代用できるものも多いので，視覚特別支援学校等に相談するとよい。
弱視児用の学用品を扱うサイトを示す。

日本点字図書館販売サイト　わくわく用具ショップ

KIMINOTE きみのて

　　まず，注目する，という視活動である。「何となく見える」目の状態を「意図的・目的的に対象を見る」力に引き上げていくことがねらいである。本人の興味の高いものを近距離で視野の中心付近から少しずつ距離を離して，周辺視野に広げていく。フラッシュカードなどの使用も効果的と考えられる。

　　次に，追視を促す指導である。追視は，追従性眼球運動とも呼ばれ，動くものをスムーズに目で追う視活動である。机上でゆっくりとした動きを確実に追うことから始め，より広く，より速いスピードへと段階的に指導する。水平方向から上方，下方，斜め方向へとステップアップし，近方⇔遠方等の動きも取り入れていくと，より実生活に即した技能獲得となる。

　　さらに，視線を飛ばしながら比べたり探したりする活動に取り組んでいく。これは，跳躍性眼球運動と呼ばれ，学習活動の多くの場面で求められる「探して見つけて考える」基礎となる見る力である。眼前30〜50cm程度の距離で，左右に提示された2本のさし棒へ交互に視線を移す目の体操や，紙面から特定のものを探し出す課題，少し離れたディスプレイに映るものから必要な情報を探す課題などが考えられる。

　　視覚と運動の協応：目と手の協応動作は日常生活のすべての活動の基礎である。目で確認しながら手の動きを調整する課題に取り組む中で，見る機能の発達を促し視覚活用の力を助長する。

　　具体的・直接的操作による手指の課題としては，ひも通し，ビーズ刺し，蝶結び，折り紙などがあげられる。ひも通し，ビーズ刺しなどは，段階的に大きさを小さいものにしていく。蝶結びは，始めは左右のひもの色を異色に替えて取り組ませると，交差させる部分を見て確認しやすくなる。折り紙は手指の巧緻性とともにていねいな作業態度を習得させるためにも有効な課題である。

　　それとともに，道具の使用にも取り組みたい。はさみは身近な生活道具である。細長い紙を横向きに一回切りするところから，長い直線，斜め線や曲線切りまで，実態に応じて段階的に取り組んでいく。

コラム　単眼鏡指導の例

・遠方の黒板に文字カードを貼って，それにピントを合わせるようにする。読み上げたり，書き写したりする。「50マス視写」「100マス視写」など，計時しながら継続的に取り組み，タイムを縮める目標を設定するなどして，児童生徒の意欲を高めていく。

・パソコンのプレゼンテーションソフトの自動画面切り替え機能を利用したフラッシュカード教材も，児童生徒の動機づけに有効である。遠方のディスプレイにプレゼンテーションが映るよう接続して児童生徒に見せ，すばやく単眼鏡のピントを合わせて読み取るようにする。画面の自動切り替え機能の速度を一定にして正答率を記録することで，技能の向上を把握することができる。指導法の例は，p.146以降に記載している。

　各教科等の学習における道具類の活用技能も，自立活動の時間に適宜，補充的に行っていく。具体的には，算数の作図器類（定規・コンパス・分度器等），家庭科の計量器類（温度計・はかり・計量カップ等），裁縫道具（針・糸・ハサミ・ミシン等）などの操作技能である。

音声温度計

　②　視覚を補助する機器の活用技能を高める指導　　弱視の児童生徒自身が視覚による認知能力を高める見やすい環境をつくる方法として，視覚補助具の活用がある。弱視特別支援学級では，その技能を習得させるための指導を行い，各教科の学習の際に活用できるようにする。補助具には拡大鏡（ルーペ），単眼鏡（遠用弱視レンズ），拡大読書器やタブレット端末などがある。補助具ごとの特徴と指導の留意点は第3章第4節を参照のこと。

3）自分の見えにくさに対する理解と対応

　弱視の児童生徒本人にとって，自身の見えにくさを自覚することは難しく，周囲からも見えにくい状態がわかりにくい状況がある。特に低学年の児童においては，自覚が乏しいため，周りの大人が見えにくさに起因する困難を想定し，環境をつくり学習をスタートすることが望ましい。

　児童生徒の自立という観点からは，自己の障害理解を促す指導を行っていく必要がある。通常の学級との交流学習など，集団に入る際の事前学習として行うことも有効である。ただし，眼疾患の告知や進行性の疾患については，本人への心理的負担を十分に考慮し，保護者と共通認識のうえで指導を進めていく。

　自分の見え方を知るために，弱視の児童生徒が以下のことを自覚し，困難や危険の回避の方法について，担当教員といっしょに考える時間を設定する。それを踏まえながら，交流学習等，大きな集団での活動に取り組めるようにしたい。

　自分をアピールする方法の習得：上記の状態について，弱視の児童生徒が他児に伝える力が育つことを期待したいが，心理的な壁が大きいことも否めない。適宜，担当教員は具体的な伝え方を促しつつ，長い目で見守りたい。

　上手に支援を求める方法の習得：交流学習での場面等において，担当教員は，児童生徒が過度にがんばりすぎないよう見守り，適宜，周りに援助を求める具体的な方法を伝えていくことが必要である。周りに援助を求めて，うまくいった例について，学級の児童生徒同士で経験談を語り合うことも有効である。

自分の見え方を知る
指導内容の例は以下のとおり。
・どれくらいの視力なのか。
・見える範囲はどれくらいで，見つけにくい方向はどこか。
・見分けにくい色の組み合わせは，どのようなものか。
・自分の視覚補助具と倍率。
・どのようなときに遮光レンズを使うか。

2　弱視通級指導教室

（1）教育課程と留意事項

1）通級による指導の指導時間と指導の場所について

　弱視通級指導教室において，通級による指導（弱視）の対象児童生徒は，大部分の時間を通常の学級で過ごし，弱視（医学的弱視）に対応した特別な指導

通級による指導（弱視）の授業時数

「障害に応じた特別の指導に係る授業時数は，…(略)…年間三十五単位時間から二百八十単位時間までを標準とし，…(略)…。」(平成5年文部省告示第7号)

を受ける時間のみ，弱視通級指導教室に通う。**通級による指導（弱視）の授業時数**は，週あたり1〜8単位時間を標準とする。個々の授業時数は，標準時数の範囲内で，障害の状態等によって決められる。

また，地方公共団体の判断において，当該児童生徒が通級指導教室のある他の小・中学校に通うのではなく，通級指導教室の担当教員が当該児童生徒の在籍する小・中学校を訪問し，専門教育を行う巡回型の指導を行う場合がある。巡回型の指導は児童生徒にとって通学の負担がなく，その分，学習時間をより多く確保できる利点がある。ただし，教員の旅費等，財政的な裏づけが必要であり，広く実施されるまでには至っていない。

2）通級による指導の教育課程編成における考え方

弱視通級指導教室の教育課程も，弱視特別支援学級と同様，特別の教育課程とすることができ，障害の状態に応じて，特別支援学校小学部・中学部学習指導要領で示される自立活動を取り入れる。自立活動の指導を行い，児童生徒の障害の状態の改善または克服を図り，必要があるときは，見えにくさに応じて各教科の学習において困難な部分の学習を補充するための指導も行う。

通級による指導の「特別の教育課程」

学校教育法施行規則

第140条 小学校，中学校，義務教育学校，高等学校又は中等教育学校において，次の各号のいずれかに該当する児童又は生徒（特別支援学級の児童及び生徒を除く。）のうち当該障害に応じた特別の指導を行う必要があるものを教育する場合には，…(略)…，特別の教育課程によることができる。…(略)…四 弱視者…(略)…

第141条 前条の規定により特別の教育課程による場合においては，校長は，児童又は生徒が，…(略)…他の小学校，中学校，義務教育学校，高等学校，中等教育学校又は特別支援学校の小学部，中学部若しくは高等部において受けた授業を，当該小学校，中学校，義務教育学校，高等学校又は中等教育学校において受けた当該特別の教育課程に係る授業とみなすことができる。

3）在籍校および在籍学級の担任との連携

通級による指導の実施にあたり，通級による指導の担当教員と児童生徒の在籍校および在籍学級の担当教員との連携は欠かせない。定期的な情報交換を行いたい。通級による指導の担当教員は，適宜，在籍校での児童生徒の学習の困り感を聞き取り，困難を軽減するための助言を行う。また，在籍校での児童生徒の様子から，通級による指導の内容を見直し，授業改善を行う。

また，担当教員は，通級による指導の記録（授業時数，指導期間，指導内容と結果）を作成する。在籍校は，指導要録に通級による指導の記録を記入するようにする。通級による指導の内容を，両者で共有することで，児童生徒への支

援の共通理解が図られ，成長が総合的に促されることとなる。

4）通級指導教室に通う児童生徒同士の交流学習

　弱視通級指導教室に通う児童生徒は，学校生活の大半を在籍校で過ごし，一人で，見えにくさを軽減する工夫をしながら学習している。通常の学級での困難について，児童生徒自身が，さまざまな不安や葛藤を抱えていることも少なくない。年度内に数回程度，通級指導教室に通う児童生徒同士の交流学習を設定するとよい。「見えにくさ」を抱える者同士の気持ちを共有する時間として有意義である。

（2）支援・指導の例

　弱視通級指導教室における支援・指導については，弱視特別支援学級における支援・指導に重複することが多いため，ここでは，通級による指導を受ける児童生徒に，特に必要なことと思われる内容を中心に述べていく。

1）学習環境の整備

　通級による指導を受ける弱視の児童生徒は，大半の時間を在籍する通常の学級で過ごすことになる。そのため，通級による指導を行う教員は，在籍校の担任に，通常の学級での学習において児童生徒の困難が軽減するよう，留意点を伝える必要がある。

2）自立活動の指導と教科の補充

　ここでは，在籍学級での学習活動を順調に行うために習得しておきたい，拡大読書器とタブレットの使用法について記述する。

　また，弱視特別支援学級で行う眼と運動の協応の部分で触れた，各教科の補充の学習となる内容について触れる。

コラム　在籍校訪問の例

　〇授業観察
　・児童生徒の教室内での学習の状況を観察し，必要に応じて，環境上の配慮等を担任に伝える。
　〇在籍校担任との情報共有：以下のことを在籍学級の担任に伝えるとよい。
　・弱視児童生徒の見えにくさの状態（視力・見える範囲・色覚の異常など）。
　・弱視児童生徒が使用している視覚補助具の役割と扱い方。
　・見えにくさから考え得る学習の困難や教室内で配慮すべきこと。
　・通級による指導で行う学習の内容。
　・弱視者の進路（教育・福祉）等の情報。
　※必要に応じて，シミュレーションできるレンズや簡易型レンズ等を持参する。

簡易型のシミュレーションレンズ（自作）
ジッパーつきポリ袋でぼやける状態を，パンチ穴で視野狭窄を，擬似的に体験できるようにする。

　拡大読書器：児童生徒の在籍学級での学習では，黒板を使用した一斉授業の時間が大半を占める。そのため，黒板など離れたところを見るための遠用カメラを搭載した遠近両用の機種の拡大読書器（図3-5）の利用も考え得る。遠近の切り替えやズームアップなどのカメラ操作が自力でできるよう，通級による指導の時間に練習することが望ましい。

　タブレット端末：上記の遠近両用の拡大読書器の用途を，タブレット端末で代替する方法もある。フレキシブルアームを使用し，タブレット端末を机に固定して使用する（図3-6）。黒板の方向に向けて単眼鏡の代替機器として，机

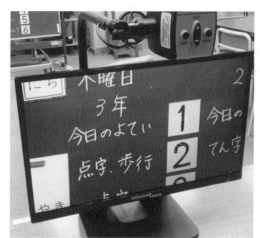
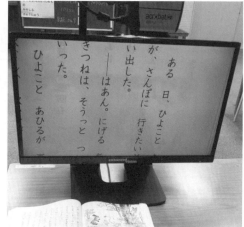

図 3-5　遠近両用の拡大読書器の使用例

図 3-6　フレキシブルアームで固定したダブレット端末の使用例

上に向けて拡大読書器の代替機器として使用することが可能である。導入時には，教員が児童生徒といっしょにセットするようにし，児童生徒が自分でセッティングできるよう指導していく。ただし，画像の鮮明度は拡大読書器のほうが優れていることが多いため，児童生徒の視機能の状態で使用を検討していくとよい。

表 3-7　各教科の補充の学習の例

国　語	音読，漢字の習得，国語辞典の使い方
算　数	作図器の操作，グラフの学習
理　科	計量器，実験器の扱い方
社　会	地図の学習，資料の見方
図画工作	はさみ・カッター・彫刻刀の使い方
家庭科	調理器具・裁縫道具の使い方
体　育	基本的な身体の使い方，キャッチボール

　各教科等の補充の学習：必要に応じて各教科の内容を補充する。**補充の学習**は，在籍学級における各教科の学習の困難が軽減されることを優先し，教科および内容を選定する。在籍校での図画工作や家庭科等の作品制作を，通級による指導の時間に，個別的に指導を受けながら取り組むことも考えられる。各教科の補充の学習の例を表 3-7 に示す。

3）自分の見えにくさの理解と適応

　ここでは，指導にあたっての留意点を示す。児童生徒は，週のうちの大半の時間を在籍する通常の学級で過ごすことになる。通級による指導の開始時に，在籍学級の児童生徒に通級による指導のために児童生徒が在籍学級から不在になることを説明しておきたい。弱視の児童生徒が，なぜ通級による指導を受けるのかに触れながら，見えにくさや，いっしょに学ぶ際に気に留めてほしいことなどを在籍学級の児童生徒に伝えることができるとさらによい。在籍学級の担任と調整し，通級による指導の担当教員が，在籍校において弱視理解のための授業を行うことも，他児が弱視の児童生徒への理解を深めることにつながると期待できる。理解授業を行う際は，本人および保護者の心理的な負担も考慮し，事前に協議のうえ，行う必要がある。

補充の学習
通級による指導では，「障害に応じた特別の指導は，障害の状態の改善又は克服を目的とする指導とする。ただし，特に必要があるときは，障害の状態に応じて各教科の内容を補充ための特別の指導を含むものとする」（平成 5 年文部省告示第 7 号）。

[演習課題]
1. 弱視特別支援学級の学級経営で留意すべき点と具体的な取り組みについて，まとめてみよう。
2. 弱視通級指導教室における，各教科等の補充の学習について，具体的な指導例を考えてみよう。
3. 弱視特別支援学級および弱視通級指導教室の児童生徒同士の交流の意義について考えてみよう。

[参考文献]
・橋本正法ほか：教師と親のための弱視レンズガイド，コレール社，1995.
・香川邦生・千田耕基編：小・中学校における視力の弱い子どもの学習支援，教育出版，2009.
・全国盲学校長会編著：新訂版　新学習指導要領（平成 29 年告示）対応　視覚障害教育入門Q＆A，ジアース教育新社，2018.

④　指導法（弱視児）

1　弱視教育のねらい

　弱視のある幼児児童生徒（以下，弱視児）の困難として，① 細かい部分がよくわからない，② 大きいものでは全体把握が困難である，③ 全体と部分を同時に把握することが難しい，④ 境界がはっきりしない，⑤ 立体感が欠ける，⑥ 運動知覚の困難な者が多い，⑦ 遠くのものがよく見えない，⑧ 知覚の速度が遅い，⑨ 目と手の協応動作が困難の九つの内容が示されている[1]。また，これらの内容は相互に影響し合い，例えば，細かいものが見えにくいからといって拡大すると，全体が大きくなり全体把握が困難になってしまったり，大きすぎて見えにくいものを眼から遠ざけると，輪郭がぼやけて見えにくくなったりなどする。このように弱視児は日々学習上または生活上の困難を抱えている。それは自覚することもあるが，無自覚なことも多い。自覚していればどうにか改善しようと行動に移せるが，そもそも無自覚の場合は周りが気づかない限り放置されてしまう。併せて，先天性の弱視の場合，生来弱視での見え方を経験

コラム　弱視のある人・児童生徒

　「弱視のある人」は，people with visual impairment の意味である。弱視者つまり，visual impairment people という人が存在するのではなく，人がいて，その人が弱視の状態にあるという意味を表している。しかし，日本語で「弱視のある人」とか「弱視のある幼児児童生徒」と書くと，文章が冗長になり読みにくさを招くことが想定されるため，ここでは，弱視者，弱視児と明記する。しかし，筆者の思いとしては，「人 with 弱視」である。

コラム　弱視児の外界認知能力の三つの段階

1　見えても見えずの段階
2　見る能力相応に見える段階
3　見えないものまで見ることができる段階

の三つの段階が存在することを香川（1999）は指摘している。つまり，視機能を十分に活用できていない段階，視機能相応に見えている段階，視機能ではとらえられないものまで認識できている段階である。

しているのだから，一般的に考えて，その見え方に不満を感じることは考えにくい。幼稚園や小学校で晴眼の友だちや家族とかかわったりする中で，「私には見えないものがこの人たちには見えている」ということを自覚する経験を積み重ねながら，自分の見え方を自覚していくようになる。自分の見え方における「困難の潜在化の傾向」は弱視児の周囲からの理解を損ねたり，弱視児が見え方を説明することが困難であったりといったことで，社会参加の際の不利益となることがある。それは，発達のうえでも影響がある。弱視児は見えていないわけではないので，視覚的な情報に対して手を伸ばすなどの何らかの反応を示したり，「見えている？」といった質問に対して「見えているよ」と答えたりする。しかし，晴眼者が見えているような高精細，高コントラストで見えているわけではないため，同じ視覚情報を見たとしても，そこから得られる情報の量や質には大きな隔たりがある。その状態で成長していくと，十分な視経験を積むことにはならず，小学校以上での学習や生活場面において一定の困難が懸念される。そのため，弱視児に対する教育的介入は，それぞれの**視覚特性**に応じた見やすい環境を構築したうえで，可能な事物は触ったり操作しながら自分のペースに合わせて，じっくりと見る経験を積ませることが肝心である。そうすることで，「見えないものまで見ることができる段階」へと視覚認知能力を発達させていくことが弱視教育の主要な目的である。

視覚特性
弱視には，視力が低い，視野が狭い，暗いところで見えにくい，色の判別が一般的な人と異なる，視界が揺れる・立体感に欠けるなどさまざまな見え方の状態が含まれ，その組み合わせも多彩である。そんな状態の個々の見え方の特徴を視覚特性と呼ぶことがある。

2　弱視児の視知覚特性

　弱視の見え方の特徴が学習の際どのように影響を受けるのかについて，研究をひとつ紹介する。五十嵐は，晴眼児 1,020 名，知的障害児 78 名（IQ50 以上の知的障害），弱視児 299 名を対象に図形の読み取り課題を実施した[2]。その図形は，A 検査「日常生活の中で頻繁に実物を知覚できるもの」，B 検査「視経験が主に実物を通じて行われるもの」，C 検査「視経験が主に平面的図形（絵本等）を通して行われるもの」の三つの特徴をもつものであった。そのときに利用した絵カードの例を図 3-7 に示した。その結果，それぞれの図形の正答率に，あるパターンが観察された。A 検査では，はじめに晴眼児の正答率が上昇し，その後弱視児と知的障害児が上がり，晴眼児に追いつくパターンであった。B 検査では，はじめに晴眼児，次いで知的障害児が上昇し，弱視児はそれほど上昇しなかった。C 検査では，はじめに晴眼児，次いで弱視児が上昇し，知的障害児はそれほど上昇しなかった。つまり，弱視児は日々の生活の中で，実物に接することができ，それをじっくり手に取って見たり操作したりできるものや，実物は無理であっても，絵本のように見やすく描かれたものについては視覚の記憶（視覚表象）が確立しやすい。また，絵本や図鑑などで示されることが少なく，実物でしか見ることができないが，その実物も頻繁に見た

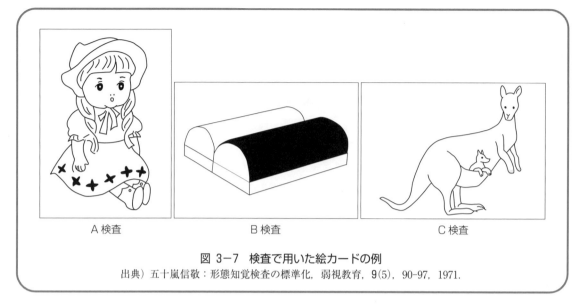

図 3-7　検査で用いた絵カードの例

出典）五十嵐信敬：形態知覚検査の標準化，弱視教育，9(5)，90-97，1971.

り，操作したり，近づいて見たり，じっくり見たりできないような状況のもの
は視覚表象が確立しにくいようだ。

　視覚表象が確立することによる外界の認識力への影響とはどのようなものだ
ろうか。伊藤は弱視児と仮弱視児に対して絵カードを見せて正答数を比較した[3]。
仮弱視とは晴眼の同年代の小学生が視力を低下させる眼鏡をかけた状態であ
る。つまり，仮弱視は実験の直前まで高精細な視覚情報に基づいて視覚表象が
獲得された状態で，実験時視力を弱視児にそろえた状態である。その結果，視
力 0.05 から 0.2 の条件では，一貫して仮弱視児の正答数が弱視児の正答数を上
回っていた（図3-8）。つまり，視力が同程度低い状態であったとしても，精

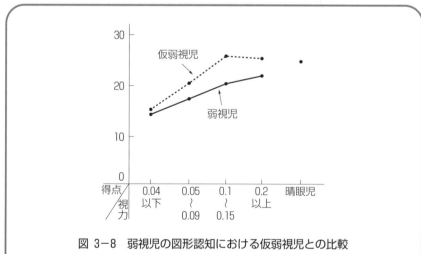

図 3-8　弱視児の図形認知における仮弱視児との比較

出典）伊藤由紀夫：弱視の視認知の特性について－仮弱視児との比較を中心にして－，
　　　視覚障害児教育研究，8，43-59，1976.

緻な視覚表象が確立していることによって，見えない・見えにくい部分を補完
し，正確に事物を同定できるということを示したといえる。

　香川[4]の「弱視児の外界認知能力の３つの段階」の中の，「見えないものま
で見ることができる段階（第３段階）」に，より近い状態であるといえよう（p.132
コラム参照）。ちなみに，この第３段階は特殊感覚のように感じるかもしれな
いが，晴眼者であれば，だれしもこの状態で視知覚していると考えられる。例
えば，読書する際，漢字の部品を多少操作したり，ひらがなの並びを一部変え
たとしても，気づかずに読み進めることができる。これは，効率的に読む際に，
十分に視覚情報が処理されなくても読み進めることができている状態といえ，
「見えないものまで見えている状態」といえよう。よって，弱視の視覚特性に
応じた環境を構築して，精緻で豊富な視覚表象をいかに確立するかが弱視教育
の大きなテーマのひとつといえよう。

3　弱視教育の目標に迫るために

　香川は，弱視教育の配慮点について「弱視児の教育は，見えにくい対象を，
何とか無理して見せる教育では決してない。見ることに関する抵抗感を少なく
して，見ることに興味を持ち，楽しみながら見て学習することを基本に据えな
ければならない。この基本を踏まえた取り組みが教員等に求められるのである
が，こうした楽しみながら楽に見る状況を作るためには，視野が広く適切な明
るさを保つことができる拡大教材が非常に大きな役割を果たすと言える」と指
摘している[5]。この中に弱視教育の配慮点が凝縮されていると考えられる。つ
まり，見ることの抵抗感を減らすこと，楽しみながら見て学習することが基本
となり，そのためには，視野が広く，適切な明るさを確保でき，適切な拡大が
なされている環境が重要となる。

　では，「見やすくするための，弱視の支援について，何が重要ですか？」と
尋ねられて，何と答えるだろうか？　私なら「大きく，はっきり，ゆっくり」
と答える。その考え方を紹介する。図３−９に示したのは，コントラスト感度
曲線であり，横軸は空間周波数を表す。横軸は，右に行くほど単位空間あたり
の縞の密度が高くなる。つまり，空間周波数が高くなっていることを意味し，
具体的には，大きさが同じならば，画数の少ない漢字は左のほう，画数の多い
漢字は右のほうに該当する。あるいは，同じ混み合い度の文字だとすると，左
のほうは文字サイズが大きく，右のほうは文字サイズが小さいことに該当す
る。縦軸はコントラスト感度を表す。下のほうはコントラストが高くないと縞
を知覚できないため，コントラスト感度は低いことになる。上のほうはコント
ラストが低くても縞を知覚できるため，コントラスト感度が高いといえる。

　ある空間周波数でコントラストを徐々に下げていって，どの程度まで下げる

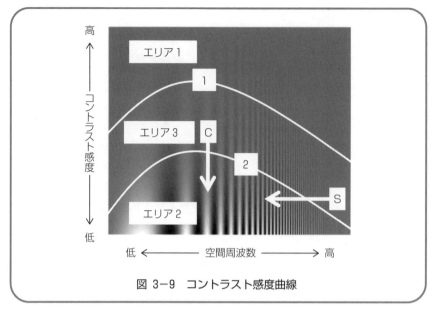

図 3−9　コントラスト感度曲線

とぎりぎり縞が知覚できるかを調べたものが「1」と「2」の曲線であり，このように求められたグラフをコントラスト感度曲線と呼ぶ。このコントラスト感度曲線の上のエリアの物理特性の文字や図形，つまりこのエリアの大きさやコントラストをもつ文字や図形は知覚できないこととなる。一方，コントラスト感度曲線の下のエリアの物理特性をもつ文字や図形は知覚できることになる。ここで「1」のグラフは晴眼者の平均的なもの，「2」のグラフをある弱視者のものだとする。

　エリア1は，晴眼者はもちろん，弱視者も知覚できない物理特性なので，この特性をもった文字や図形があったとしても，だれも知覚できないので，問題になることはない。また，エリア2は，晴眼者も弱視者も知覚できる物理特性なので，この特性をもった文字や図形があっても，それを共有できるため問題になることはない。しかし，エリア3はどうだろうか。晴眼者には見えるが，ある弱視者には見えない物理特性である。つまり，晴眼者には見えているが，弱視者には見えない文字や図形ということになる。そのようなとき，弱視者が見える物理特性にする方法が2種類ある。ひとつは「S」の矢印，つまり，文字や図形を拡大すること，二つめは「C」の矢印，つまりコントラストを高くするということである。

　さらに，Corn は，これら二つに，時間の要素を加えた考え方を示している[6]。つまり，変化が速すぎても，遅すぎても知覚しにくいということである。これらを合わせると，「大きく，はっきり，ゆっくり」ということになる。ここで注意が必要なのは，「大きく」といっても，ただ大きくするのではなく，適度に大きくすること，「ゆっくり」といっても，速度が遅いものについては適度に速くすることを含んでいる点である。

4 拡大する

大きくして見せる場合，何を大きくするかというと，網膜に映る像の大きさ
である。例えば，紙に書かれた文字を眼に近づけると大きく見える。この現象
は，紙に印刷された文字のサイズは一定であるが，眼に近づけることによって，
網膜に映っている像（網膜像）のサイズが大きくなったために起こる現象である。

網膜像を大きくする方法として，主に四つの方法が提案されている[7]。ひと
つめは拡大コピーや大活字本などのように，素材そのものを拡大する方法，二
つめは素材に眼を近づけて拡大し，その視距離に応じて拡大鏡を利用する方
法，三つめは遠くのものを望遠鏡で拡大して見る方法，四つめはカメラで写し
た素材をコンピュータで処理して画面に映し出す方法である。弱視児に対する
拡大法としては，これら四つの方法があるため，それらの長所と短所を認識し
て，目的に応じた拡大法を選択するとよい。

（1）素材そのものを拡大する（相対サイズ拡大）

この拡大法には，素材をそのまま縦横に同じ倍率で引き伸ばして拡大する方
式と，素材のレイアウトを変更して拡大する方式がある。前者をストレッチド
アウト，後者をリフォームドという[8]。

1）ストレッチドアウト（streched out）

ストレッチドアウトは主にコピー機などを用いて行われる。例えば，A4 サ
イズの資料を A3 に拡大するといった具合である。すでに印刷された資料があ
る場合，それをコピーすることで拡大されるため，とても手軽である。さらに
コピー機の中には白黒反転させたり，濃さを変える機能を持ち合わせている機
種もあるため，コントラストを向上できる。この方法を用いる際，用紙サイズ

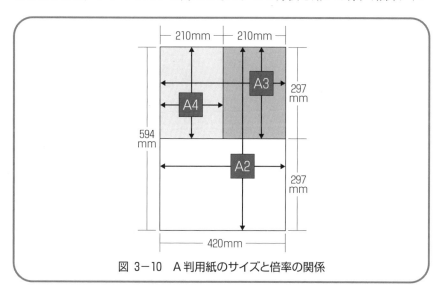

図 3−10　A 判用紙のサイズと倍率の関係

図 3−11　町の地図を B0 に拡大して観察している様子

の知識は不可欠である。用紙のサイズと倍率の関係を図3−10に示した。この図からもわかるとおり，A4からA3に拡大した場合，視距離を変えないで見たとすると用紙の面積は2倍になるが，文字に張る視角は約1.41倍となり，網膜像も1.41倍に拡大される。A4サイズの用紙に印刷された文字の高さを2倍にしようとするとA2サイズに拡大する必要がある。A2サイズというと新聞紙の1面分の広さに相当する。A4サイズの用紙と比較すると面積は4倍である。最近，大型プリンタが普及してきたとはいえ，A2に印刷された試験用紙を用いて解答したり，日常の授業での資料がA2で配られることを考えると，現実的ではないだろう。よってストレッチドアウトは，比較的低拡大での利用の際に適しているといえる。

　また，レイアウトを変更することが適さない素材を拡大する際にも適している。それらの特性を十分に熟知したうえで，活用すると効果的である。図3−11の写真は，ある小学校の弱視特別支援学級での授業の様子である。弱視のある小学生が地図を観察している。この地図は教科書の一角に掲載されている町の地図で，それをB0サイズに拡大して印刷し，その上に厚手のビニールシートをかぶせている。児童はそのビニールシートの上に乗り，地図を観察する。道路地図を思い出していただければわかるとおり，地図を拡大して，持ち運べる用紙のサイズに印刷しようとすると，多くのページを行き来して観察することを余儀なくされる。このように分断された地図を観察することには慣れが必要であるため，地図を習い始めたばかりの小学生には不向きである。大きな紙面に一続きに印刷された地図があることで，理解が促され，また，B0サイズまで拡大されることで，弱視の状態であっても，ずいぶん見やすくなる。

2）リフォームド（reformed）

　リフォームドは，**拡大教科書**に象徴されるように，レイアウトを再編集して文字を拡大する方法である。したがって，用紙のサイズを大きくしなくてよく，文字の上限もストレッチドアウトと比較すると大きくすることが可能である。

拡大教科書
第1章第2節 p.9 参照。

例えば，原本教科書と拡大教科書で考えてみる。用紙のサイズを変えずに文字を拡大すると，原本教科書では1ページに収まっている情報が，拡大教科書になると数ページに渡ることになる。その結果，拡大教科書はページ数が増加するため，分冊になることがほとんどである。

　また，拡大教科書では，文字の背景が白抜きになっていたり，矢印に黒の輪郭線が描かれたりしている。拡大教科書は単に文字を拡大するだけでなく，より弱視児が視知覚しやすいように工夫されている。

（2）近づいて拡大する（相対距離拡大）

　網膜像を拡大することは，視対象に眼を近づけることでも実現できる（第2章第2節 p.39 図2-24参照）。およそ網膜像を2倍にしようとする場合，視距離を2分の1にするとよい。しかし，10歳程度の子どもの調節力は10D程度であるといわれており，4，5cm から数 cm の距離で見ることもある弱視児にとっての接近視はピンボケ状態であり，つねにその距離で見ることを強いられると，眼が疲れてしまうことも考えられる。

　そこで，接近視しても眼が疲れないようにしたり，ピントの合った網膜像を得るために用いられるのが拡大鏡（ルーペ）である。拡大鏡は，スタンプ型，スタンド型，バー型，手持ち型，眼鏡型などがある（図3-12）。スタンプ型は視対象の上に置くと拡大して見えるため，すぐに利用できるが，文字を書いたりすることには利用できないし，高倍率には対応しない。バー型は文字列の上に乗せて用いるタイプであり，横書き文字の場合，縦にのみ拡大効果のある拡

10D
第2章第3節 p.69 参照。

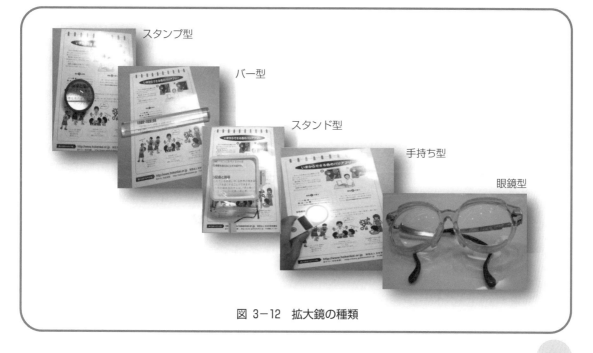

図 3-12　拡大鏡の種類

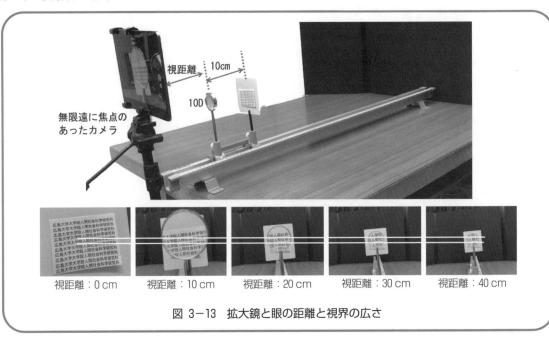

視距離：0 cm　　　視距離：10 cm　　　視距離：20 cm　　　視距離：30 cm　　　視距離：40 cm

図 3－13　拡大鏡と眼の距離と視界の広さ

大鏡である。これも高倍率には対応していないが，1行分を縦にだけではあるが拡大するので，連続して読む場合には向いている。スタンド型はレンズを焦点距離より少し短めの高さで固定したタイプである。読むだけでなく書くことにも対応しており，低倍率から中倍率程度までをカバーしている。また，脚がついている分，大型化しやすいということも特徴としてあげられる。手持ち型は，低倍率から高倍率までカバーしており，さまざまな形状や機能のものが販売されており，最も選択肢の幅が広い。ただし，レンズと視対象の距離を一定に保って拡大鏡を把持する必要があるため，慣れが必要である。眼鏡型では，眼鏡枠に拡大鏡を装着したハイパープラスレンズが利用される。拡大鏡を利用しながら両手が使えるため，定規を用いて線を引いたり，裁縫をしたりなど，さまざまな場面に対応可能である。

　拡大鏡で見る場合，特に手持ち型の場合は，レンズに目をくっつけた状態で，視対象にレンズと頭を近づけて見ることになる。図3－13は10Dのレンズと無限遠にピントが合ったカメラの距離を0〜40cmに設定して撮影した写真で

コラム　接近視における三つの反応（近見反応）

　接近して見ようとするとき，調節，縮瞳，輻輳の三つの反応が起こるとされている。調節は水晶体を厚くして焦点距離を短くすることで網膜上に像を映す働きで，縮瞳は球面収差を低減してピントを合わせやすくする。輻輳は両眼視を行うために黒目を鼻側に寄せる働きである。

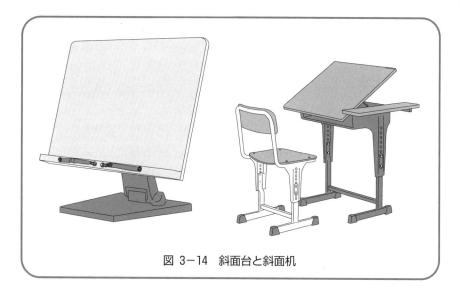

図 3−14 斜面台と斜面机

ある。このとき，レンズと視標の距離は 10D のレンズの焦点距離である 10cm に固定されている。つまり，レンズからカメラに届く光束は平行光線（無限遠から届いた光）と同じ光の収束状態である。ご覧のとおり，カメラとレンズの距離を大きくするとレンズの視界に占める文字は大きくなる。40cm 離すと 2 文字しかレンズの視界でとらえられなくなる。しかし，レンズとカメラをぴたりとつけると，横に 20 文字程度は視界にとらえられるようになる。したがって，眼と拡大鏡をぴたりとつけて利用することが推奨される。

　そうなると，例えば 20D の拡大鏡だと，眼と視対象の距離は 5cm 程度になる。机の上に置いた読みものを読もうとすると，胸が窮屈になる。そこで，斜面台や**斜面机**（図 3−14）に読みものを置いて読んだり，書いたりすることで胸や首への負担を軽減することができる。しかし，斜面机等に読みものを置いて接近して読むと，身体を伸ばしたり縮めたりして読む必要があるため，身体に負担がかかる。そこで，片手で持てる程度のものであれば，背筋を伸ばした状態で，拡大鏡を片手で持って眼につけ，読みものをもう片方の手で持って拡大鏡に近づけるようにして読むことで，身体への軽減を減らすとともに，読みものを動かして読めるようになるため，読みの速さも向上する。

斜面机
天板を斜めにできる机。姿勢の負担をなるべくかけずに視距離の近さと明るさを確保できる。

コラム　斜面台・斜面机の活用

　斜面台や斜面机を利用する場合は，マグネットで用紙を止められるようにしておくと便利である。また，斜面机の場合，天板のすべてが斜めになるタイプではなく，天板を斜めにしても端の一部は水平のままに保てるタイプがよいだろう。水平部分にトレイなどを取りつけ，そこに鉛筆などを入れるようにするとよい。

拡大鏡の練習は，幼児児童生徒の発達段階や拡大鏡を利用する必然性，ニーズが明確になってから計画的に取り入れていくとよいだろう。香川が指摘した弱視教育の基本的な考え方にあるとおり，「弱視児の教育は，見えにくい対象を，何とか無理して見せる教育では決してない。（中略）視野が広く適切な明るさを保つことができる拡大教材が非常に大きな役割を果たす」[5]と，筆者も考えている。したがって手指の巧緻性やピントが合っている鮮明な画像の視覚表象などが未確立の段階で，**弱視レンズ**から始めるということは合理性に欠ける点がある。

やはり，五十嵐らの研究でも示されたとおり，視覚経験を効率的に適切に積むことが重要[3]であり，そのためには香川が指摘するとおり，視界が広く・明るさが保たれ，十分に大きい状態で見せ，その環境で豊かで精確な視覚表象の確立を先行させることが重視されるべきであろう。また，指導上の面からも，子どもが見ているものを供覧できたり，見せたい箇所を指さしできたり，拡大率を自在に変えられる環境で視覚表象の獲得のための教育を行ったほうが，豊かで精確な視覚表象の獲得には向いていることは明らかである。よって，何のために視覚補助具を指導するのか，この点をしっかりと理解したうえで指導に取り組んでほしい。

Randall は，弱視レンズの指導の初期段階として，（1）補助具の光学的特性・限界・改良点に関する知識を持つ，（2）補助具使用の際の困難・挫折感を理解するに足る視覚障害の生理・病理・心理に関する知識を持つ，（3）弱視者の性格・動機づけ・目標・受けているサービス・経歴を十分に理解しておく，（4）補助具の仕様に関する達成目標をできるだけ具体的に推測しておくことを指導者に求めている[9]。そのうえで，拡大鏡の練習として，以下の六つの内容を紹介している。これらのすべてをここで解説することはできないが，ぜひ，関連書に目を通してこれらの内容を身につけていってほしい。

①　**事前練習－拡大鏡の把持の方法**　　これは拡大鏡の構え方，目と拡大鏡の距離と視界の広さの関係について理解することである。前掲のとおり，拡大鏡と視対象を焦点距離に保ったとき，拡大鏡と眼の距離を離すと視界は狭くなる。また，斜面台に読みものを載せて読むと，体幹の運動が続き，疲労するが，視対象を手に持って動かすと，スムーズに読める。これらの構え方や視対象の置き方などについて，関心のあるキャラクターのカード，あみだくじなどの素材を利用して自然に理解できるような指導方法で活動を組織するとよいだろう。

②　**フォーカシング－焦点合わせ技術**（focusing）　　これは視対象と拡大鏡との距離を適切に保つ技術である。ランドルト環を用いることでより精度の高い評価ができるし，文章を用いると実際的な練習ができる。両方を目的に応じて行うとよいだろう。ランドルト環を用いる場合は，提示してから方向を答えるまでの時間を計測してもよいし，さまざまな方向を向いたランドルト環をA4サイズに印刷しておいて，その方向を連続的に答えさせるような活動もよいだろう。それで徐々にランドルト環を小さくしていき，どの程度のサイズま

弱視レンズ
光学的視覚補助具の総称。弱視眼鏡ともいう。弱視者のための眼鏡型レンズのほか，拡大鏡や単眼鏡，虫眼鏡等も含まれる。弱視者が使うときはじめて弱視レンズと呼ぶが，晴眼者が使う場合は呼ばない。

でなら安定して方向を答えられるかといった結果に基づいて，焦点合わせ技術の評価をするとよいだろう。ただ，そればかりだと，文章を読む技術は向上しないため，文章を読むことと読んだ後にその内容に関するクイズを出すことで，理解しながら読む経験を積むこともできるとよいだろう。

　③　スポッティングー固視技術（spotting）　　目的の場所に瞬時に拡大鏡を移動させて見る技術である。文字カードやランドルト環をさまざまな位置に貼ったり印刷したりして，順番に読むなどの練習方法がある。その際，ひとつめを見た後は，一度顔を教材から離して，次の目標に見当をつけて近づくようにする。これも，課題の達成時間を測ることで習熟度の伸びを確認できる。ランドルト環を利用することで形成的評価の精度が高まり，文字や単語，文章を用いることで読むことのスキルが高まるため，両方の教材を並行して指導するとよいだろう。単語の場合は，あるものから連想する単語を並べて，課題が終わったときに，「さ，これは何でしょう」といった具合になぞなぞやクイズ風にしたり，教材には都道府県名を書いておき，答えるときには県庁所在地を答えるなどといった1問1答式の課題にしてもよいだろう。幼児児童生徒の実態や興味関心なども考慮して設定する。

　④　トレーシングー追視技術（tracing）　　　静的な視対象に拡大鏡を添わせて動かす技術である。長めの文章（1,000 ～ 1,600 文字程度）を読むとよいだろう。1行の長さを15文字程度から始め，教科書の1行文字数程度に1行の文字数を増やしていく。1分あたりの正読字数を算出することで技術の定着状況を確認できる。斜面台等に置いた読みものを固定して頭を動かす方法と，読みものを手で持って動かす方法の両方の練習を行うとよい。

　⑤　スキャニングー走査技術（scanning）　　　紙面の2次元的な広がりの中から，定型的な拡大鏡の動きで対象を見つける練習である。左から右，視界ひとつ分下がって，右から左といった具合に拡大鏡を矩形状（くけい）に動かす練習である。はじめは小さい空間で，拡大鏡を動かす経路に線を引いてその線の傍に数字などを印刷し，それを答えさせる練習を行う。徐々に空間を広げたり，線をなくしたりして，定型的な動きの学習を促す。最終的には地図上の記号・地名探し，『ウォーリーをさがせ！』（フレーベル館）やそれを模した教材などを利用した練習を行う。これも，読みものを固定して頭を動かす方法と，読みものを動かす方法の両方の練習を行うとよい。

　⑥　眼と手の連携（eye-hand coordination）　　　拡大鏡を使って書く場合は，特に重要な技術である。迷路，あみだ，塗り絵などの活動から，数字を結んで絵を完成させるような課題など，さまざまな課題が考えられる。

　拡大鏡を練習する際，その拡大鏡の焦点距離を指導者が押さえておくことが重要である。平行光線を眼に入れようとすると，およそ焦点距離で視対象と拡大鏡を固定することが理想だからである。また，想定した距離よりも近いと近

視，遠いと遠視が疑われることもある。このように想定される拡大鏡と視対象の距離を指導者が知っておくことは指導上重要である。また，矯正眼鏡を装用している児童生徒の場合は，装着した状態で利用するのが適当である。特に遠視の眼鏡を外して拡大鏡を利用すると，拡大鏡で想定した屈折力が発揮できないので注意が必要である。

　拡大鏡には「×4」のような表示倍率が示されている。この倍率は25cmを4Dのレンズで見たときに得られる視角を1倍として設定されていることが多いが，低倍率では，それに1加算して示される場合もある。さらには40cmの視距離で2.5Dのレンズで見た際に得られる視角を1倍として表記されているものも以前はみられた。これらのことから，拡大鏡の表示倍率のみに頼るのではなく，屈折力で拡大鏡の性能を把握しておくことが重要である。

（3）角度拡大による指導（単眼鏡の選定・指導含む）

　角度拡大法は，単眼鏡で視角を拡大することを一般的にさす。単眼鏡は図3－15に示したように望遠鏡である。弱視者の場合，両眼視をするケースが少ないことや，長時間見ていても手が疲れないなどの理由から，双眼鏡ではなく単眼鏡が利用されることが一般的である。単眼鏡にはケプラー式とガリレオ式がある（表3-8）。一般的な手で持って利用する筒状の単眼鏡はケプラー式である。

　単眼鏡の表示について図3－16に示した。「6×16 Field　9.3°」と記されている。これを例に説明する。「6×16」は，「6倍16」と読む。つまり，視角を6

図3－15　単眼鏡
ポケビューPKトライアルBasicセット
（株式会社ナイツ）

表3-8　単眼鏡の分類

	ケプラー式	ガリレオ式
対物レンズ	凸レンズ	凸レンズ
接眼レンズ	凸レンズ	凹レンズ
特　徴	鏡筒をひねると対物レンズと接眼レンズの間の距離が変わる。視距離が短いと，対物レンズの像点距離が大きくなる。鏡筒を長くすることで，焦点調節式に利用される。	構造がシンプルで軽量化可能。眼鏡枠にはめ込んで利用するような単焦点式に利用される。

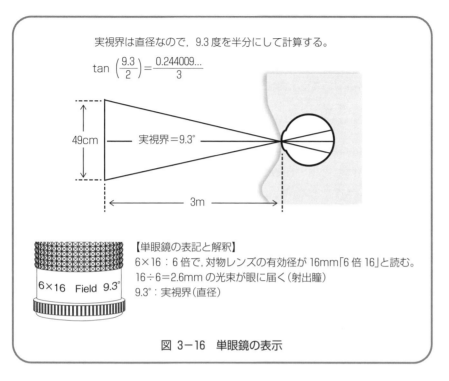

実視界は直径なので，9.3 度を半分にして計算する。

$$\tan\left(\frac{9.3}{2}\right) = \frac{0.244009\ldots}{3}$$

49cm

実視界＝9.3°

3m

【単眼鏡の表記と解釈】
6×16：6 倍で，対物レンズの有効径が 16mm「6 倍 16」と読む。
16÷6＝2.6mm の光束が眼に届く（射出瞳）
9.3°：実視界（直径）

6×16　Field　9.3°

図 3-16　単眼鏡の表示

倍にするということと，対物レンズの有効径が 16mm であることを意味している。視覚が 6 倍というのは，眼から視対象の距離が一定の場合，単眼鏡なしで見たときの視角を 1 としたとき，この単眼鏡で見ると 6 になっていることである。また，対物レンズの有効径は直径である。ケプラー式の場合，対物レンズの直径が大きくなると得られる像が明るくなる。ケプラー式の場合，対物レンズの直径が大きくなることと視界の広さが広がることとの関連は間接的にあるかもしれないが，直接的にはないので，この点は誤解しないようにしたい。事実，対物レンズの直径が大きい製品のほうが，実視界が狭くなっていたりすることがある。では，この対物レンズの直径はどのように利用されるのだろうか。それは，対物レンズの有効径を倍率で除すことである。こうすることで，

コラム　単眼鏡のピント合わせ

　単眼鏡をはじめとする望遠鏡の類は，ケプラー式とガリレオ式に大別される。遠視が未矯正の場合，ケプラー式は倍率が低下し，近視が未矯正だと上昇する。このことはピントが合う対物レンズと接眼レンズの距離が変わることを意味している。つまり，単眼鏡のピント合わせを確認する際は，利用者と指導者の眼の屈折の状態が同じでないとうまく指導できないことになる。正視を基準にするのであれば，特に屈折矯正の眼鏡を装用している指導者はその眼鏡を装用した状態で指導する必要がある。

射出瞳

像側の光学系で結像された開口絞り像のこと。眼の機能を存分に発揮するためには、瞳孔よりも大きな射出瞳の単眼鏡を選択する必要がある。

接眼レンズから得られる**射出瞳**（しゃしゅつひとみ）の直径を求めることができる。ケプラー式の場合、射出瞳は接眼レンズの像側にでき、それを瞳孔に一致させて見る。

　つまり、射出瞳が太いということは、薄暗いところで単眼鏡を見ることが多い弱視者に向いているし、眼振の場合、初心者の場合に向いているといえる。同じ倍率であっても、対物レンズの有効径にバリエーションがあるのは、このような理由からである。

　また、「Field」は実視界を意味する。例示したタイプの実視界は 9.3° である。つまり、三角関数に当てはめて計算すると、5m 先のものを見ようとすると、$\tan(9.3) = x/5{,}000$ より、$x = 818.8$mm となる。つまり、この単眼鏡を利用した場合、5m 先だと、80cm 程度の直径なら一度に見えることになる。

　単眼鏡の初心者の場合などは、このように実際に見えている広さを計算しておけば、板書を書く際、およそ 80cm 以内で行を折り返して書くことで、単眼鏡を横に振らなくても読めることがわかる。このような学習環境の設定は単眼鏡利用者を教育するうえでとても重要である。

　以下の 1）〜 5）に、技術獲得のための指導の目的、評価、指導内容および配慮事項等について、Randall を梁島らが翻訳した教科書[9]を元に、筆者の経験と知見を加えて紹介する（表 3-9、表 3-10、表 3-11、表 3-12、表 3-13）。

1）フォーカシング—焦点合わせ技術（focusing）

　フォーカシングは、視距離に応じて対物レンズと接眼レンズの距離を調整してピントを合わせる技術である。はじめは 1m 以上離れた、いわゆる無限遠の光で練習するとよい。無限遠の光束の場合、視距離が変わったとしてもピントを合わせ直す必要がなく、練習しやすいからである。

　練習ではランドルト環を使用する方法が取られることがある。文字などだと、その形状によって視知覚しやすかったり、しにくかったりして、ピントを速く合わせられるようになったのが技術の影響なのか、文字が視知覚しやすいためなのかの判断がつきにくいためである。したがって、ランドルト環を提示してピントを合わせて切れ目の方向を答えるまでの時間と、どれくらい小さいサイズまで視知覚できているのかの 2 点は、焦点合わせ技術の評価に役立つ。

　焦点合わせ技術の指導を行う場合は、単眼鏡を最も短い状態にしておいて、「よーい、どん」の合図で、ピントを合わせ、提示したランドルト環の切れ目を回答させる。最も短い状態から単眼鏡の筒をひねってピントを合わせることで、およそ何回ひねると遠くのものにピントを合わせられるかの目安を知ることができ、技術の習得に役立つ。

　ピントが合っているかどうかを指導者が確認する場合は、弱視児と屈折の状態を同じにして確認する必要がある。また、単に時間ばかりに着目した情報を返すだけでなく、「視線を向けてから単眼鏡をかまえた」とか、「何回回してピントを合わせようとした」とか、「鏡筒の溝の幅を意識して筒を回した」といっ

た具合に，効率を上げるために取った行動を具体的に称賛すると，気をつける
べきことが具体的に伝わり，指導が効果的になる。

表 3-9　フォーカシングの指導のポイント

指導の目的	焦点を合わせられるようになる。
	視距離に応じて焦点を合わせられるようになる。
	焦点が合う最短距離を理解する。
評価の視点	見える最小のランドルト環サイズ。
	推定どおりの倍率で見えているか。
	ピントを合わせるまでの時間（「よーい，どん」からランドルト環のギャップの方向を答えるまでの時間）。
	単眼鏡の対物と接眼レンズは離れた状態からスタートできているか。
	フォーカスの状態。
	最小のランドルト環サイズとその正答率。
	ときどき，教員が単眼鏡をのぞいてフォーカスの状態を確認する（屈折の状態をそろえる必要性がある）。
指導内容・配慮事項	はじめは，教員が焦点を合わせたものを見せ，ピントが合った状態を理解させる。この際，タブレットなどを用いて，ピントが合った状態から徐々にぼやかしていき，児童生徒にピントが合っている状態と合っていない状態に関して視覚表象を形成しておくことが重要である。また，この過程で児童生徒のピントが合っていると感じる幅を確認しておくと指導上役に立つ。
	遠くの視対象を見る場合，対物と接眼のレンズ間は短いこと（近づけること）を理解する。
	近くの視対象を見る場合，対物と接眼のレンズ間は長いこと（遠ざけること）を理解する。
	焦点合わせは，対物と接眼のレンズを最大に離した状態から始め，徐々に接近させ，ピントが合ったところを確認してさらに接近させた後，再び元に戻して（離して），ピントを合わせる。
	教員はピントが合っているか弱視者と同じ距離で確認する（この活動を行う際は，児童生徒と教員の屈折の状態をそろえる必要がある）。
	たびたびピントがずれていたら，未矯正の屈折異常がないか確認する。
	いくつかの距離で行い（1・2・3・5 m・それ以上等），接眼と対物のレンズの間隔に慣れる。
	事前に単眼鏡の焦点範囲を確認して，対応できる最短距離を確認する。
	視標にランドルト環を用いることは，ピントがどれくらい正確に合っているのかを確認する手立てとなる。

2）スポッティング−固視技術（spotting）

　スポッティングは，視線を向けてその視線に単眼鏡を入れ，その一点を見続
ける技術である。例えば，ランドルト環を 10 回連続で同じ箇所で提示して切
れ目の方向を答えさせたり，漢字カードやひらがなカードを同じ箇所に提示し
て答えさせたりするなど，さまざまな方法がある。最近では，タブレット端末
を利用した方法も行われる。タブレット端末を利用することで，定位置での提
示が可能になったり，提示時間をコントロールしやすい点で，指導の効率を上
げることができる。タブレット端末を利用する際は，iPad のような高精細の
ディスプレイの機器を利用することをお勧めする。解像度が低いと，見えにく
いことがある。そのため事前に教員が実際に視対象を単眼鏡を用いて目視し，

見え方を確認しておくことが重要である。この技術の練習も，時間と正答率が技術獲得のひとつの指標となる。

表3-10　スポッティングの指導のポイント

指導の目的	視標を発見することができる。
	視標を固視することができる。
	単眼鏡なしで視対象を見つけ，単眼鏡を上げ，視線上に入れ，距離を想定し，フォーカスする一連の手順ができる。
評価の視点	ピントを合わせるまでの時間（「よーい，どん」からランドルト環のギャップの方向を答えるまでの時間）。
	単眼鏡の対物と接眼のレンズは離れた状態からスタートできているか。
	フォーカスの状態。
	最小のランドルト環サイズとその正答率。
	ときどき，教員が単眼鏡をのぞいてフォーカスの状態を確認する（屈折の状態をそろえる必要性がある）。
	固視の状態。
	視標を固視できる時間（タブレット等で文字や絵カードを1秒間隔程度で提示し，どのくらいの時間見続けることができるか。その長さと，1枚のカードの提示時間，正答率が技術定着の参考になる）。
指導内容・配慮事項	壁面や黒板に視標（単眼鏡なしで見えるサイズ）を掲示し，それを確認して，単眼鏡を用いてピントを合わせ，何が書かれているか説明する。
	視標のサイズは単眼鏡なしで見える最小のサイズの150％大を目安とする。
	視標はランドルト環，数字，文字，単語等を利用する（ランドルト環は，文字等と異なり，種類による視認性が安定する点で，フォーカスの精度を測定するのに有効である。数字や文字は，同定しやすい文字等と読み間違えやすい文字等を自覚する点で，実際に文字等を読む際の視知覚特性を自覚することに役立つ）。
	以下の点で強度を設定する。 　・視距離：2～3m➡5・6m　　・視標サイズ：大きい➡小さく 　・照　度：明るい➡暗い　　　・線　幅：太い➡細い 　・コントラスト：高い➡低い
	姿　勢 　・椅子座位➡立位（壁に背中をつける➡自立）
	遂行が困難になった場合 　・低倍率の単眼鏡に一時的に持ち替えて技術を習得する。 　・可能な場合は射出瞳の広い単眼鏡に一時的に持ち替え技術を習得する。
	単眼鏡を眼に当てる動作を確認する。 　・スムーズにいかない場合，単眼鏡を眼に当てる際に頭や眼の位置を動かしていることがある点に注意して観察する。単眼鏡を眼に当てる瞬間に上目遣いになるなどしている場合は，その行動の意味について検討する。医療機関と連携することも考える必要がある。
	両眼が利用できる場合 　・両眼を開けた状態で単眼鏡を上げ，優位眼と視対象を一直線上に置くときに，非優位眼を閉じることで問題が解決されることがある。
	技術の習得に時間がかかる場合 　・視対象から音を発する。 　・射出瞳の大きな単眼鏡，低倍率の単眼鏡を一時的に(慣れるまで)用いる。 　・ランダムの3文字仮名を配置し，指やさし棒でさした文字を読む練習に用いる。黒板を見るニーズの場合は，黒板様の配色にすることも有効である（図3-17）。 　・ランドルト環を用いると視標の形体的特性を統制できる。 　・ひらがなを利用すると読みやすい文字や読み間違えやすい文字を認識することにも役立つ。

えとけ	たねさ	けちな	まりほ	けんら	たきち	とれち	そけろ	よまな	いほゆ	れしと	うくろ	るやて
せちさ	にひら	ときは	そねて	ときさ	ろきる	てちな	ぬひま	をほゆ	はぬふ	ひおさ	へりき	おるあ
ほすり	はきふ	はひい	のをい	りさを	れはつ	あせれ	ゆをと	ふくか	たほは	ねとつ	ろかて	しるさ
るにほ	ほてう	こいた	きれす	らへあ	のりら	いきせ	へはわ	てつそ	るつな	つりと	しいお	そかけ
ゆほさ	くてる	ていに	のらち	ほりれ	ゆすか	ゆはろ	はねり	よちさ	よいひ	いほせ	ちりあ	こけさ
ちあき	いぬけ	れちそ	ねりて	れぬさ	てとた	かきる	そへを	そおと	しさわ	わぬき	くぬつ	こやに
せろの	はへり	のぬゆ	たさよ	してろ	ほてを	あつく	かうほ	すよそ	ふろき	ろとは	わやく	ろこの
はそけ	なりゆ	ゆのえ	けれた	ふけき	ふくく	しうか	なとさ	いすろ	かれあ	そにく	いなひ	ぬけか

1m
2m

図 3−17　スポッティングの教材例

3）トレーシング－追視技術（tracing）

　トレーシングは，行をたどって単眼鏡を動かしたり，時刻表などの行列の提示物で行列に沿って単眼鏡を動かす技術である。つまり静止して，視覚的なガイドに沿って単眼鏡を動かして見るための技術である。この技術の指導では線に沿って単眼鏡を動かしたり，1行ずつ文字列を読んだりといった課題を利用することがある。

表 3−11　トレーシングの指導のポイント

指導の目的	静止している線を追うことができる。
	単眼鏡をラインにフォーカスできる。
	自分の頭（or 体幹）を動かして線を追うことができる。
	自分の頭を線に沿ってスムーズに動かすことができる。
	頭を動かすことに慣れてきたら，単眼鏡のみを動かしてスムーズに動かすことができる。
評価の視点	線を発見してフォーカスするまでの時間（「よーい，どん」から，読み始めるまでの時間を測定することで，スポッティングの時間を測定する）。
	線を追う速度 ・線と弱視者の距離から角度を算出し，1°あたり何秒で進むかを計算すると，視距離や刺激の教材の長さが変わった際にも比較が可能となる。
	線を追う正確性 ・線傍に振ったランドルト環・数字や仮名を回答させて確認する（図3−18）。
指導内容 ・ 配慮事項	頭と単眼鏡が一体となって動くようにアドバイスする。
	はじめは単眼鏡を用いないで，頭を動かして線を追う練習を行ってもよい（その場合は，十分に見える線の太さとコントラストで線を描く）。
	速度よりも正確性を重視する。 ・急いで読み間違えたり，見落とした記号や文字を探して再度読んだりするよりも，正確に回答していったほうが効率的である。
	運動の制御が困難な場合 ・椅子の背もたれや壁などに背中や頭をくっつけて行う。

指導内容・配慮事項	首の運動よりも体幹の運動のほうが制御しやすい場合は，体幹と単眼鏡の動きを合わせる。体幹が動くと，頭も動くことになる。
	線の方向 ・直　線：縦（垂直）・横（水平）・斜め ・図　形：四角・三角・十字等
	線の種類 ・直線から曲線の順に設定する。
	線傍に数字やかなを振る ・線傍の文字等を読みながら進むことで，正確性を測定できる。
	線の太さ ・太い線から細い線へと移行する。
	ノイズ ・線をたどることができるようになったら，いくつかの線や図形を重ねて描き，線の流れを意識してトレーシングできる力を養う（図3-18）。
	線と背景のコントラスト ・コントラストが高い教材から，低い教材へと移行する。
	軸 ・教材が平面上に配置されているものから，前後に配置して奥行を変えて配置する。 ・平面上でのトレーシングが安定してきたら，奥行きのある線でのトレーシングを行う。距離に応じてフォーカシング（ピント合わせ）の技術を必要とする。
	場 ・黒板上の限られた空間から，部屋全体へと教材を広げる。 ・黒板上や床上のトレーシングが安定してきたら，部屋と床の境目，扉の枠などを利用したトレーシングを行う。 ・部屋のところどころにランドルト環や文字カードを配置し，トレーシングしながら発見して回答する。

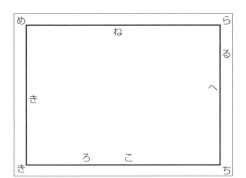

指導初期は直線，単純な図形で練習する。線傍の文字の配置や間隔はランダムにすると位置を予測しにくくなり，訓練効果から教材の特性による学習効果を排除できる。

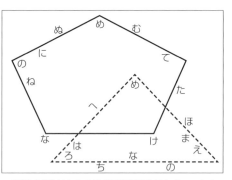

指導中期はいくつかの図形を重ねたり，ノイズの線を重ねたりする。図形を重ねる際は，はじめは線種で図形が識別できるようにする。同じ線種の図形を重ねると，ゲシュタルトの法則を用いた図形認識の学習も可能となる。

図 3-18　トレーシングの教材例

4）トラッキングー同調技術（tracking）

　トラッキングは，動いている対象物の速さと方向に単眼鏡を同調させて動かして見るための技術である。動いているバスや電車の行き先や，タクシーの空車などの状況の把握など，動いている対象を見るときに利用される技術である。

表 3-12　トラッキングの指導のポイント

指導の目標	動く視対象物を視覚的に追跡することができる。
	視対象物の動く速さに合わせて単眼鏡（頭）を動かすことができる。
	視対象物が動く速さや方向に同調させて，頭と単眼鏡をスムーズに動かすことができる。
評価の視点	正答率 ・移動する視標に数字や文字を提示してそれを回答することにより正答率で評価できる。
	視標の移動速度 ・視標を動かす速度が速くなると難易度が上がる。どの速度まで速めても正答できるのか。この点で評価できる。
	視標の移動距離 ・視標の移動距離が長くなれば難易度が上がる。
	視標の軌跡 ・視標の軌跡が直線より曲線のほうが，視標の動きについて察しがつきにくいため難易度が上がる。
	加速の状態 ・等速よりも加速がつく方が難易度が上がる。
指導内容・配慮事項	指導前期・指導初期 ・紙の筒を用いてトラッキングの練習をする。紙の筒を覗いて，動くものに視線を同調させることを理解させる。単眼鏡がなくても十分に見える視対象を用いる。 ・頭と紙の筒が同調しているか観察する。
	技術の向上が滞る場合 ・低倍率の単眼鏡を一時的に利用する。 ・低倍率の単眼鏡は高倍率のものに比べ視野が広い。 ・この場合，視対象のサイズを調節する。
	弱視者の視線に対して直角方向に移動する。 ・垂直・水平に移動。 ・対角線に移動。 ・曲線状に移動。
	弱視者の視線に対して平行方向に移動する。 ・視線に平行・対角線・曲線状に遠ざかる。 ・視線に平行・対角線・曲線状に近づく。
	パワーポイントなどを用いたり，教員がiPadなどを手に持って動かしたり，歩いたりして視標を提示する（図3-19）。
	頭と単眼鏡を同調して動かすようにアドバイスする。
	トレーシングの技術が身についていない場合はトレーシングの練習を行う。
	視標から音を出すと視標を見つけやすくなる。

5）スキャニングー走査技術（scanning）

　スキャニングは，定型的な視線の動かし方で大きな空間の中から目的とする視対象を探したり，大きな視対象の形を把握するための技術である。広い空間から，建物や乗り物の入口に眼をやったり，トイレや部屋名等の表示など，さ

め------→ き------→ な------→ ぬ------→

文字が変化しながら移動する教材。指導初期は移動速度を遅くしたり，文字を大きめにする。文字の形態特性を排除したい場合はランドルト環の切れ目の位置を変えながら移動させるとよい。このようなダイナミックな教材はパワーポイントで作成するか，iPad などを利用してそれを手で持って動かすなど，ICT 機器の活用が有用である。

図 3−19　トラッキングの教材例

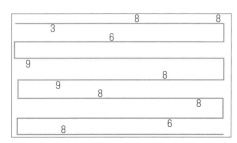

指導初期は定型運動が理解できるように線を追う練習を行う。線間隔は単眼鏡の視野角と教材を使用する距離から算出して推定できる。

指導中期は身についた定型運動を利用して空間の数字を読み上げたり，特定の文字を探したりするタスクを行う。

図 3−20　スキャニングの教材例

まざまなものを探すときに特に活用される技術である。行き当たりばったりの視線の動きではなく，スキャニングパターンは，ある場所全体をカバーするように，直線的で互いに重なり合わない帯状の動きである。この定型的な動きにより広視野内で効率的な探索や図形認知が可能となる（図3−20）。

表 3−13　スキャニングの指導のポイント

指導の目的	一定の定型的な視線の動きができる。
	定型的な視線の動きの中で空間から事物を発見できる。
	定型的な視線の動きの中で空間に広がる図形等をとらえることができる。
評価の視点	正答率 ・初期練習で線傍に表記された数字・記号等の正答率。 ・広視野内探索によるターゲットの発見率。 ・広視野図形の認識度。
	速　度 ・初期練習で線を追うのに要する速度。 ・広視野内探索によるターゲットの発見タスクの完了時間。 ・広視野図形の認識タスクの完了時間。
	定型軌道の逸脱度 ・対物レンズにつ　けたレーザー等で確認。 ・線傍の文字の読み上げ状態で確認。
指導内容	スキャニング幅を決定するために，ある基準点を定めたり，運動感覚で定めたりすることができるように練習する。
配慮事項	部屋内をスキャニングする際，壁と窓の境目や壁とドアの境目を超えてスキャニングしないように練習する。

	基準点が設定できない環境では，運動感覚を用いてスキャニング幅を決める。その際は，体幹や頭のふり幅が均一になる感覚を養い，そのエリアを網羅できるように練習する。
	スキャニングの練習中，ギャップ（見落とし部）が生じる場合，その原因を突き止める。以下のような視点が考えられる。 ・往復する際の幅が大きい。 ・直線的な動きができていない。 ・頭の動きと単眼鏡が同調していない。
指導内容 ・ 配慮事項	練習初期 ・スキャニングパターンを描いた線を追い，線傍の数字や記号を読み上げる練習を行う。 ・横と縦を練習する。 ・線は実線→破線→点線とする。 ・点間隔は徐々に広げる。 ・スキャニングの定型的な動きが理解できにくい場合は，黒板消しをスキャニングの動きで動かして黒板を消すなどして，定型的な動きですべて消えるというエピソードに基づいてスキャニングの動きや役割を理解するなど，別の方法で理解させる。
	練習初期終了時 ・線がない状態でスキャニングを行い，数字や記号をギャップなく読み上げられるようにする。
	練習中期 ・部屋の中や黒板に書かれた文字や描かれた図を観察して，事物の発見や図形の認知を行う。
	練習後期 ・屋外に出て，信号を発見したり，自動車を発見したり，看板を発見したり，景色や街並みを認知したりする。

　これらの技術を目的的な課題を設定して身につけられるように，指導を進めることが必要である。

（4）電子的拡大による指導

　電子的拡大は，以前は投射拡大とも表現されていた。現在は，コンピュータを介さずに行われている電子的拡大は皆無に近い状況でもあることから，電子的拡大と表現されている。電子的拡大はカメラで視対象を撮影し，電子的にコンピュータで処理し，ディスプレイに表示するといった方式がすべてで共通しているといってもよいだろう。利用する機器は，弱視用の拡大読書器とスマートフォンやタブレット端末のカメラの大きく二つに大別される。

　拡大読書器には，据え置き型と携帯型がある。どちらも購入後電源に挿して電源ボタンを押すと利用できる。また，ボタンの配置や大きさ，配色などが工夫されており，弱視の状態であっても視認性や操作性が高くなるように設計されている。拡大率も高く，画面が広く視認性が高い。特に，**二値化処理**の技術は高く，例えば文字と背景のコントラストを高く表示することが可能である。

　拡大読書器以外の，例えば iPhone や iPad などの iOS 系の機器であれば，カメラアプリを起動して画面に2本指を当てて広げると拡大し，2本指を近づ

二値化処理
画像を白と黒の2色のみに変換する画像処理。画像（文字）と背景のコントラストが大きくなり視知覚しやすくなる。

けると縮小する。画面を1本指で一度タッチした後，時を置かずに1本指で上に払うと明るくなり，下に払うと暗くなる。これだけでも拡大とコントラスト増強を手軽に行うことができる。さらに，動きの速い事象をゆっくり見たい場合は，スロー撮影をすると，とてもきれいに低速再生できるし，動きの遅い事象を見たい場合は，**タイムラプス撮影**をすると高速再生でき，視知覚を促すことにつながる。そのほかにもさまざまなアプリを利用することで，さらに多様な見え方の支援が可能である。タブレットタイプは画面サイズが10インチ前後であるため，比較的広い面で画像を映し出すことができる。そのため眼振，中心暗点などがある場合でも適応することがあるし，拡大機能が備わっているため小数視力0.01程度であっても活用している事例があり，適用範囲は広いと考えられる。

タイムラプス撮影
数秒（ときには数分）に1コマ撮影し，つなげて再生するとコマ送り動画になる撮影方法。低速度撮影，微速度撮影ともいう。

　一方で，このタイプの機器は購入して利用するためには，何らかのアカウントをつくることや，契約が必要であったりなど，拡大読書器のように，すぐに使い始めることはできないことがほとんどである。さらに，操作の手順に慣れるのに一定の期間を要する場合がある。また，家庭にWi-Fiの設備が備わっているほうが，その機能を存分に発揮できるため，このタイプの機器を紹介する場合は，それらの諸要因を考慮する必要がある。

　ゴーグルタイプの支援機器もここ数年で充実してきている。視覚補助具としては，カメラ内蔵タイプと外づけタイプ，投影タイプと照射タイプに分けられる。例えば，暗所視支援眼鏡 HOYA MW10 HiKARI（ViXion製）は，ゴーグルの鼻当ての部分にカメラが搭載されており，暗い場所でも画像を加工して，明るく鮮明にゴーグル上に映し出してくれる。網膜色素変性症をはじめとした夜盲の症状に対してはとても効果的であり，その効果に関する報告もいくつか出されている。また，網膜照射タイプのゴーグル RETISSA Display II（QDレーザ製）は，微弱なレーザーを網膜に照射して映像を見せるアイウェアである。透光体の混濁や屈折異常などがあっても，網膜上に像を結ぶことが難しい状態においても，レーザーを用いることで網膜上にクリアな像をつくり出すことができる。上記の2モデルは，HDMI規格の外部入力に対応しており，スマートフォンなどのカメラ映像を見ながら文字を書いたり，絵や写真を見たりすることが可能である。

**HOYA MW10 HiKARI
RETISSA Display II**
第2章第3節 p.76 コラム参照。

　拡大読書器の導入について紹介する。ここで紹介する内容は東京都心身障害者福祉センターの資料に基づき加筆している[10]。

　置き場所は，画面に外からの光が当たらない場所，画面に室内照明が直接当たらない場所を選び，光の写り込みが気になる場合は，画面にフードを取りつけたり，画面の角度を調整する。直射日光の当たる状態や熱源の近くに設置することは避ける。机またはしっかりと安定した台の手前に寄せて置く。目の高さが画面のほぼ中央か，少し高めになるよう，画面や椅子の高さを調整する。

教室で利用する場合は，窓を背にして窓際に置く。画面が高くなりすぎないよう，学習机より低い台に置く。

　以前は，画面調整は拡大率を最大にしてからピントを合わせ，その後，見やすい大きさに調整していたが，最近はオートフォーカスなので，ピント合わせ自体を行う必要がない。倍率の目安は漢字を楽に読める大きさに設定することである。さらに，白黒反転，その他の配色，ガイド線，マスク表示など，利用する拡大読書器に備わっている機能についてそれらの効果を検討して，利用する。コントラストや明るさはあまり強くならないようにしたほうが長時間利用する場合にはよいようだ。室内照明はつけたほうが見やすい場合と，消したほうが見やすい場合があるので，こちらも試してみるとよい。

　読み方は，縦書きと横書きとでは少し異なる部分がある。横書きは画面の中央からやや下に視線を固定し，そこに文字を流し込むように XY テーブルまたは読み素材を動かす。縦書きの場合は，画面の右上角あたりに目線を置いて，文字をそこに流し込むといった具合だ。顔や眼をあまり動かさず，読み素材を動かして文字を視線に流し込むようにすることが大切である。また，読み速度を向上させるためにはスムーズに読み素材を動かすことや，先を予測しながら読むことなどがよいとされるが，行替えの際に行末から行頭に戻る速さも重要である。真っ直ぐ素早く行頭に戻り，次の行に移動するように手と眼を連動させて読む。

　書くことも練習するとよい。原稿用紙や役所の書類など枠があるところに書くことが多いので，枠の中に書き込む練習をするとよいだろう。ボールペンやサインペンが見やすいが，熱で消えるインクは消した後も拡大読書器では見えてしまい，視認性を下げるため，使用をお勧めしない。また，書く際はフォーカスを固定することで，ピントが手に合ったり紙に合ったりして画面がぼやけることを防ぐことができる。

5　指導の評価：数字視写課題・URAWSS

　これらの拡大法を指導する際，評価について考えておくことは重要である。もちろん，ランドルト環の切れ目を知覚するまでの時間や正答率など個人の成長を記録することは大切である。一方で同年代の幼児児童生徒と比較してどの程度のパフォーマンスが発揮できているのかといった視点で評価しておくことは，合理的配慮のための配慮要求や，自身を理解するうえで重要である。その際役に立つのが，奥村・若宮の数字視写課題[11] や読み書き速度検査である URAWSS（ウラウス），改訂版 URAWSS II（ウラウスツー）（atacLab 社）といった標準値が示されている評価方法である。これらの評価方法で同年代の子どもたちの標準値と比較することで，通常の学級での配慮や，練習の目標設定，よ

り効率的な拡大方法の検討などが可能となる。インクルーシブ教育システムの中では重要な方法であると考えられる。

6　視覚活用教育

先天的な弱視児の多くは，見えにくい中で外界を見て視覚表象を形成していく。しかし，この視覚表象の精確さや量が不足すると，見えていたとしてもその実力を存分に発揮することができない。

ここでは四つの拡大法を紹介してきたが，これらを指導する際，視覚活用教育の視点で，使用する視覚補助具の選定や指導の順序，タイミングなどの計画を立てることが重要となる。ここでは，これまでに取り扱った拡大法の振り返りを含めて，特に先天的な弱視児の指導について総合的に述べる。

弱視児の見やすさに与える要件として，拡大とコントラスト，時間（速さ）をあげることができる [6]。つまり，適度に拡大して，コントラストを増強して，見やすい速度，提示時間で示すことが重要ということになる。それらの要件が十分に確保され，弱視児がじっくり見ることのできる状態こそが，精確で豊かな視覚表象を形成できる環境といえる。

では，それはどのような環境だろうか。弱視児に見やすくするための拡大の方法には，素材そのものを拡大する「相対サイズ拡大」，接近して拡大鏡を用いる「相対距離拡大」，遠くのものを単眼鏡を用いて見る「角度拡大」，カメラで写した映像を処理してディスプレイに提示する「電子的拡大」の四つがある。これらの拡大方法の中で，適切な拡大ができ，配色の調整を含めコントラストを向上させ，提示時間を調整でき，さらには安定して，広い視界で見ることができる方法は「電子的拡大」である。

例えば，拡大読書器やタブレット端末などがそれである。これらの機器は，拡大できる範囲が広く，配色や輝度等を調整でき，拡大読書器では画像のフリーズ機能があったり，タブレット端末だと速度の調整ができる。先にあげた，拡大，コントラスト増強，時間の調整が可能である。さらに安定した画像で，広い視界で示せる。

教育的な視点からいうと，**三項随伴性**や，三項関係を用いた指導が可能となる。例えば，乳幼児に対しては，タブレット端末に図形やキャラクターが表示され，それを正確にタッチすることで，好きな音楽や音が流れるといった三項随伴性を利用した指導が可能となる。このことを利用して，正確に対象を見て指で触れることや，いくつかあるものの中から正しいものを選択するといった活動が可能となる。それも個の見え方に応じてである。また，タブレット端末を活用し，さまざまな身の周りの事物（おもちゃ，絵本，鉛筆の先，鍵，家電の表示，花や葉，虫など）を，適切な大きさ・高コントラスト・安定した広い視野で，

三項随伴性
オペラント条件付けを基にした理論。先行刺激（antecedent：A），行動（behavior：B），結果（consequence：C）の3要素で構成される。例えば，A：光がある，B：手を伸ばして光を触った，C：好きな音楽が聞こえた，とする。「手を伸ばして光を触った」行動で自分の好きな楽しい結果が得られたため，光に手を伸ばす頻度が増える，という図式で説明できる。このような「環境→行動→変化」の流れのこと。

さらに動きのあるものについてはちょうどよい速さで見せながら，対象の事物についてのわかりやすい説明を聞かせるといった具合に，三項関係を築くことができる。

　このように，弱視児の視覚表象を形成させるためには，まずは電子的拡大を用いた方法が適当といえる。小学校に入学すると印刷された拡大教科書（相対サイズ拡大）やデジタル教科書を用いて適切な大きさで文字を見る環境を整備することが必要となる。小学校高学年では，電子的拡大や相対サイズ拡大で精確で豊かな視覚表象を築いたうえで，教員が黒板で提示したものを瞬時に見たり，お店で買い物をする際に値札を見るといったニーズが出てくる。そのようなニーズに対しては，電子的拡大や相対サイズ拡大よりも拡大鏡（相対距離拡大）や単眼鏡（角度拡大）のほうが適している。

　拡大鏡は，目にぴたりとつけるように保持し，見たいものを目に近づけるようにして利用する。分厚い本などは，斜面台（図3-14参照）の上に乗せるなどして見るとよいだろう。単眼鏡は脇を締めて利き手でないほうの手の親指と人差し指で接眼レンズ付近をつかむようにして把持するとよいだろう。拡大鏡も単眼鏡も利き手でないほうの手で把持するとよい。利き手の場合，鉛筆などを持っているときに，同時に拡大鏡などを利用し，無意識に目を突いてしまうおそれがあるためである。拡大鏡や単眼鏡では，見たいものにピントを合わせて視線を向けることや，文字列にそって視線を動かすことや，左右に視線を動かして地図上のある地名を探すといった技術が身につくとよいだろう。さらに単眼鏡では，動いているバスの行き先を確認するなど，動いているものに自分の視線を同調させ，書かれている文字を読む技術も加わるとよいだろう。

　このように年少時は電子的拡大や相対サイズ拡大により効率的に視覚表象の形成をねらい，年齢が上がりニーズの広がりとともに，拡大鏡や単眼鏡を紹介することで，無理なくそれらの光学的視覚補助具（いわゆる弱視レンズ）の使用を始めることができる。これらを進める際は，教育的な視力評価を行い，その値でおよその倍率を設定するとよいだろう。おおむね学校教育では0.5〜0.7程度が見えれば支障が少ないことから，例えば教育的視力評価で0.1となった場合，0.5程度の分離閾の人が見えるものをなんとか見えるようにしようとすると5倍の設定が必要となる。

7　コントラストの向上

　コントラストは，背景の明るさと，文字や図などの前景の明るさの比率である。また，ここでのコントラストの増強は，拡大と同じで，網膜上の網膜像を対象にしている。したがって，視対象物そのもののコントラストは変わらなくとも，網膜像のコントラストを向上させる方法も含まれる。コントラストを向

コントラスト
第2章第2節 p.56も併せて参照。

157

表 3－14　コントラスト向上のための主な方法

光量の調整	カーテンやブラインド，帽子のつばなどを利用し，眼の中に入る光量を調整する。
形の認識を助ける	輪郭を知覚しやすくするために，図の背景とコントラストの高い線を輪郭線として引く。
単純化	実物の写真ではなくイラストを用いたり，背景の景色を排して単色にするなど，図そのものや背景と図の識別を向上するための単純化を図る。
配　色	色を重ね合わせる際に明るさを大きく変える。
ネガ表示	白い背景に黒い文字ではなく，黒い背景に白い文字で配色する。
遮光眼鏡	まぶしさの原因となる波長域をカットする。
タイポスコープ	白い背景から眼に入る光量を減らすことで網膜像のコントラスト向上を図り，読みやすくする。

上させる主な方法を表3－14に示す。

　図3－21はコントラスト向上の例である。（a）は背景と前景の配色を工夫してコントラストを向上させている様子である。写真では試験管の背景に白黒反転できる板を置いて，試験管の内容物に応じて背景を手軽に変更し，コントラストを高めることができる。（b）は輪郭線を取っている様子である。輪郭線を前景と背景とのコントラストが高くなるような明度の線で引くことにより図の形状を知覚しやすくなる効果を見込むことができる。特に全体を見渡して図と地を見分けることが難しい場合には，有効な手立てである。（c）は背景の単純化の例である。単純化する場合には前景を単純化する場合と背景を単純化する場合がある。図の構造の知覚を促す場合には，前景つまり図を単純化すると効果的であり，図の形（輪郭）の知覚を促すことを目的とする場合は背景を単色にすることが効果的である。（d）は反転である。写真では拡大読書器を用いて図と地を反転して表示している。特に透光体の混濁などがあり眼球の中で光が乱反射しているタイプの弱視には向いているといわれている。

8　速度の調整

　速度の調整も重要である。変化が速すぎる事象はスローでの提示が効果的であるし，変化が遅すぎる場合にはタイムラプス撮影などを用いる。iPadのカメラは撮影時にスローモーションを選択すると，毎秒120フレームで撮影をする。そのためスロー再生した際にとても鮮明な画像で観察することができる。これまで速度については弱視教育で取り上げられることがなかったが，こうしたICT機器の開発と普及により，より見やすい環境を身近に実現することが可能になっている。

図 3-21　コントラスト向上の例

9 漢字学習上の配慮点

　　　弱視教育において漢字の学習は重要である。弱視児の漢字の書き取り成績が晴眼児より低くなることは，過去から現在の研究において一貫した結果である。そもそも弱視の場合，晴眼に比べ漢字に触れる機会が極端に少ない点をまずは認識しておく必要がある。つまり晴眼児の場合，国語や宿題で漢字を学習すること以外にも，板書時の教員の手の動きや，街中を歩けば看板・標識・ポスター，テレビを見ればテロップ，家の中を見渡せば新聞や雑誌などさまざまな文字が目に飛び込んでくる，いわゆる受動的に漢字を学ぶ機会があふれている。一方で弱視児はそのような受動的に漢字が眼に飛び込んでくる経験はほとんど得られない。この決定的な学習機会の量の違いは，弱視児の漢字定着を阻んでいるといえよう。

　　同時に，漢字の読み書きの能力は弱視児の総合的な学力とは相関しない面があることも指摘しておきたい。例えば，東大に入学した強度の弱視の学生は，高校生のときに「微」と「徴」の違いを知らなかったことを自伝に書いている[12]。このような事例は珍しくない。

　　こういった実態から気をつけたいことは，弱視の貴重な漢字学習の機会の学習効果を最大化する手立てを講じることである。例えば，見間違いを防ぐために十分に大きく，はっきりと提示する。見間違いを減らすために漢字の構造を言語化する。言語化する際，既習の漢字が今習っている漢字の部品になっている場合は，既習の漢字を用いて説明する。書き練習の際は小さなマスに無理に書かせるのではなく，マスの大きさを気にせずに書くことができる環境を設定することで，漢字を書くことに集中できる。また，書く際は，鉛筆等で書くこ

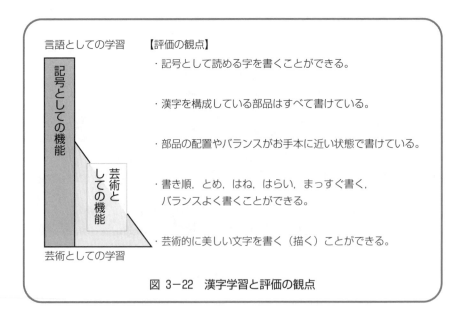

図 3−22　漢字学習と評価の観点

とによる学習の効果を最大化するためにも，言語化しながら**空書**するなどして
おくとよい。

　また，弱視の場合，接近して文字を書くため全体を見渡して書くことが苦手
である。そのため，漢字の練習として「字の美しさ」「記号としての漢字」を
学習することとは別に，線を縦・横にまっすぐ引くことや，四角や円を描く練
習を行い，学習目的を明確に分けてそれぞれを評価することが重要である。図
3−22に漢字の学習内容と評価の観点についてまとめた。そもそも漢字は文字
という「記号としての機能」が重要であり，言語能力としての漢字に求める機
能はこれに尽きる。どの順序で書いたかとか，終筆をどのように処理したかと
か，何画で書いたかといったようなことは，記号としての漢字の機能に着目し
た場合，とても小さいはずである。学習指導要領でも，筆順については上から
下とか左から右といった基本的なことにしか触れていない。特に漢字学習で
は，大きな学習環境の制約を受けている弱視児にとって，一度に多くの基準で
評価されることによる負荷は大きく，漢字学習を効率的に進めることにつなが
りにくい場合がある。そのため，まずは，部品が概ね所定の場所にあり，記号
としての漢字の役割を果たせるかどうかといった，言語能力としての漢字の機
能に絞って評価するなどの工夫も必要である。合わせて，漢字の筆順には唯一
正しいものが存在しない[13]ことや，とめ，はね，はらいや，くっつくとか，
はなれるといった字形についても多様性を認めるべきという国の方針があるこ
とも，教育者としては理解しておく必要がある。つまり，評価するうえでは，
基準を示すべきであるし，その基準の根拠を説明すべきである。これらのあい
まいな基準に子どもたちの有限の学習機会を割くことについては，十分に議論
しておく必要があろう。

10　近接領域の指導

　視覚の活用が困難な状況として，視覚認知の獲得不足や**衝動性眼球運動**や**追
従性眼球運動**などの眼の動きの不器用さなどがみられることがある。これらも
視機能の活用が困難な状況であるため，弱視の定義に含まれるとする考え方も

**衝動性眼球運動
追従性眼球運動**
第2章第2節 p.62参照。

あろう。そこで，最近は教育の中でもビジョントレーニングがなされることが
ある。ただし，ビジョントレーニングを実施する際，気をつけておいてほしい
ことを指摘しておく。

　①　**眼科的懸念を取り払っておく**　　近視や遠視などの屈折異常や斜視や斜
位，輻輳不全などの眼位や眼球運動の未発達，あるいはそれら以外の眼科的原
因が潜んでいて視知覚検査が低く出たり，眼の動きが不器用になっていたりす
ることがある。以前，フロスティッグ視知覚発達検査の「図形と素地」や「空
間関係」などが低く，漢字の定着が遅い児童がいた。その児童は5年間通級指

導教室でビジョントレーニングを受けたが一向に改善されなかったため，眼科を受診した。その結果，外斜位と診断され，プリズムレンズが処方され，劇的に漢字の定着が進んだ例を耳にした。つまり，漢字に集中しているうちに輻輳による両眼視ができなくなり，縦の線が2本に見えたり1本に見えたりしていたため，知覚される漢字の形が安定せず定着できなかったのである。このようなことがあるため，ビジョントレーニングの際は，必ず眼科的な課題をクリアしておく必要がある。

　②　課題・量・頻度の設定　　教育相談で出会った子どもの話であるが，通級へ行きたくないと訴えてきた。理由は，眼の勉強がつらいということであった。家庭でも実施するようにと担当教員から指示されていたそうだが，保護者は，子どもがあまりにも嫌がるので，やったことにして記録票を提出していたとのことであった。こうなってしまっては，ビジョントレーニングの当初の目的の達成が困難になってしまう。実施する際は，子どもが興味をもって意欲的に取り組める課題設定をし，量と頻度を適切に設定していただきたい。具体的な方法については大阪医科薬科大学LDセンターのセミナーなどで具体的に紹介されているので活用されたい。

大阪医科薬科大学LD
センター

　演習課題
1. 白濁したクリアファイル越しにさまざまなものを見てみよう。文字や景色，人の顔などを見て，同じ見えにくさであっても，対象物によってその困難度が変わることを観察してほしい。
2. 上記の白濁したクリアファイル越しにスマートフォンのカメラ機能を使って，拡大して文字や景色を見てみよう。見え方がどのように改善されるか，対象物ごとに書きとめてその特徴をまとめてみよう。

　引用文献
1）佐藤泰正：視覚障害心理学，学芸図書，1988.
2）五十嵐信敬：形態知覚検査の標準化，弱視教育，9（5），90-97，1971.
3）伊藤由紀夫：弱視児の視認知の特性について－仮弱視児との比較を中心にして－，視覚障害児教育研究，8，43-59，1976.
4）香川邦夫：第1章　視力の弱い子どもの理解とその教育（香川邦夫編著：視力の弱い子どもの理解と支援），教育出版，pp. 1-15，1999.
5）香川邦生：拡大教科書の意義と課題，弱視教育，40（2），1-6，2002.
6）Corn, A. L.：Instruction in the Use of Vision for Children and Adults with Low Vision，*View*，27，26-38，1989.
7）Jackson, A.J., *et al.* Edt.：Low Vision Manual, ELSEVIER Ltd., 2007.
8）田中良広・澤田真弓：米国における教科書デジタルデータの管理・活用状況，日本特殊教育学会第28回大会発表論文集，127，2010.
9）Jose, Randall, T.：Understanding Low Vision, American Foundation for the Blind in New York（梁島謙治・石田みさ子訳：ロービジョンの理論と実践），1985.
10）東京都心身障害福祉センター：弱視用拡大テレビの指導，1991.

11）奥村智人・若宮英司：学習につまずく子どものみる力，明治図書，2010.
12）小川明浩：視力3cm－それでも僕は東大に，グラフ社，2007.
13）松本仁志：筆順のはなし，中央公論新社，2012.

参考文献

・Papert, S.：Mindstorms: Children, computers and powerful ideas, New York：Basic Books, 1980.
・Simon, H.：Sciences of the artificial, Cambridge, MA: MIT Press, 1969.
・氏間和仁：弱視教育におけるタブレットＰＣの活用の基本的考え方と活用事例，弱視教育，52（3），21-33，2014.

❺ 指導法（盲児）

　視覚障害があることは，視覚から入る情報が制限されることを意味している。視覚入力情報の制限（見えの困難）により，① 身の周りの環境に関する視覚情報の不足が生じ，対象の視覚的概念やイメージ，視覚的空間情報を把握できない，② 周辺の状況やその変化を即座に理解・把握することができず，不安・恐怖が高まり，意図せず遊びや活動を制限してしまう，③ 新しい人やもの・環境とのかかわりが制限され，人の行動やもの・環境の変化を参照することで意図せず学ぶ（偶発学習）ことも少なくなってしまう等，子どもの発達に大きな影響が生じる可能性が想定される。こうした発達的影響を少なくするため，触覚・聴覚・嗅覚・味覚といった他の感覚を経由することで，視覚情報の不足を補うこと（**感覚代行**）が必要となる。特に盲児への支援・指導においては，触覚と聴覚の活用が伝統的に行われてきた。

感覚代行
特定の感覚器，伝導路，中枢神経系に障害がある場合に，別の感覚入力から情報入力を補完すること。

　とはいえ，視覚障害が直接的に触覚や聴覚の感度を高めるものではないことも長年の実践・研究から明らかになっている。長期（生涯）にわたり，触覚・聴覚を活用して周囲の人や環境とかかわり，それらを認知する経験を積み重ねることで，触覚や聴覚を活用して学ぶ・生きる力が向上する。本節では，触覚・聴覚を活用した指導法について概説する。

1　触察指導の概要

　視覚障害のある子どもは，見えの困難に起因して，直接体験（具体物の操作等）を伴わないまま，ことばによる説明だけで事物・事象についての理解を進めると，**バーバリズム**に陥りやすい。ことばなど耳から入る聴覚情報を活用して理解につなげようとする意欲自体は否定的にとらえるべきではないが，聴覚に偏りすぎないように，触覚を中心とした他の感覚を使って情報を補完することが

バーバリズム
verbalizm
視覚障害特有の字義的なことばだけによる理解。唯言語主義。

大事である。

　視覚障害教育においては，「手で観る」という表現がある。触覚の活用とは，皮膚感覚として「触る」「ものに触れる」ことだけではなく，何かを理解するために**能動的・探索的に「触れる」**ことを意味する。このような触覚活用を「触察」という。

能動的・探索的に「触れる」
このように能動的に触ることで情報を把握することを，ハプティック知覚と呼ぶこともある。

　視覚に障害がある人は，日常生活においても，身の周りのもの，特に新しく経験するものを，ただ触るだけではなく，手指をさまざまに動かして能動的に触る。そうすることによって，対象となる事物の形状（2次元・3次元的特徴）や質感（かたさ，肌理）等をより詳細に認知することができる。反対に，全く手や指を動かさず，対象物に触れただけでは，わずかな特徴しか感じることができない。

　触察を通して，対象を理解できるようになることで，就学後に教科の内容をより深く学ぶことができる。したがって，発達の最初期から，ものにいっぱい触ることを促し，触ることを嫌がらないようすることが重要である。

　乳幼児期は，好奇心旺盛で身の周りにあるものに触ってみたいという思いにあふれている。視覚障害がない場合，視覚・光学的な情報は主体的に「見よう」としなくても目から入るし，対象を全体的・俯瞰的にとらえることもできる。そのため，たまたま見えたものに興味を示して，手を伸ばして触ろうとするだろう。視覚に障害がある場合も，障害がない場合と同様に，周囲に対する好奇心はもっている。一方で，触覚的な情報は，「触りたい」という意欲が高まり，意図的・能動的に触り，さらに探索的に手指を動かしながら触ることで対象の全体像を把握できたり，細部をなぞりながら触ることで部分の特徴を把握できる。安全面には細心の注意を払いながら，子どもが安心してじっくりと触ることができる工夫が必要となる。

　やわらかく触ると気持ちがよいタオルやボール，音が出る楽器（鈴やマラカス等），ちぎったり切ったりする紙（折り紙，新聞紙，ティッシュペーパー等），ボタンやスイッチで刺激が変わる知育玩具やリモコン，身体全体で体験するパラバルーンやバランスボール，指先を使う積み木やブロック等，いろいろな素材・肌理・用途のものを用意し，子どもが自発的・主体的に触れられる環境を準備しておくとよい。

　ただ，触ることに不安がある子どももいる。この不安は，見えない状態で知らないもの，予想できない（予想していない）ものに触れる場合に，大人でも大きな不安・恐怖に襲われることを想像すれば理解できるであろう。したがって，不安がある場合には，触ることを無理強いせず，安心して触れる環境を用意したうえで，周囲が楽しく触る様子を示し，本人が「触ってみようかな」と感じ，触ることへの意欲が高まるのを待つほうがよい。安心できる大人の手に子どもの手を乗せていっしょに対象を触る，対象や周囲の様子をことばで説明

するなど，援助してみることも有効であろう。

2　概念の枠組みを育てる指導

　視覚障害がある子ども（特に盲児）が，日常生活や学習に必要な習慣・動作等を習得したり，新しく出会う人・もの・環境について理解したりするうえで，子ども自身が能動的に触る・聞くといった直接的な体験が必要である。こうした直接体験を通して，子ども自身が，多様な経験を何らかの基準により抽象化・カテゴリー化して整理し，経験・対象等についての大まかな知識を得て，理解していく。すなわち，体験した人・もの・環境やそれらを含むでき事等のそれぞれに対して，関係する内容や意味を思い浮かべること（概念形成）ができるようになる。盲児に，触覚・聴覚など，視覚以外の感覚を十全に働かせ，新しい人・もの・環境を納得できるまで体験できる機会を提供できれば，視覚障害がない子どもと同等の発達が期待できるといわれている。実際に，世界的な専門職として活躍する全盲者も多い。

　発達段階に応じた概念形成を支援するためには，就学前から子ども自身が触ってみたい・やってみたいという気持ち・態度を育み，意図的・能動的に触る・聞くという行動が習慣化するよう援助するとともに，就学後も直接的な体験が蓄積でき，各教科や自立活動の内容，社会生活全般にかかわる知識・技能（ライフスキル：life skill）を深く学ぶことができるような指導を推進していく。

（1）概念の枠組みを育てる体験

　直接的体験は，視覚障害がある子どもの概念形成を促すうえで必要不可欠であるが，森羅万象を実際に触覚・聴覚等の感覚を通して体験することはできない。したがって，子どもが概念を形成する土台となる中心的（核となる）体験とその周辺領域の体験を整理しておくことが重要であろう。中心的体験とは，新しい事がらについて想像する際の基本形となったり，他の経験と比較する際の基準となったりする体験である。

　例えば，果物の基本形としてリンゴ，動物の基本形としてイヌ，魚の基本形としてアジの特徴をイメージできるようになっていれば，それぞれに新しい果物・動物・魚を体験した際には，基本形と比較した差異を認識・理解できる。また，その差異に基づいて新しく体験するものを自分なりにカテゴリー化し，共通点を見い出すこともできるようになるだろう（例えば，すべすべした果物：リンゴ・ミカン・ナシ等，つぶつぶした果物：ブドウ，ブルーベリーなど）。

　同時に，触覚・聴覚で直接体験できる事物・事がらは，部分的・断片的であり，視覚障害があると，体験した人・もの・環境の全体像を理解できない場合が多い。視覚を活用する場合，事物の全体像を俯瞰的に把握すること（即時的

ライフスキル
世界保健機関（WHO）が提唱する，日常生活に生じる多様な問題に対して，建設的かつ効果的に対処するために必要な能力。自己認識，共感性，意志決定，問題解決，創造的思考，批判的思考，効果的コミュニケーション，対人関係，感情対処，ストレス対処の10種があげられている。

把握）ができるが，触覚は手指を動かすことで部分の情報を連続して入手し，それらの部分を統合して全体像を把握する（継時的把握）。聴覚も，一つひとつの音はすぐに消えてしまい，順番に耳から入ってくる情報をつなぎ合わせて音・ことば全体の意味を把握する（継時的把握）。そこで，触覚と聴覚で得られた情報を相互に結びつけて概念やイメージを形成しやすくする必要がある。

　例えば，食事の際に調理された野菜を触るだけでは，その野菜の断片的なイメージしか把握できない。その野菜は，調理する前はどのような形をしていたのか，またどのようにして成長して食べ物として自分の前に出てくるのかといった過程も含めて，その野菜に関する全体・包括的な理解を促していくことも重要である。当然ながら，8等分にカットされたトマトだけが，トマトのすべてではない。調理をする前のトマトの特徴（形，大きさ，かたさ等）や，収穫前の特徴，さらには種を蒔き芽が出て実がなる過程を直接体験することで，トマトに関する概念を包括的に理解することができるようになる。体験を通して形成された概念（イメージ）を子どもに表現するよう促し，その表現を肯定・修正したり，触っただけでは得られにくい情報（色や，ヘタや葉・芽の形状等）についてことばで補強したりすることで，子どものトマトに関する理解が深まっていく。

　加えて，空間に関する概念（以下，空間概念）は抽象概念のひとつであり，日常生活の活動（特に運動や移動）において必要不可欠な概念でもある。この空間概念の理解を深めるうえで，運動の体験が重要な役割を果たす。空間概念の基礎として，子どもがみずからのボディイメージを獲得し，身体部位を思い浮かべることができ，その名称（部位の名前）と一致できるように指導する。例えば，童謡「あたまかたひざぽん」を歌いながら，身体の部位を触ることで，楽しみながら部位と名称が一致するようになる。

　また，手遊び歌やリズム運動を通して，自分の身体を軸としてとらえ，「おなか」と「せなか」の対比で前後，「あたま」と「あし・おしり」の対比で上下，「みぎて」と「ひだりて」の対比で左右といった，3次元の空間概念を把握できるようにする。全盲の子どもには，子どもの後ろから密着し，本人と同じ方向で身体に触り，ことばを添えながら身体を動かすことで，身体全体の動きや方向などが伝わりやすく，概念を共有しやすくなる。また，大小・高低といった抽象概念の理解につなげることもできる。

　言語学においては，概念の対象となる事物に対して，その事物を表す表現（音）を「**シニフィアン（能記）**」，頭の中にある概念（イメージ）を「**シニフィエ（所記）**」と表現する。日本語におけるシニフィアンと，子ども自身の頭に浮かぶシニフィエが結びつくことで，今ここに存在しないものでも，あたかも今ここで触っているかのように思い浮かべることができるようになってくる。上述した方法は，視覚障害がある子どもと体験を共有しつつ，シニフィアンと

シニフィアン
signifiant
シニフィエ
signifié
フェルディナント・ド・ソシュールによって定義された言語学の概念。

シニフィエをすり合わせていく指導の過程と表現することもできるであろう。

　触覚と聴覚および他の感覚を結びつけて理解するには，集中力と時間が必要である。しかし，時間をかければ触察が熟達したり，概念の形成が早くなるわけではない。触察による概念形成を促すための留意点を以下に示す。

① 両手を使って触る：両手を使うことで，触察する対象が広がるとともに，両手が協調した動きから距離感や大きさなどの 2 次元・3 次元的理解が促進される。また，後の点字指導にもつながる。

② 基準点をつくって触る：基準点を決めることで，位置や距離，数の理解が促される。③ にあげる全体と部分の関係を理解するうえでも，基準点があることは有益である。

③ 全体と部分を意識し，すみずみまで触る：触り残しがないようにまんべんなく触る過程で，ざっくりとした全体像から詳細（部分）に注目すること，部分の特徴をつなぎ合わせて全体のイメージに組み立てることを繰り返す。この繰り返しを経て，全体と部分が統合された概念（イメージ）が形成される。

④ 触覚に意識を向け，触圧を意図的に調整しながら触る：触る対象によって，触る力をコントロールする必要がある。生き物などは，力を抜いてやさしくなでるように触る必要がある一方で，木の幹や銅像など，かたくて大きいものは，手のひら全体を押しつけるようにして触ったり，抱きつくなどして身体全体で感じたりすることもある。その際に，対象の表面（手触り，肌理）や温度，重さを意識して感じることが重要な手がかりになる。例えば，コップを触る場合に，そのかたさや肌触りによって陶器製なのかプラスチック製なのかがわかるし，温度と重さから中身が温かいか冷たいか，どのくらい入っているかがわかる。

３　環境に関する概念形成と空間認知

　視覚障害者は，すでによく知っている環境（既知環境）においては，視覚障害がない人と同様に，もしくはそれ以上にもっている力を十分に発揮することができる。反対に，初めての場所やまだよくなじんでいない環境（未知環境）においては，環境そのものが大きな障壁・制限となり，十分に力を発揮することができない。したがって，視覚障害児を指導するうえで，未知環境を既知環境に変えることが非常に重要である。

　このように，未知の状態にある事物・場所・環境等を，触覚や聴覚などのさまざまな情報を活用して直接体験することを促したり，解説したりすることをファミリアリゼーション（familiarization）という。歩行訓練を中心としたファミリアリゼーションについては本章第 6 節 8 で紹介していることから，本項に

おいては，空間・環境に関する概念（空間認知）にかかわる内容を中心に概説する。

前項で述べたとおり，視覚障害者は，順番に入力される部分的な触覚・聴覚情報を統合して全体像として理解する継時的把握を行っている。特に，屋内の部屋や，屋外の空間など，人間よりも大きな事物（場所や環境とも表現できる）について，その全体像（頭の中に描かれるイメージ）を把握しようとすると多くの時間がかかる。

空間や環境に関する概念（空間認知）について，みずからの生活・学習している部屋（教室等）や建物（学校等），地域（居住地等）に関して頭の中に描かれる地図のようなイメージを認知地図（mental map）という。

認知地図は，心理学者トールマン（Tolman）によって提唱された概念であるが，リンチ（Lynch）により地理学や建築学に紹介され，現在は広範な学域で用いられている。リンチは，わかりやすい（迷いにくい）都市をデザインするにあたり，都市のイメージのしやすさ（imageability）と構造のわかりやすさ（legibility）が重要だと考えた。そこで，特定の都市の住民がその都市をイメージするうえで重要な要素について調査を行い，パス（経路，path），エッジ（縁，edge），ディストリクト（地域，district），ノード（結束点，node），ランドマーク（目印，landmark）の五つに分類した。

ハートら（Hart & Berzok）は，子どもの認知地図の発達過程を調査し，以下に示す四つの段階と三つの特徴的参照系を見い出した。

① 目印となるランドマークを記憶する段階。
② 自己中心的参照系：個々のランドマークの間が連結されているルートマップ（route map）が形成される段階。
③ 固定的参照系：ランドマークとパスが全体的なまとまり（クラスター）として形成される段階。
④ 抽象的参照系：クラスター同士も相互に結びついて統合されたサーベイマップ（survey map）が形成される段階。

ルートマップは，あるランドマークから別のランドマークをパス（経路＝ルート）でつないだ一本道のようなイメージであり，経験によって蓄積された記憶により，移動する際の経路に基づいて，時系列に手がかりとなる目印を思い浮かべる地図的イメージといえよう（例：通学路に沿って自宅から学校まで移動することを想像し，順番に目印を思い出す）。継時的把握の一種であり，工事等によりパスの変更・修正が生じると，迷ってしまったり不安で移動できなくなったりする。一方，サーベイマップは，全体を俯瞰した鳥瞰図的なイメージである。この段階では，大まかな距離や方向を理解し，ランドマーク以外の他の要素も含めた全般的な位置関係を思い描くことができる。

視覚障害がある場合，触覚・聴覚による継時的把握により概念を形成する傾

向にあることから，自己中心的参照系（ルートマップ）段階のイメージはしやすい。しかし，学校の中や日ごろ生活している地域で迷うことなく移動するには，抽象的参照系（サーベイマップ）段階のイメージができるように促すことが大切である。抽象的参照系段階のイメージができるようになるには，方向の回転や方位，距離感やランドマーク間の位置関係を理解（固定的参照系段階をイメージ）できることが必要になってくる。

　自己中心的参照系から固定的参照系を経て抽象的参照系の段階に至るまでには，繰り返し空間を直接体験する機会と時間が必要である。ただし，記憶の定着には，集中学習よりも分散学習が効果的であることが知られており，認知地図の形成においても，適度な学習時間と休憩時間を設定することが望ましい。

　なお，ひとまとまりの環境の中に，同じような種類のものが複数ある場合（ドア，窓，階段，道路，交差点等），視覚障害があると視覚的に弁別できず，混同・混乱が起きやすい。そこで，「1のドア」「2のドア」というように，ことばで弁別しやすい情報を補完するとよい。数字・順番は，その環境にどのくらい同種のものがあるか把握しやすくなる。

　合わせて，立体模型や**触地図**も有効である。認知地図を把握する最も基本的な方法としては，本人にみずからが生活している特定の空間・環境について，自由に表現してもらう方法（スケッチマップ法）がある。視覚障害がない場合は，白紙に自由に地図を書いてもらうが，視覚障害がある場合は，ブロックや**レーズライター**などを用いて位置関係を確認するとよい。

　例えば，教室から職員室までの行き方や位置関係を確認してみよう。子どもは，ブロックなどを用いて，自分なりの地図として，教室に隣接した部屋，教室から職員室までの間にあるランドマーク等を表現するだろう。これを実際の空間配置と対比すると，視覚的・即時的な把握ができないため理解しづらい空間があることが明確になる。この理解しづらい（未知の）空間を把握するために，その場所を実際に体験したりことばを用いて説明したりして，情報を補完する。こうした補完の作業において，立体模型・触地図等を用いた指導が有効である。立体模型や触地図を使うことで，距離感やパス（オブジェクト）の湾曲等，さまざまな情報を得ることができる。ただ，立体模型や触地図に含まれる情報が多すぎると，注意を向けるべき地図上の情報と，当面注意を向ける必要がない情報が混在することとなり，反対にわかりづらくなる可能性もある。そのため，立体模型・触地図をつくる場合，注意すべき情報を精選し，それ以外の情報を意図的に削除するなど，単純化する必要がある。

触地図
視覚障害がある人が理解しやすいように，地図の情報を凸凹で表現した地図。

レーズライター
視覚障害がある人が，文字や図形を書いたり認識したりするために使う筆記用具セット。ゴムまたはシリコンの下敷きに載せた特殊なセロファンでできた専門の用紙に，ボールペン等の金属芯で文字・図形を書き込むと，書いたところが凸状に浮かび上がり，触覚的に判別することができる。

4 点字の歴史

　点字は，触覚を活用する文字である。見えに困難（視覚に障害）があっても，読み書きできる文字として，世界中で採用され，視覚障害教育に大きく貢献してきた。点字の英語（ブレイル，braille）は，その考案者であるフランス人ルイ・ブライユ（Louis Braille）に由来する。点字の原型は，19世紀前半にフランス軍将校であるシャルル・バルビエ・ド・ラ・セールが考案した，軍用の暗号「夜の文字」とされる。アルファベットを12の点の配列で表し，夜間に触覚だけで命令・情報を伝達するために考案されたが，軍隊では利用されず，世界初の盲学校であるフランス王立パリ盲学校（パリ訓盲院）に紹介された。

　なお，点字が考案される前にも，視覚障害者が読み書きできる文字については試行錯誤が繰り返されており，パリ盲学校では，アルファベットの凸字を印刷する浮き出し文字を用いて教育が行われていた。ただ，視覚障害がある生徒たちにとっては，浮き出し文字を触って読むには時間がかかり，書くことはなお難しかった。

　1825年に，同校の生徒であったルイ・ブライユによって，六つの点でアルファベットを表す6点点字が考案された。6点点字は，縦3列，横2列の六つの点の組み合わせで構成されており，ひとつの文字が指先に収まる大きさになっている。盲学校の生徒たちからは好評だったようだが，正式な文字として採用されるのは1854年のことであった。

　日本には，1880年代後半に紹介され，アルファベットの6点点字を日本語の五十音の表記に適応する試みが繰り返された。1890年，東京盲唖学校において，同校教員であった石川倉次の案が採用され，1901年に官報で日本点字として正式に公示された。さらに，1925年に，衆議院選挙法改正により，世界で初めて点字投票が認められた。

　近年では，点字は広く認知され，不特定多数の人びとが利用する建物や公共交通機関の案内，電化製品の表示などにも広く用いられている。入学試験等においても点字での受験が合理的配慮として提供されており，視覚障害児者の教育，文化の発展，社会参加の促進に大きく寄与している。

　ただ，日本の視覚障害者の中で，点字を日常的に使用している人は1〜2割程度（約4万人で全体の12.7%，2006年度厚生労働省調査）であることがわかっている。中途失明者，特に糖尿病網膜症等が原因で失明し，触覚刺激に対する反応が低い人は，点字を触って読むこと（触読）に困難を抱える場合が多い。

　タブレット端末やスマートフォンをはじめとするコミュニケーション情報端末（ICT）の普及により，必要な情報（画面上の文字等）を合成音声で再生する機能（音声読み上げ機能等）が活用される場面も増えており，さらに点字の使用は減少傾向にあると推測される。

5　点字の概要

　点字は，一般的に表音文字としてのカナ文字と対応している。また，複数の点字の組み合わせにより，数字，アルファベット，文章記号，数学記号，理科記号，楽譜などを表す。漢字を表す試みとして，8点点字（漢点字）や6点漢字も考案されている。しかし，統一されておらず，教育現場においてもあまり取り入れられていない。

　点字は，すべて横書きとなっており，表面（凸面）は読む側である。左から右に向かって，原則として両手でなぞりながら読む。

　一方，裏面（凹面）は書く側であり，点字を書く器具（**点字盤**，点筆）を使う場合は，右から左に向かって点字を打ち出す。したがって，読みと書きでは点字が鏡文字のように左右反対になる。点字タイプライター（**パーキンスブレーラー**）を使うと，6点のそれぞれの点に対応したキーを同時に押すことで，一度に1文字ずつ，左から右に向かって点字が打ち出されるため，書く方向と読む方向が一致する。

　点字に対して，一般的な手書きの文字・印刷された文字は「墨字」と表現される。この墨字の文章を点字の文章にすることを「点訳」，点字の文章を墨字の文章にすることを「墨訳」という。

　点字は，文字の単位を「マス」といい，1マスは6つの点で構成されている。この6点は，図3-23に示すようになっている。左上が①の点，左中が②の点，左下が③の点，右上が④の点，右中が⑤の点，右下が⑥の点と呼ばれている。

　なお，63通りの点の組み合わせによって文字を表現するため，カナ文字，数字，アルファベット，各種記号等，同じ点の組み合わせが生じる。そこで，カナ文字の清音以外には，文字の種類を表す記号を1マス前に書いて区別できるようにしている。

（1）点字の種類

1）五十音

　日本式ローマ字表記に倣った母音（①②④の点）と子音（③⑤⑥の点）の組み合わせで文字を表している。ただし，「ヤ行」と「ワ行」は例外となっている。「ヤ行」は④の点で表し，それに母音〔ア：①〕〔ウ：①④〕〔オ：②④〕を下げたもの（ア：①→③の点，ウ：①④→③⑥の点，オ：②④→③⑤の点）を合わせる。つまり，〔ヤ：③④〕〔ユ：③④⑥〕〔ヨ：③④⑤〕となる。「ワ」は〔ア：①〕を下げたもの（ア：①→③の点）となり，〔ワ：③〕と表現する。

点字盤
字を書く道具。点字定規で紙を挟み，点筆で紙の裏側から1点ずつ点を打って書く。読むときは紙を表に返し，左から右に向かって読む。写真下は携帯型。p.182 参照。

パーキンスブレーラー
点字タイプライターの一種。6点それぞれの点に対応するキーを同時に押して点字を書く。点字が表面に出てくるためすぐ触って確認できる。p.182 参照。

（Perkins Solutions）

[清　音]

ア　イ　ウ　エ　オ　ハ　ヒ　フ　ヘ　ホ

カ　キ　ク　ケ　コ　マ　ミ　ム　メ　モ

サ　シ　ス　セ　ソ　ヤ　　ユ　　ヨ

タ　チ　ツ　テ　ト　ラ　リ　ル　レ　ロ

ナ　ニ　ヌ　ネ　ノ　ワ　ヰ　　ヱ　ヲ

[濁音・半濁音]

ガ　ギ　グ　ゲ　ゴ　パ　ピ　プ　ペ　ポ

ザ　ジ　ズ　ゼ　ゾ

ダ　ヂ　ヅ　デ　ド　バ　ビ　ブ　ベ　ボ

[撥音・倍音・長音]

ン　ッ　ー

[拗音・拗濁音・拗半濁音]

キャ　キュ　キョ　ギャ　ギュ　ギョ　　ヂャ　ヂュ　ヂョ　ヒャ　ヒュ　ヒョ　ビャ　ビュ　ビョ

シャ　シュ　ショ　ジャ　ジュ　ジョ　　　　　　　　ミャ　ミュ　ミョ　ピャ　ピュ　ピョ

チャ　チュ　チョ　　　　　　　　　　　　　　　　リャ　リュ　リョ

ニャ　ニュ　ニョ

[数　字]

〈数　符〉

＊

1　2　3　4　5　6　7　8　9　0

1 0　　1 0 0　　2 0 2 2

〈小数点〉

＊　・　＊

3 ． 1 4

〈位取り点〉

＊　　　＊＊＊

1 , 2 3 4 , 5 6 7

〈アポストロフィ〉

＊＊

， 0 1

[特殊音]
〈開拗音系〉

イェ　キェ　シェ　チェ　ニェ　ヒェ　ジェ

〈合拗音系〉

ウィ　ウェ　ウォ

クァ　クィ　クェ　クォ　グァ　グィ　グェ　グォ

ツァ　ツィ　ツェ　ツォ

ファ　フィ　フェ　フォ　ヴァ　ヴィ　ヴェ　ヴォ

〈その他〉

スィ　ティ　　　ズィ　ディ

トゥ　テュ　フュ　フョ　ドゥ　デュ　ヴュ　ヴョ　ヴ

[アルファベット等]
〈外字符〉

＊

a　b　c　d　e　f　g　h　i　j

k　l　m　n　o　p　q　r　s　t

u　v　w　x　y　z

m　　k　　g　　p　p　m

〈外国語引用符〉

＊　＊

" h o p e "

〈大文字符〉

＊

L　d　B　" J a p a n "

〈二重大文字符〉

＊　＊

U S A

〈アクセント符〉

＊

c a f é

〈ピリオド〉

＊　　□

A．

図 3−23　点字の表記一覧

2）濁音・半濁音・拗音

濁音・半濁音・拗音は2マスを使い，清音の前に，濁音・半濁音・拗音を示す前置点を書く。例えば，「ガ」は，濁音（⑤の点）の次に，清音（カ：①⑥の点）を書く。「パ」は，半濁音（⑥の点）の次に，清音（ハ：①③⑥の点）を書く。「キャ」は，拗音（④の点）の次に，清音（カ：①⑥の点）を書く。日本語表記として考えると戸惑うが，拗音「キャ」は，ローマ字表記では「kya」と書くが，「y」を拗音符（④の点）ととらえて前置し，「y」＋「ka」（拗音＋ローマ字表記で「y」を除いた清音）と表現すると考えると理解しやすい。

3）数　字

数符（③④⑤⑥の点）を前置する。例えば，数字「1」は数符の次に〔1：①〕，数字「10」は数符の次の1マスに〔1：①〕を書き，その次のマスに〔0：②④⑤〕を書く。

4）アルファベット

外字符（⑤⑥の点）を前置する。また，大文字の場合には，外字符の次に大文字符（⑥の点）を前置し，複数の大文字が続く場合には，大文字符を2マス続けて前置する。つまり，重さの単位である「kg（キログラム）」は〔外字符：⑤⑥〕＋〔k：①③〕＋〔g：①②④⑤〕と書く。国際生活機能分類の略語である「ICF」は〔外字符：⑤⑥〕＋〔大文字符：⑥〕＋〔大文字符：⑥〕＋〔i：②④〕＋〔c：①④〕＋〔f：①②④〕と書く。

（2）点字のルール

1）仮名づかい

点字は現代仮名づかいに準じて書き表すが，点字特有の規則もある。

① 助詞の「は」は発音どおりに「わ」，「へ」は「え」と書き表す。

　　例：こんにちは［コンニチワ］　　大学へ［ダイガクエ］

② 墨字で「う」と書くウ列・オ列の長音は，長音符を用いて書き表す。

　　例：数字［スージ］　　教育［キョーイク］

2）分かち書き

点字は表音文字（カナ文字）であることから，語の区切りを明確にするために，文節ごとにマスをひとつあける。これを分かち書きという。分かち書きは，自立語（名詞・形容詞・動詞等）の前で区切り，助詞や助動詞は自立語に続けて書くことを原則としている。このほか，「人名の姓と名の間はマスをあけて書く」「敬称（様，氏，先生）の前は区切って書く」「地名は段落ごとに区切って書く」等の規則がある。

自立語
単独で文節をつくることができる単語。

画面　特別支援教育免許シリーズ
点字
ヨミ　トクベツ　シエン　キョーイク　メンキョ　シリーズ

（3）文書の書き方

　点字で文章を書く際には，文章の書き始めや段落は3マス目から書く。句点（。）・読点（、）・疑問符（？）などの記号は前の語に続けて書き，句点の後ろは2マス，読点の後ろは1マスあける。文章が長くなり，ひとつのことば（**形態素**）が1行に収まりきらない場合は，そのことばが2行にまたがらないよう（形態素の途中で分離してしまわないよう）に，次の行にその形態素を移して書く。

　例：新見南吉著：「ごんぎつね」の冒頭から引用

　これは、わたしが小さいときに、村の茂兵というおじいさんからきいたお話です。

　[□□コレワ、□ワタシガ□チイサイ□トキニ、□ムラノ□

　モヘイト□イウ□オジイサンカラ□キイタ□オハナシデス。]

　点訳の規則に関する詳細は成書を参照されたい。なお，近年では，パソコンのソフトウェアやクラウドサービスを通して，点訳の自動化が実現している。点訳・編集・校正等の作業が終わった後は，複数部を点字プリンタで印刷したり，点字ディスプレイで表示したりできるようになった。インターネットを介してデータを共有したり編集・校正等を協働することもでき，以前に比べるとずいぶん効率化された。その他，点字の読み書き指導の具体については，第3章第6節において紹介している。

　点字は，入学試験をはじめとした受験においても合理的配慮として提供されている。例えば，大学入学共通テストにおいても，「点字による教育を受けている者」は点字による解答が認められている。また，点字は墨字に比べると読み書きに時間がかかることから，試験時間も1.5倍に延長される。

> **形態素**
> 言語学の用語。意味をもつ表現要素の最小単位。それ以上分解したら意味をなさなくなるところまで分解した音素のまとまり。

6　触覚教材の作成と活用

　視覚障害がある（全盲の）子どもも，就学後は，在籍する学校の教育課程で編成されている教科等について学ぶ。各教科での目標や学ぶ内容は，視覚障害の有無にかかわらず基本的に同じである。ただ，触覚を活用して学ぶ場合，一般の検定教科用図書（以下，検定教科書）ではなく，文部科学省著作による特別支援学校（視覚障害）点字教科書（以下，点字教科書）を用いる。

　点字教科書は真っ白なページに点字が並んでいることから，一般の検定教科書と異なるものという印象をいだくかもしれないが，内容は同じものとなっている。ただ，点字教科書だけの特別な内容もある。一例としては，小学部の国語に点字学習の導入教材，算数に触図を手指で触って理解する力を育てるための触察教材，視覚障害者用そろばんを使って計算力を育成するための「珠算編」がある。

> **触　図**
> 手で触れて図や表がわかるように，点で線を表現したり，熱で線を浮き上がらせたりしたもの。

触図を理解するためには，その形に関する概念（イメージ）が頭の中にできていることが前提となる。したがって，就学前から，積み木や型はめを使った遊びを通して，さまざまな形に関する概念を育てることが重要であるとともに，就学後も，触図指導の導入期においては，木製の型はめ（パズル）などを用いながら，児童生徒が能動的に，指先や手のひらで角（認知地図のエッジに対応）を確認したり，縁（パスに対応）を指でなぞって辺を理解したりするよう促し，基本的な図形について明確な概念が形成できるよう指導する。このように，具体物を使った体験的な学習を経たうえで，レーズライターのように平面に線が浮き出した形を触り，その読み取りについて学ぶ。

触図の指導を行ううえで，全盲の児童生徒にとって触察しやすい触図をつくることも重要である。晴眼児者が日常的に用いている図やイラスト等をそのまま触図化しても理解できないことが多い。そこで，触図を作成する際には，① 形を把握するうえで不要な情報（背景や細かすぎる形等）を消す，② 児童生徒が手を動かして全体像を把握しやすい大きさに拡大・縮小する，③ 輪郭線を太く強調する等の工夫が必要となる。指導上の工夫の具体は，第3章第6節を参照されたい。

7　聴覚教材を活用した指導法

触覚・触察を活用した学習は，全盲の児童生徒にとって有効であるが，既述のとおり，中途失明者には難しい場合も少なくない。そこで，聴覚を活用した教材（聴覚教材）も視覚教育現場においては広く活用されている。

2008年9月に施行された「障害のある児童及び生徒のための教科用特定図書等の普及の促進等に関する法律」（**教科書バリアフリー法**）において，点字教科書，拡大教科書，PDF版拡大教科書，音声教材等が「教科用特定図書」と位置づけられた。この法律により，障害がある児童生徒の学習において，教科用特定図書を検定教科書等に代えて使用できることとなった。

教科書バリアフリー法
第1章第3節 p.12参照。

教科用特定図書の中で，聴覚教材にあたる音声教材は，通常の検定教科書で一般に使用されている文字や図形等を認識することが困難な児童生徒（視覚障害，発達障害等）に向けた教材である。検定教科書の文字情報（本文等）をボランティア等が代読した音声ファイル，もしくは教科書発行者から提供を受けた教科書デジタルデータをナレーション作成ソフトで合成音声に変換した音声ファイル等を，パソコンやタブレット等の電子機器を用いて再生することで，教科書の内容を聞いて学習できる。

音声教材は，文部科学省がボランティア団体等に製作・提供事業を委託して実施していることから，無償で提供されている。2021年度は，以下の6団体が製作・提供事業を実施した。

① 公益財団法人 日本障害者リハビリテーション協会：マルチメディアデイジー教科書

② 東京大学先端科学技術研究センター：AccessReading

③ NPO 法人 エッジ：音声教材 BEAM

④ 茨城大学：ペンでタッチすると読める音声付教科書

⑤ 広島大学：UD-Book（文字・画像付音声教材）

⑥ 愛媛大学：UNLOCK

　各団体の音声教材は，利用申請，提供の方法や提供するファイル形式など，毎年度改良が加えられている。利用の際は，文部科学省の音声教材に関するホームページや，各団体の音声教材に関するページを確認されたい（図3-24）。

　なお，PDF 版拡大教科書は，慶應義塾大学が提供するデジタルデータと，UD ブラウザというタブレット用アプリを用いて，デジタルテキストの拡大，フォントの変更，表示の変更（白黒反転）ができる視覚を活用した教材であるが，教科書の内容を音声で読み上げることもできる。

　教科用特定図書は検定教科書を代替する教材として提供されているが，それ以外の内容は提供していない。したがって，補助教材（副教材・副読本等）や，教職員が作成した教材等は，別に聴覚教材に変更する。近年は，パソコンやタブレット端末等の基本ソフトウェア（operating system, OS）に，画面上のテキストを合成音声で読み上げる機能が標準で搭載されていることが多い。市販の画面読み上げソフトウェア（スクリーンリーダー）も多数販売されている。加えて，インターネット上でデジタルテキストを音声に変換するサービスも展開されていることから，以前に比べると容易に聴覚教材を作成できるようになってきた。今後，Society 5.0 時代に向けて，触察・触覚教材と併せて，需要が高まる重要な教材・ツールになることが予想される。

> **Society 5.0**
> 第5期科学技術基本計画において提唱された「サイバー空間（仮想空間）とフィジカル空間（現実空間）を高度に融合させたシステムにより，経済発展と社会的課題の解決を両立する，人間中心の社会」。狩猟社会（Society 1.0），農耕社会（Society 2.0），工業社会（Society 3.0），情報社会（Society 4.0）の次の社会。

文部科学省　日本障害者リハビリテーション協会　東京大学先端科学技術研究センター　エッジ

茨城大学　広島大学　愛媛大学　慶應義塾大学

図 3-24　教材提供団体の HP アドレス

演習課題

1. 効果的な触察のために注意すべき点をまとめてみよう。
2. 認知地図を把握するために，学校の入り口から教室までの行き方を，誰もがわかるようにことばで説明してみよう。
3. 点字の「分かち書き」の規則を詳しく調べてみよう。
4. 聴覚教材にはどのようなものがあるのか調べてみよう。

参考文献

・青柳まゆみ・鳥山由子編著：新・視覚障害教育入門，ジアース教育新社，2020.
・猪平眞理編著：視覚に障害のある乳幼児の育ちを支える，慶應義塾大学出版会，2018.
・芝田裕一：新版 視覚障害児・者の理解と支援，北大路書房，2007.
・寺本潔：子どもの知覚環境－遊び・地図・原風景をめぐる研究，地人書房，1996.

❻　指導法の工夫

1　読み書きの指導

　文字の読み書きの習得は，すべての学習の基盤となるものである。このことは視覚に障害のある児童生徒にとっても同様であり，触り方や見え方に留意して，個に応じた段階的な指導が必要である。特に初期指導をていねいに行い，読み書きの力が確実に身につくように学習を積み重ねていきたい。

（1）読みの指導
1）点字の導入

　盲児の点字指導を開始する前に，その前提となる力を育てる必要がある。**音韻意識，触運動のコントロール**，上下左右・斜めなどの位置関係，数概念など，必要なレディネスが身についているかを把握し，身についていないものがある場合には指導を行う必要がある。

　点字の指導法として，文部科学省の「点字学習指導の手引」（文部科学省，2003）に掲載されているものの他にも，「他動スライディング法」（益田・楠原，1988）や「点字導入学習プログラム」（点字学習指導を支援する会，2002）などが開発されている。いずれも，点字の触り方に留意すること，一文字読みをしっかり行って弁別できる文字を増やしていくこと，一文字読みから単語読み・句読み・短文読み・文章読みへと広げていくこと，最終的には両手を協応させて効率よく点字を読むことができるようにすること，といった流れで指導を進めていく。指導順序や指導時間を幼児児童の実態に応じて工夫し，点字を読みたいという意欲を育むことができるかどうかが大切である。

　点字の触り方については，一度身についたやり方を後から修正するのは困難であることが多いため，指導の初期から適切な触り方が身につくよう留意しなければならない。点字導入教材を扱うときから，読むときの姿勢や紙の位置と合わせて指の向きや手の置き方に気をつけて指導を行う必要がある。

　指を立てて指先で読もうとする場合は，指の腹で点字に触れるような読み方がよいことを体感させるような指導を行う。机や椅子の高さは姿勢に大きく影響し，点字の場合は机を少し低めにすると手を動かしやすく読みやすい。また，点字を読みたいと思えば思うほど，指で上下にこするようにしたり点字がつぶれるほど強く力を入れたりすることがみられる。しかし，触る指が上下動すると坂道をジグザグに上るようなもので時間が掛かり，触圧が高すぎるとかえっ

音韻意識
語を構成する一音一音を分離・構成できること。

触運動のコントロール
ものを触って理解するために両手を円滑に動かすこと。

179

て点字を読み取りにくくなる。軽い触圧で横へ滑らかに指を動かすことが大切である。他動スライディング法では，点字の「②⑤・②⑤・②⑤」の点をガイドとして横への動きを引き出す工夫がされており，指導の初期には指導者が児童の指を持って動かし，適切な触圧・動かし方で点字を読む経験を積ませていく。

　一文字読みの指導順序については，点字教科書の国語1－1では，五十音順を基本として，「め」「ふ」「れ」といった弁別のしやすい文字を先に扱うなどの工夫がされており，他の指導法でも五十音順が意識されている。自分や家族・友だちの名前に含まれている文字や，好きな食べ物やキャラクターの頭文字などは関心が高く，児童の興味・関心に応じて指導順序を変更することで点字を読む意欲が高まるケースもある。歌詞など興味・関心のある文字列を点字で読むことも意欲につながる。また，「あ行」と「ら行」が読めるようになれば**点字の数字**が読めるようになるので，算数の授業で教科書を使うことも部分的にできるようになる。一通り学習してから，「か」「な」「や」などの似たような文字や，「ほ」「ま」などの鏡文字などの弁別を行うことも効果的である。

　一文字読みの指導と並行して，習得した文字を使った単語読みの指導も行う。1文字目の後にすぐ2文字目があると，1文字だけのときとは点字を触ったときの印象が変わって読み取りにくさを感じることがあるが，このときも上下動が生じないように注意する必要がある。場合によっては文字と文字の間に1マスあけたものを読ませてから，マスあけしないものを提示するといった方法もある。児童の興味・関心の高い読材料を用意すると，点字を読む意欲も高まっていく。単語を読んだ後でその単語の実物を触ったり動作をしたりするなどして，ことばの理解や表現を広げていくことも大切である。

　こうした指導を左右どちらの手でも行う必要があり，右手で読めるようになっても，練習をしなければ左手で読めるようにはならない。どちらの手でもある程度の速さで読めるようになれば，**両手リレー読み**の指導を行う。両手を分業させて効率的に動かすことは，点字をなるべく速く読むためにも大切である。

2）ひらがなの導入

弱視児の読みの指導に関しては見え方の特性に合わせて行う必要がある。晴眼児であれば，生活の中で出会う文字に興味を示し，次第に自分で読み始めるようなことも見受けられるが，弱視児の場合は見えにくさのために目から自然と情報が入ってこないため，文字への興味が育ちにくい面もある。見えにくさの程度を考慮し，**視覚的ノイズの少ない教材**を用いて見やすい環境を整え，じっくり確かめたり見比べたりしながら形を正しく覚えられるように留意する必要がある。市販の文字カードや絵本等，一般の教材の中にも重度の弱視児も十分読める文字でつくられているものもあり，それらを活用することもできる。幼児児童の興味・関心を考慮し，ゲーム的な要素なども用いながら見る意

点字の数字
点字の数字は，数符（③④⑤⑥の点）を「あ行」「ら行」の文字に前置することで表す。p.172，174参照。

両手リレー読み
左手で行頭を読み始め，行の途中で右手に交代して左手は次の行の行頭を探し，右手が行末を読み終えるころには左手が次の行を読み始める。

視覚的ノイズの少ない教材
必要な情報だけにしぼって単純化する，不要な重なりを避けるなどが求められる。

欲や読む意欲を育むことが大切である。

　最初は一文字読みにも時間がかかるが，次第に時間が短縮されていき，フラッシュカードのように時間内に見るといった練習も楽しみながら取り組めるようになる。単語読みの学習では，最初は拾い読みの段階から，まとまりを意識してすらすらと読めるように指導し，次第に句読み・短文読み・文章読みへと広げていく。視距離が短い場合や拡大鏡等の視覚補助具を使う場合には身体への負担をなるべく軽減できるように，**斜面机**や**斜面台**（書見台）を用いるなどして見やすい姿勢で読むことが望ましい。

斜面机
斜面台
p.141 参照。

3）読速度を上げるための指導

　初期指導が終わり，点字で1分間に150マス程度読めるようになっても，内容理解を円滑に行うためには読速度を上げる必要があり，その指導は長期にわたる。「点字学習指導の手引」には，「教科学習を普通に行うためには1分間に300マス程度，効率的に行うためには1分間に450マス程度読めること」が必要であるとされており，理想的には小学生段階で1分間に450マス程度読めるようになることを目ざしたい。点字のマス数と墨字の文字数は一致しないが，弱視児の場合も同様であり，読速度を上げるための指導の必要性は使用文字にかかわらず共通する。

　点字使用児の場合，実際に触っているところは一部分である。一度にとらえることのできる文字数が少ないと，ことばのまとまりをとらえることが難しくなり，意味をとらえにくくなる。これを回避するためには，次の文字をどんどん読み進めていくようにし，頭の中で意味を理解するようにするとよい。

　弱視児の場合，目を近づけると一度に見える範囲は数文字程度であり，点字の読みと同じような困難さが生じる。また，行末から行頭への移動距離が長いと行替えを間違えることがあるため，元の行を戻って次の行の初めに移動するなどの方略を身につける必要がある。

　指導にあたっては，文章を読むときに時間を計測し，同じ文章を2回，3回と繰り返し読むようにして時間短縮を目ざす（**時間計測法**）。目標タイムを決め，文章を何回か読んで目標タイムを達成すれば別の文章でも行い，読速度が上がってくれば目標タイムも徐々に上げていく。速く読む経験を積むことで，初読の速さも上がっていく。このとき，文字だけを追うのではなく，意味を理解したうえで読み進めることが重要である。読んだ後でどのようなことが書かれていたかを尋ねるようにすると，内容理解が伴っているかどうかを確認でき，また，内容を理解しながら読むことを意識づけることができる。このような練習を自立活動の時間に設定し，週に1回，20分程度の指導を積み重ねていくとよい。

時間計測法
現在の読速度に対応して目標読速度を設定し，それが達成できるまで時間を測って繰り返し同じ文章を読む練習法。

　読書が好きな児童は読むスピードが速いことが多く，たくさんの量の文章を読むことも重要であると考えられる。読みたい本を探して読書に熱中する時間

がもてるとよい。内容を理解するためには語彙を増やすことも大切であり，ことばの指導とも密接に関係している。

（2）書きの指導

1）点字使用の場合

点字の初期指導では読みの指導に時間がかかるため，ある程度読めるようになってから書きの指導を開始するのが一般的である。

最初は**パーキンスブレーラー**を使うことが多い。これは，打った点字が紙の表に出てくるため自分が打った点字の確認がしやすく，点字を打つときに点の左右が反対にならない，といった利点によるものである。点字の点番号と対応する指を理解すれば，比較的短時間で書けるようになる。パーキンスブレーラーのキーを押すのにある程度の力が必要であり，小学1年生では点がしっかり出ないことがあるが，使っているうちに慣れてくるようである。

点字盤の指導も低学年のうちに開始する。点字盤はパーキンスブレーラーよりも持ち運びやすく，中・高等学校にわたって長く活用する点字器である。紙の裏面から点を打つため，書くときは点の左右が反対になることに留意する。紙のセットの仕方，点筆の持ち方，点を打つときの力の入れ方や点筆の向きなど，手の巧緻性が求められるためていねいに指導し，穴のあかない美しい点字が書けるようにする。いったん身についてもだんだんと崩れていったり雑になったりすることもあるので，正しくできているかを確認していく必要がある。「フ」（①③④⑥の点）や「メ」（①②③④⑤⑥の点）の字を繰り返し書く練習は，点の位置を感覚的にとらえて正しく打つために効果的である。文字を習い始めた晴眼児が線の位置や向きを確認しながら一画一画をていねいに書くのと同じように，点の位置や組み合わせを確認しながら一点一点をていねいに打つことを大切にしたい。

書き間違いが多いと読みにくい点字となり，訂正にも手間がかかる。正確に書くために，間違えないで五十音書きを繰り返し行う練習も効果的である。書いている最中に間違いに気づいたときには，書き間違いを含むことばのひとまとまりを「め」の字で重ねて打ち，その後に改めて書く，という方法も指導するが，なるべく間違えないように書くという意識をもたせたい。

正確に**分かち書き**ができることも読みやすい点字を書くために必要である。分かち書きのルールは多岐にわたり，文法の知識も必要となるため，そのつど指導を行う。マスあけの箇所を意識しながら教科書の文章などを転写するのは分かち書きの学習として効果的である。転写の際は，左手で文章を読み，右手だけで点字盤の操作を行うなど，効率的に両手を分業させる方法も指導していくとよい。

他にも，聞いたことをメモするために聴写の練習を行うことも効果的であ

パーキンスブレーラー
p.171 参照。

点字盤
p.171 参照。

分かち書き
点字は表音文字であり，ことばの区切りがわかりやすいように，文節ごとに1マスあけて書くなどのルールがある。
p.174 参照。

る。書いた内容を探しやすいように，内容を構造化して適宜見出しをつけたりレイアウトを考えたりできるようになるための指導も大切である。書き終わった点字用紙を保管し，必要に応じて見返すことができるようにファイリングの習慣をつけることも欠かせない。

慣れてきたら点字を速く書けることも必要であるが，まずはていねいに書くことが大切であり，自分の書いた文字を大切にする意識をもてるとよい。人に読まれることを意識して読みやすいような字が書けることは，パソコンで漢字かな交じり文を正確に書くことにもつながっていく。

2）弱視児の場合

弱視児の場合は書字の指導に時間がかかる。形や筆順を理解することよりも，筆記具をコントロールして正しく書くことが難しく，ていねいに指導する必要がある。書字の指導に入る前に，クレヨン，サインペン，鉛筆などを使って，なぐり書きをして遊んだり絵を描いたり色を塗ったりする経験があるとよい。また，横線，縦線，折れ線，曲線，はね，はらいなど，文字の構成要素の<u>運筆</u>練習をすることも有効である。

カタカナは曲線が少なく書きやすいものが多いが，ひらがなに比べて使用頻度が少ないため，一度覚えても忘れやすい傾向にある。また，どのようなことばをカタカナで書くか気づきにくいことがあるので，留意して指導する必要がある。

指導にあたっては，まずは書きやすい文字から始め，書くことへの自信をもたせられるとよい。いきなり書くのではなく，まずは文字の形を正しくとらえられるようにする。筆順や画数，線の長さや方向，とめ・はね・はらい，既習の似た形の文字との違いなど，見やすい大きな文字を提示して発見させたり，指を動かして空書するなどして，ポイントとなるところをていねいに確認する必要がある。その後で，実際に文字を書く。整った文字を書くためにはマスを意識する必要がある。マスの罫線が見やすい用紙を使い，マスからはみ出さないように書いたり，十字に分けたどの<u>部屋</u>から書き始めるかを考えて書く習慣をつけたい。

見本をしっかり見て書く段階では，マスのすぐ隣に見本があると見比べるのが容易である。右利きの場合はマスの左側に，左利きの場合は右側に見本がくるようにする。**カード式の見本**や，マスの隣に見本を印刷したワークシートを作成したりするとよい。

書いた文字がよく見えていない場合は，拡大鏡などの視覚補助具を使った指導も行う。鉛筆は使っているうちに先が丸まり太さが変わるため，太めの芯のシャープペンシルを用いることも効果的である。筆圧が強すぎる・弱すぎる場合には，適切な筆圧について指導する。

運　筆
文字を書く・絵を描く際の筆運びや筆づかいのこと。

部　屋
漢字を書くマスに十字の補助線を入れると，ひとつのマスが四つに区切られる。この区切られた空間を「部屋」と呼ぶことがある。

カード式の見本
文字の見本を練習ノートのマスと同じサイズでつくる。右利きの場合は，見本の左側に持ち手をつくると左手で持ちやすい。

3）書く目的に応じた指導

　授業のノートなどは，日付やタイトル等を書く習慣をつける必要がある。これは後から読み返すときに役立ち，パソコンを使う場面ではファイルの整理や検索がしやすくなる。

　記録として残す場合には，頭の中でまとめてから書くことも必要である。だらだらと書くのではなく情報を整理して書くと，後から見返したときにもわかりやすいものとなる。

　メモを取るなど，書くスピードが求められる場合もある。後で見返したときに自分がわかればそれで構わないので，省略して書くといった工夫もできる。

　手紙など相手に向けて書くものについては，正確さやていねいさが一層求められる。パソコンを使って書くこともひとつの方法である。目的に応じて書き方を考えさせるようにしたい。

　書いた内容を指導者が確認し，書き間違い等があればチェックして正しい内容を知らせることも大切である。また，自分で書いたものを客観的に読むことも大事であり，書いた後は必ず自分で読み返す習慣をつけたい。

2　漢字の指導

（1）点字使用児の場合

　日本語を正しく理解し，適切に表現するためには漢字・漢語の理解が必要である。たくさんある同音異義語も，使われている漢字がわかれば意味もわかる場合が多い。「ショカ」であれば「ショは初め，カは夏」，「コウオン」は「高い温度」というように，使われている漢字が意味に直結する。しかし，点字は表音文字であるため，前後の文脈を頼りに同音異義語の意味を考えることになる。また，例えば「円と球」の「キュウ」が「野球」の「キュウ」と同じということは，見ればすぐにわかることであるが，音だけの情報ではどのような漢字が使われているのかに気づくことは難しいため，字形が見えないことによる不利は大きい。

　一方，パソコン等の機器を用いて，点字使用者も容易に漢字かな交じり文を作成することができるようになったことで，漢字指導の必要性は一層増している。**音声ソフト**によって読み上げられる漢字変換候補の説明を聞き，正しい漢字を選ぶためには，漢字の音訓や用例についての知識が必要となる。

　指導にあたっては，まずは漢字の存在に気づかせる必要がある。国語の点字教科書では，新出漢字を集めて掲載するページなどで当該漢字をカギで囲んで示して説明されている。音訓を確認し，同じ漢字を使うことばを考え，調べることで，漢字の知識を広げていく。国語の時間だけでなく，ことばの意味を確認するときにどのような漢字が使われているかも知らせるなど，生活の中で機

音声ソフト
パソコンの画面・キー操作などの情報を音声で読み上げるソフトウェア。

会をとらえて漢字を意識できるようにする。また，実際に漢字かな交じり文を作成すると，児童が漢字を学習する必要性を直接実感できるため，パソコン等の活用の指導と併せて扱うことも有効である。ICT の活用について系統性をもって自立活動の時間にも指導を行っていく。使用頻度の高い漢字の知識が増えることで，漢字変換を独力で行う安心感が生まれ，自信へとつながっていくと考えられる。

　複雑な漢字はたくさんあるが実用することがほとんどないものも多い。点字使用児がすべての字形を書けるようになる必要はない。しかし，生活で使われることばの中には漢字の字形が前提となっているもの（「十字路」など）や，字形が漢字の成り立ちや意味を理解する助けになるもの（「さんずい」のつく漢字は水に関係する意味をもっていることなど）もあり，ある程度の字形に関する知識も有用である。また，「木」という漢字に比べて，「木へん」の右はらいが短いことなど，字形を扱うことで漢字のおもしろさに気づくこともできる。文部科学省の国語の点字教科書では，「日常生活の中で字形をもとに語られる漢字」「部首のもとになる漢字」「画数が少なく児童の負担になることのない漢字」を選定基準とし「覚えておきたい漢字」として 92 文字を点線文字で字形を掲載している（文部科学省，2020）。「視覚障害者の漢字学習」（点字学習指導を支援する会，2003）には，当該学年のすべての漢字の字形を点線文字で掲載している。児童の興味・関心に応じて教材の扱い方を検討し，漢字を活用する力を育てていくことが大切である。

（2）弱視児の場合

　漢字はひらがなやカタカナに比べて画数も多く複雑な字形をしている。教育漢字だけでも 1,000 字を超えるたくさんの数の漢字を正確に読み書きすることの難しさは想像に難くない。見えにくさのために生じる困難さをできるだけ軽減し，長期間にわたる学習を意欲的に続けられるように工夫したい。

　新しい漢字を学習する際は，最初は見やすい大きさの見本を用いて字形をしっかり確認させるようにする。見本は**教科書体**など接筆やとめ・はね・はらいがはっきりわかるフォントのものがよい。間違って覚えてしまったものを後から修正するのは大変であり，隣の人のノートを見て「自分の書いた漢字と違う」と気づくことも難しい。そのような意味でも最初の段階で字形を正しく覚えることが大切である。

　字形を覚えやすくするために，部首，部品の組み合わせを言語化し，まとまりとしてとらえたり，音の情報として置き換えたりすることが有効である。大きく指を動かして空書することも，形をイメージしながら運動感覚を使うこととなり，効果的である。またパソコン等の筆順ソフトや漢字学習ソフトを用いると興味をもって学習に取り組みやすい。

教科書体
教科書に使われている，筆で書いた楷書体に近い書体。

　　字形だけではなく，漢字の音訓や意味，用例を併せて覚え，それらを結びつけて理解する必要がある。新出漢字が使われていることばを調べたり，新出漢字を使って文をつくるなどして，習った漢字を積極的に活用する習慣を身につけていきたい。

　　書字練習では，量よりも質を重視し，単調な繰り返しとならないように留意する。何となく書いたり，だんだん雑になったりしないように，文字数や時間を決めて取り組み，一画一画ていねいに練習するようにする。書字に集中できるように，間違えても消しゴムは使わずにすぐ次のマスに書き直すようにすると，書いた文字のよい点や改善すべき点をフィードバックしやすくなる。

3 地図の指導

（1）地図を読む難しさ

　　地図から得られる情報を読み取り，その情報を基にして考えることは，社会科の学習において重要な活動である。土地の形，距離，位置，方向など，たくさんの情報が平面図に表され，1枚の地図から何を読み取るかは目的に応じてさまざまである。行ったことがない場所であっても，地図を読むことでその場所の様子を知ることができるなど，地図は日常生活の中でも非常に便利なものである。

　　しかし，視覚に障害のある児童生徒が地図を読み取るためには次のような課題がある。

全体像の把握
地形を理解するだけでも，点字使用の場合，広い範囲を指でたどり，その記憶を頭の中でつないで形をイメージする必要がある。

　　まず，地図の**全体像の把握**を瞬時に行うことが難しい。点字使用児の場合，一度に得られる情報は指先で触れている部分のみである。得られた情報を記憶しておいて，記憶したいろいろな部分の情報を頭の中でつなぎ合わせて再構成しなければ全体像を把握できない。こうした技能はいろいろなものをていねいに触って理解する経験を積む中で習得できるものではあるが，地図を構成する図形は複雑であり，最初からすぐにできるものではない。弱視児の場合も，地図の線や配色によっては全体の形がとらえにくくなり，よく見るために視距離を短くすると点字使用児の場合と同じようなことが起きるため，全体像を把握することは簡単ではない。

　　また，地図の中から必要な情報をすばやく検索することが難しい。地図にはたくさんの要素が混在しており，盛り込まれている情報量が多い。点字使用児の場合は，広い範囲にある情報を一つひとつ指で触り，必要な情報を探すことになる。弱視児の場合も，文字の大きさや並び方，線種，配色などによっては，必要な情報を探しにくい。

　　理解が不十分なまま学習が進むとしだいに抵抗感が生じ，興味・関心が低下しがちとなる。地図を使わない限り，地図を読む技能は身についていかない。

そのため，地図を読み取る際の負担感を軽減すること，地図を読み取る時間を十分に確保することが大切である。特に初期の指導をていねいに行い，発達段階や学習内容に応じた地図を用いることが効果的である。これらのことを踏まえながら，地図をしっかりと読み取って理解する経験を積ませていきたい。

（2）触ってわかりやすい・見やすい地図の作製

　既存の地図を活用するだけでなく，校内や学校周辺など，地図を独自につくる必要も出てくる。触ったときのわかりやすさ，見やすさに配慮しながら，地図を用いるねらいが達成されるために必要な内容を検討することが大切である。

　日本視覚障害社会科教育研究会が開発した「点字版基本地図」「みんなの地図帳」には，次のような工夫 [1], [2] が盛り込まれており，地図を作製するときの参考になる。

① 線の区別のしやすさ：点字使用の場合は使用する点や線の違いを際立たせる。弱視児の場合には線の太さや配色に留意し，線の種類を瞬時に区別できるようにする。また，入り組んだ複雑な形はたどりにくいため，デフォルメして簡略化する。

② 凡例のわかりやすさ：点字使用の場合，見開きのページ内に地図の凡例があると，地図中の記号や省略されたことばの意味などを確かめたいときでも地図との行き来がしやすく，便利である。凡例は五十音順や項目別に内容を整理するなど，規則性をもたせると検索がしやすい。凡例はわかりやすいことが重要だが，都市名や地形の名称などの省略はできる限り避けるのが理想である。そのまま表記するほうがわかりやすいだけでなく，凡例に戻る手間が減る分時間短縮にもなる。名称が長すぎてそのまま載せることができないなど，やむをえず省略する場合には，正式な名称を連想しやすい省略の仕方をする。

③ 地図の範囲の明確化：枠線で地図の範囲を明確に表すことで，タイトルやページ番号，縮尺，経緯線を用いたエリア表示など，地図の本体とは別の情報を枠外に記して区別することができる。地図のタイトルを枠外の定位置に記すことで，タイトルが探しやすくなる。

④ 地図に掲載する内容の精選：地図の目的や教育内容を踏まえながら，地図に掲載する内容をなるべく減らす。1枚の地図にいろいろな要素を盛り込むと混み合って読みにくくなるため，要素が多い場合は複数の地図に分ける。情報量を減らすことにより，必要な内容を無理なく配置させることができ，読み取りやすい地図となる。

⑤ 文字の配置の仕方：線と文字が接近したり重なったりすると読みにくいため，線と文字の間に適度な間隔をあける。墨字の場合，文字の向きが斜めになったり，字間があきすぎないように，向きや字間はなるべく統一する。

凡　例
地図中に使われる線や記号などが何を表すかを説明したもの。

⑥ 手触りの違い・色の使い方の工夫：点字使用の場合，海にあたる部分を凹点で埋めると，手触りで陸と海を区別することが容易になる。弱視児の場合は色の塗り分けが効果的な場合もあるが，文字と背景の色の組み合わせによっては見えにくくなる場合があるので留意する。

⑦ 複数枚の地図の統一性：複数枚の地図を作製するときには，凡例を同じにする，タイトルや凡例などの位置をどの地図でも同じにするなど，できる限り統一するとわかりやすい。複雑な地図を一枚つくって提示するよりも，単純な地図からだんだんに要素を増やしていくほうが理解しやすいが，その際も地図全体の統一性が図られているとよい。

（3）地図指導の留意点

　初めて学習する地図の場合，まずは形を調べたり，地図中にどのような要素があるかをじっくり見つけるなど，地図の全体像を把握するための時間が必要である。見つけた要素を発表する，気づいたことを自由に話すなどの活動をゆとりのある時間の中で行い，児童生徒自身がいろいろな発見ができるとよい。発見したことを構造的にまとめると，地図中の情報がことばで整理されることになり，理解も深まっていく。そして，ひとたびしっかり理解した後は，地図中の情報を探す時間も短縮されていく。

　例えば，小学部3年生の社会科で市内のいろいろな場所の地図が出てくる単元がある。港の周りの地図を提示し，見て気づいたことを出し合う活動を設定したところ，はじめは「高速道路がある」「工場がある」など，地図上の要素についての発言が多くあがる。見つけたことをしっかり認めながら，どこにあるかをていねいに確認していく。「南のほうに海がある」「高速道路と路面電車がクロスしている」「フェリー乗り場が海の近くにあって路面電車とつながっている」などのような発言があがれば，これもしっかり認め，**方位**や位置関係を表すことばを使うとどこにあるかがさらにわかりやすくなると価値づけていく。「なぜ海のまわりに工場があるのだろう」といった疑問が出されれば，これもおおいに認める。地図から読み取った情報を基にして総合的に考えている様子がうかがえる。このような発見を通して，地図の楽しさや便利さを感じる経験を積ませていきたい。

　地図を実際につくる体験も効果的である。白地図にいろいろな手触りや形のシールをはってどこに何があるかを表したり，弱視児であれば地図に色を塗るなど，無理なく楽しみながら取り組めるとよい。自分が作成した地図に愛着を感じ，地図を見たり触ったりする意欲も高まる。

　また，地図を読み取る機会を増やすことも大切である。視覚障害のある児童生徒が地図を読み取る機会は少なくなりがちである。社会科や自立活動の他にも，位置を調べ，確かめるような機会があれば地図を活用できる。校外学習で

方　位
東西南北の方角。北東・北西・南東・南西を加えた八方位を意識することは歩行指導においても重要である。

利用する路線を事前に確認するときや，レクリエーション活動で校内で宝探しをするときなど，地図を使う目的を意識しながらいろいろな場面で地図を読み取る機会を設定すると，地図がより身近な存在となる。

　その他，地図を読み取るときに意識したい点を以下にあげる。

① 地図のタイトル：中国地方について理解している場合，「中国地方の県と主な都市」といったタイトルを読めば，地図の内容をある程度イメージすることができる。地図のタイトルは地図の全体像を把握するうえでも大切な情報であり，必ず確認するようにする。

② 基　点：地図を読む際に基点を意識する習慣をつけたい。地形が特徴的な所，学校内の地図であれば玄関や自分の教室，地域の地図であれば駅や身近な建物，日本地図であれば東京や県庁所在地，世界地図であれば日本の位置や各国の首都など，身近な所や特徴的で覚えやすい所が基点となりやすい。知りたい情報が探せないときにはいったん基点に戻り，その基点から位置や方向を確認するとよい。基点とする場所にシールをはるなどして，目立たせるような工夫も効果的である。点字使用者の場合は両手を使って触ることが基点を意識するうえでも非常に大切であり，地図上の情報を効率よく読み取ることにつながる。

③ 説明のことば：位置を知らせる場合，指で示すなどしながら「ここだよ」と伝えると手早いが，「地図の西のほうにあるとがった所」などのように，ことばでヒントが与えられれば，自分で方向や位置を考えながら探すことができる。また，「イタリアはブーツの形をしている」といった情報は印象に残りやすく，理解の手助けとなる。ブーツの形をイメージできれば「ブーツのつま先にある島」といった説明もわかりやすい。

基　点
基準とする位置。基点を意識することにより，位置関係を把握しやすくなる。

4　作図の指導

（1）作図の難しさ

　定規，三角定規，コンパス，分度器といった作図用具を使って図を描くとき，視覚に障害のある児童生徒にとっては次のような課題がある。

　まず，全体像を確認しながら作図することが難しい。晴眼者であれば，始点と終点の確認は視線の移動だけでできることである。視覚に障害のある児童生徒の場合は，触っている所，または，目を近づけて見ている所は部分的な情報であるため，始点と終点を行き来して確認するのに時間がかかる。

　次に，両手をうまく協応させて操作することが難しい。「左手で定規をしっかり押さえながら右手で線を引く」など，利き手でないほうの手の役割も重要であるが，慣れが必要であり，それまでの用具の使用経験の影響も大きい。点字使用の場合は，目盛りの読み取りなども指を使って行うため，さらに高度な

手の使い方が求められる。

　また，目盛りを正しく読み取るのに時間がかかる。点字使用児の場合は指で目盛りを順番に数える必要がある。弱視児の場合も細かくて見えにくい目盛りを読み取るのにかなりの集中力を要する。

　一方で，作図を行うことが図形のイメージをつくったり確認することの助けとなり，視覚障害のある児童生徒にとっても作図を行うことの意義はある。用具の使用技術の習得には時間がかかるため，自立活動の時間と関連させながら，作図の仕方が定着するように指導する必要がある。

（2）点字使用の場合

レーズライター
p.169 参照。

　点字使用の場合は，ボールペンを使って**レーズライター**用紙に作図する。シリコンマットの上に置いた用紙にボールペンで描いた軌跡が凸線となり，そのまま用紙の表面を触って確認することができる。筆圧が弱いと描いた線が浮き出ないため，適切な筆圧を意識する必要がある。また，一度描くと消すことができないため，場合によってはやり直しをしなくてもよいように配慮する。

作図用具
触って使いやすいように工夫された三角定規1組，分度器，ぶんまわしのセットがある。作図の際はレーズライターを使う。

ぶんまわし
コンパスの和名であるが，視覚障害教育では，上の写真の右下にある用具をさす。レーズライター用紙の上で一方の端の穴にピンを刺して留め，他の箇所のいずれかひとつの穴にボールペンの先を差して回転させて円を描く。

　作図用具も，点字使用者が使えるように工夫された視覚障害者用のものがあり，指で触って目盛りを読み取れるようになっている。目盛りが細かすぎると触って読み取りにくいため，長さの目盛りは5mm単位になっている。三角定規は，2枚組み合わせて平行線を引く場合など，定規の縁に段差を設けて2枚の定規がかみ合うようになっており，ずれにくいようにつくられている。分度器は，角の頂点や0°にあたる線を触って合わせやすいように，半円形の切り込みが入れてある。

　円を描くときは，一般の児童用のコンパスで凸線が出るように筆圧を強くして描くと円弧がずれやすいため，視覚障害者用の作図用具のセットに入っている**ぶんまわし**を用いたほうが容易に作図できる。しかし，長さを測り取るためにコンパスを使うことは可能であるため，コンパスの扱い方を知っておくとよい。ねじで幅を固定できる作図用コンパスや，金属に印をつけるけがき用工具のコンパスなど，円弧がずれにくいコンパスを使うことも考えられる。

　初めて用具に出会うときには，用具を触って気づいたことを何でもいいのであげさせるとよい。形，大きさ，目盛りの位置や長さ，凸点の位置や数，穴がある場所など，いろいろな発見をする中で用具の全体像を把握することができる。

　定規で直線を引くために，小学2年生の算数の点字教科書では次のように説明されている（文部科学省，2020）。

　① レーズライター用紙の上に定規を置く。

　② 始点となる定規のくぼみにボールペンの先を合わせて始点を確認する。

　③ ボールペンを立てるように持つ。

　④ ボールペンの芯の先に中指の先を合わせる。ボールペンの芯と中指の先

が同時にレーズライター用紙に触れるようにして線を引く。

⑤　描き終えたら，必ず始点と終点の確認をする。

このように，位置を探す，用具を固定させる，目盛りを読み取る，起点や終点となる目盛りにボールペンの芯の先を合わせる，適度な筆圧で描く，描いた線を確認するなど，これらの作業を手だけで行うことになる。時には一度に複数の作業を行うこともある。作図用具にはピンを刺すための穴があいており，ピンで固定させることで作図用具から手を離すことができるようになるため，状況に応じてピンを活用すると便利である。また，ボールペンの持ち方も重要である。ボールペンを持つほうの手の人さし指または中指を芯に沿わせると，ボールペンを動かしながらきちんと線が描けているかどうかを確かめることができる。ボールペンを垂直に立てるのは適度な力を入れて明瞭な線を描くためである。晴眼者の「正しいペンの持ち方」にこだわる必要はない。

（3）弱視児の場合

視認性や操作性の高い作図用具を用いることで，作図の精度は上がりやすくなり，負担の軽減にもつながる。**白黒反転**する，数字を大きくする，目盛りを少し太くするなど，見やすく工夫された弱視者向けの作図用具がある。一般の作図用具の中にも見やすいデザインのものや使いやすい工夫がされているものがある。また，既成のものに少し手を加えて使いやすくすることもできる。定規の裏側に滑り止めをつけておくと，線を引くときに定規がずれにくくなる。コンパスで半径を測り取るときには，定規の0の目盛りのところに溝をつくっておくと，コンパスの針をその穴にさして固定することで測りやすくなる。

指導にあたっては，『弱視児用作図指導プログラム』（大倉・秋山，1995）などのように，スモールステップで進めていくと効率的である。目標を明確にして課題を意識しながら取り組み，作業の結果を自分で判断するようにしたい。終点がわかりやすいように定規の0に向かって線を引く，横線を引く場合は筆記具の先をしっかり見るために定規の手前側に筆記具を沿わせるなど，一般的な方法にとらわれず，よりよい方法について児童生徒といっしょに考え自分なりの方法を獲得していくことも大切である。また，見え方に応じて視覚補助具を用いながら作図する方法を指導する。手持ち型の拡大鏡を用いる場合は，筆記具や作図用具の操作に加えて拡大鏡を持つことになるため，指を巧みに使って工夫する必要も出てくる。指導者は見えにくさや操作のしづらさゆえの難しさを理解する必要があるが，評価を過度に甘くする必要はなく，段階的に取り組むうちに誤差1mm以内で作図をすることも可能となってくる。練習によってより正確にできるようになったり，自分なりの工夫を見つけられたりすることが達成感や自信にもつながり，意欲も高まっていく。

白黒反転
白地に黒い文字ではなく，黒い地に白い文字を書いたもの。見え方にまぶしさのある人など，通常の色使いよりも白黒反転の方が見やすい人も多い。

見やすい白黒定規
（株式会社レイメイ藤井）

5　理科の観察・実験の指導

理科は自然現象を体験させる時間であり，能動的な探索を行うことが大切である。見て観察するときも触って観察するときも目的意識をもって眼や手，身体を動かすことが基本である。教員が細かな指の動かし方や両手の動かし方について伝えながら観察する経験を増やすことで，**触って観察する**能力が向上していく。触って観察する場合，指や手が眼の役割をすることを踏まえ，教材の持ち方を意識しなければならない。このことは教員が実際に触って観察してみることで，より指導に配慮できるようになる。観察は見ること，触ることだけではない。音やにおいなどの感覚を使い，五感をフル活用するように指導する。

観察・実験ともに共通していることだが，教員は単元の学習内容の本質が何なのかを見極める必要がある。また，視覚特別支援学校では学習内容の基礎・基本を習得することが目標である。学習内容の本質と基礎，基本を基に教材や授業をつくりあげていくことが求められる。児童生徒の実態に応じた観察・実験の方法を検討することも必要である。

触って観察する
触察と表現する場合もある。

（1）観察の指導

1）観察する際の配慮事項

①　**触るものは一人ひとつ準備する**　　触察の対象物は一人ひとつが望ましい。ひとつのものを観察することに多くの時間をかけ，教員や仲間と対話して観察するポイントをつかむ必要がある。観察するポイントを習得できると，次に似たようなものを観察する時間の短縮になる。観察から得られた情報は言語化して，記憶や記録することで理解につながっていく。一度に多くのものを観察すると，様子をとらえることが困難になってしまうことや，時間が経つといくつかのものの記憶が混ざってしまう可能性がある。観察し比較する場合は，ひとつの観察したもののイメージがしっかりできるまでは次のものと比較しない。

②　**観察するものの全体像を把握する**　　まずはじめに全体像を把握できれば，観察の流れの見通しをもつことができる。触察する場合は触った部分を児童生徒の想像の中でつなげていくことで，全体像が完成していく。教員は想像の中でつないでいくことを意識したことばがけをすることが重要である。また，触る起点を意識した声がけも重要である。起点ははっきりしたものがよい。

簡単な例として，葉のついた**だいこん**の全体の観察をとりあげる。触り方には，葉と白い部分（根，茎）の間を基準に，根の方向や葉の方向を観察していく方法がある。また，根のとがった部分を基準に白い部分を観察し，葉を観察していく方法もある。声がけの一例として，「根のとがった先の部分を触るスタート地点として，少しずつ上のほうに両手を動かしていくと，太さはどのように変化するかな。感触に変化はあるかな。何か気づくことはあるかな」といっ

だいこん

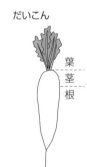

葉
茎
根

た具合に指や手の動かし方を説明しつつ，対話をしていくようなイメージである。児童生徒が観察したときの指や手の動かし方を説明できるようになったら，様子をとらえることができている。

　視覚障害のある児童生徒は見て触っても，様子を確実にとらえることが困難なことがある。特に全盲の児童生徒は触っただけでは，あいまいな感覚であることが多い。あいまいな感覚を補っていくのが教員の的確なことばである。教員のことばがあいまいな感覚を正しい理解へとつなげていく必要不可欠な架け橋である。

　③　**抵抗感がある生徒の対応**　　観察を行ってみると，触ることに抵抗感がある児童生徒もいる。そのような場合は強制せず，触るものの情報をことばで伝えることや，やる気が出るような声がけを意識する。また，仲間の触っている様子に刺激を受け，触り始めることもある。

2）観察の実際－動物の骨格の観察

　視覚障害のある児童生徒にとって，動物の観察の困難点として，動く動物を捕まえることや，速い動作をとらえることなどがある。動物の観察は，実物の骨格標本を活用して，基本的な構造や形態の多様性を学習することができる。剥製を用いた観察より，骨格を用いたほうが多くの情報を得ることができる。肉食動物の頭骨（図3−25）の観察についてはオオカミ，ライオンなどを用いて行ってみると，両手におさまるようなサイズ感でとらえやすい。

　基本的な頭骨の観察で扱うことを表3−15に示す。

　観察してみてわからない場合は，自分の頭と比較する。自分の頭と比較する際は頭骨の置き方が重要で，向かい合わせではなく自分の頭の向きと同じようにすることで触って比較しやすくなる。それは手の動かし方が同じであるからである。例えば耳の穴の位置がわからない場合は，「人間の口を基準に考えると口から上に移動すると鼻の穴があり，その両側に頬骨がある。頬骨の形にそって指をたどっていくと耳の穴に到達する。同じように探してごらん」などのように説明することができる。このことを伝えると耳の穴を見つけ出すことが可能である。

　実際にこのような実践を行うと教材の課題もある。ひとつの単価が高価なため，児童生徒全員分を用意すると費用がかかる。頭骨を提供してもらえる場所が少ないうえに，観察を繰り返していくと頭骨は年々劣化する。また，児童生徒の多様化する実態に応じた課題が生じる。そのようなときにはICT機器などの活用を試みることで新たな視覚障害教育の可能性を開くことができる。

　３Ｄプリンタを活用することで，一人ひとりの対象物を準備しても，低価格におさえることができる。データがあれば何度も作成することができ，何年経っても同じ教材を用意することが可能である。ただし，いくら利点があるからといえどもいきなり３Ｄプリンターの活用を考えるのではなく，実物の観察

３Ｄプリンタ
データを元に立体を造形する機器。日本語では立体印刷機という。

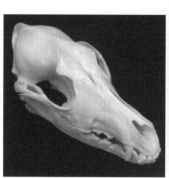

| 実　　物 | タブレット端末で拡大 |

図 3−25　頭　骨

表 3−15　頭骨の観察の基本

観察部位	方　　法	観察する内容
上あご	触　　察	頭のどの部分かを考える
	下あごを合わせる	あごのつながりを調べる
歯	形をみる	草食動物か肉食動物か判別する
頭全体	触　　察	口・歯・鼻・眼・ほほ・耳を観察する
		頬骨・頭蓋骨・頭蓋骨の後ろの穴・表面の様子や厚さ・重さを確認する

を重視することを忘れてはならない。

　次は実際に３Ｄプリンタを活用して頭骨を観察した例をあげる。実物の頭骨を観察し，前述のような観察ポイントを児童生徒が記憶できるまで観察を繰り返し行う。いくつかの頭骨の観察を行い，観察するポイントを活用できるようになった段階で，３Ｄプリンタで造形した頭骨の観察を行う。この方法で児童生徒は動物について新たな知見を広げることが可能である。実物の頭骨の触察に時間をかけることが重要なことで，触察方法やとらえるポイントを理解できていなかった場合は全く意味をなさない。そのため，３Ｄプリンタで造形した頭骨の観察を行う前に実物の頭骨を使用した観察学習を十分行う必要がある。

　iPad などのタブレット端末を利用し，カメラアプリや写真アプリを活用することで生徒の視力に応じた拡大機能を使用することができる。拡大した映像を見ながら観察したり，写真や映像で記録してから拡大したり，写真などに書き込みを行うなど多様な方法で観察を深めることが可能である。タブレット端末を使う際はアームなどの固定できるものや，タブレット端末の角度を調整できる台を用意し，学習環境を整えることが必要である。

iPad
視覚障害者が操作しやすく，拡大機能，白黒反転機能，音声で読みあげる機能などが備わっている。

194

図 3-26　顕微鏡のキットに板をはった

図 3-27　タブレット端末で
微生物をとらえた

3）観察の実際－顕微鏡を使った観察

　タブレット端末を使用することで，操作が簡易化され，写真に記録でき，何度でも見返すことができる。スマートフォンを簡易顕微鏡にする教材キットが市販化されている。そのような教材キットに板などを張りつけるなどしてタブレット端末でも使用できるようになる（図3-26）。プレパラートの移動の際，上下左右はそのままの感覚で操作できる。ピント調整の際，タブレット端末が補助の役割を担うことができる（図3-27）。操作性が簡易化されたことで，観察内容に集中することができる。

　弱視の児童生徒の多くは星を見たことがなく，天体の単元を学習するときに

図 3-28　天体のアプリ

図 3-29　天体のシミュレーション（左）と大型天球の活用（右）

星空のイメージをもつことができない。昼の授業では実際に星空の観察を行うことはできない。そのような場合，天体のアプリを活用して星空の様子や，星が動くことをシミュレーションによって事前に学習することが可能である（図3-28）。タブレット端末を向けた方向の星空の様子が画面に表示されるアプリを使用する。また，大きな天球とアプリのシミュレーション機能を合わせることで天球に星が動く様子をシールで記録することができる（図3-29）。

（2）実験の指導

1）実験する際の配慮事項

実験器具は児童生徒が安心して使うことができる安全なものを提供しなければならない。例えば通常の試験管立てを使用した場合，誤って倒してしまうことがある。そのような失敗経験が積まれていくと操作に自信がもてなくなるおそれがある。しかし，底にアクリル板などを1枚はりつけることで安定した試験管立てが完成する。また，使う実験器具だけをそのまま児童生徒に渡した場合，どの器具がどこにあるかわからなくなったり，自分と隣の席の人の器具の区別ができなくなる。器具を提供する際はトレイや食品パックなどの容器に入れる配慮が必要である。容器という枠があることで，自分の器具を管理できるようになる。さらに，器具単体ではなく，容器の中のどのあたりにあるかまでをセットで記憶することで，スムーズに器具を探し出すことができる。

2）感光器の活用

実験を行うにあたって**感光器**の活用を忘れてはならない。感光器を使用することで視覚障害のある児童生徒が多くの実験を行うことができるようになる。例えば，**BTB溶液**を用いて水溶液の性質を調べる実験で，色の変化を感光器で調べたとする。中性を示す緑色に感光器をあてた際の音の高さを基準にする。酸性は黄色なので緑色より明るくなり，音が高くなる。アルカリ性は青色なので緑色より暗くなり音が低くなる。音の変化があまりない場合は中性である。児童生徒は音の高低の変化に集中することで，水溶液の性質を特定することができる。忘れてはならないのは，この学習内容の本質はBTB溶液の色ではなく，調べる水溶液の性質であるという点である。

3）スマートフォンのアプリの活用

ある日，全盲の生徒から，「音が低くなって青色になったのはわかるけど，もしかしたら他の色で低くなる可能性はないのだろうか。もし黒色になったとしても音が低くなるんじゃないのかな」という質問があった。この生徒の疑問は，スマートフォンのアプリなどを活用して，色の情報を音声で提供することで解決できる。

図3-30のようにカメラでとらえた色を判別し読み上げるアプリをインストールしたスマートフォンを台などに固定しておく。そのカメラの向いている

感光器
向ける方向の明るさに応じて音の高さが変わる機器。音は，明るい方向に向けると高くなり，暗い方向に向けると低くなる。

BTB溶液
酸性で黄色，中性で緑色，アルカリ性で青色を呈する。

場所がわかるように，シールなどで印をつけて，シールの上に水溶液を置くとアプリが色を読み上げるような装置をつくることができる。この装置は生徒の疑問を解決し，児童生徒一人で操作できるように工夫されている。

4）タブレット端末のカメラアプリの活用

タブレット端末のカメラ

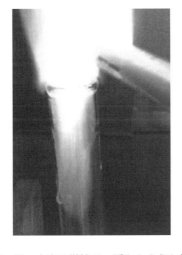

図 3-30　色判別アプリを用いた
水溶液の色の測定

アプリを活用すると，火を使うような近づきにくい実験であっても，録画することで安全に拡大して観察できる。例えば図 3-31 のように水素が燃える様子を録画し，スローで細かく観察し，一瞬，緑色に燃える様子をとらえることができ，眼で見ただけではわからない発見をすることができる。

タブレット端末の画面側のカメラを活用することもできる。図 3-32 のようにタブレット端末の画面側にあるカメラの上にビーカーなどの透明容器を置くことで，中和反応の実験などで水溶液中の様子を観察することが可能になる。まるで水溶液の中に入り込んだような様子を撮影することができる。

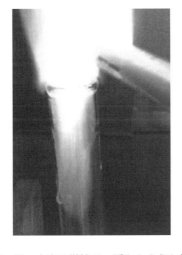

図 3-31　水素の燃焼の一瞬をとらえた様子

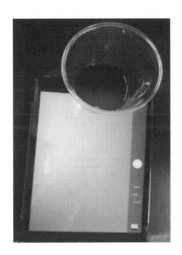

図 3-32　画面側のカメラを活用した様子

6　英語の指導

　他の教科に比べ，視覚障害者にとって英語は，比較的学習しやすい教科であるといえる。その理由として，まず，アルファベットの字形は見やすいということがあげられる。曲線的で画数が多い複雑な漢字のある日本語に対し，アルファベットは，直線的で画数も少なく，識別がしやすい。次に，英語は横書きであるため，読んだり書いたりしやすい。縦書きの文字は，文字に顔を近づけないと見づらい弱視児は，大きく頭を上下に動かして読まなければならないため，大変負担になる。また，理科や数学，社会のように，細かい図表やグラフなどを読むことも比較的少ない。さらに，「聞くこと」と「話すこと」の学習に関しては，読むという負担は最も軽減される。

　このように，見えの困難さから考えると，英語は比較的学びやすいといえるが，一つひとつの文字をていねいに見るということが必要である。一つひとつの単語の意味をとらえて全体の内容を把握しなければならない。ひとつでもおろそかにしてしまえば，意味や内容を取り違えてしまうことになる。見えにくさからつい読み間違えたり，ていねいに見ることを怠ったりするうちに，英語がわからなくなってしまう。英語は積み重ねの教科であるため，このようなことが続くと，どんどん苦手になるという悪循環が起こってしまう。このようなことにならないように，英語は学びやすいということを心に留めて，児童生徒が，英語を好きに，そして，得意になってくれることを願って，以下のことを提案したい。

（1）ライティング

　まず第一に，板書をする際に，読み上げながら黒板に書いてほしいということである。読み上げることにより，たとえ，見えづらくても，何が書かれているかがわかり，効率よくノートを取ることができる。聞き逃した部分を確認したいときには，単眼鏡を活用したり，手元の教科書に書いてあることならば教科書から写すなどして，それぞれに合った方法で，効率のよいノートテイクを心がけ，スピードアップを図ってほしい。見たり書いたりするのに時間がかかるため，読み上げることにより，見えにくさが補われ，スムーズに理解を促し，安心して学習することができる。

　アルファベットは読みやすい反面，区別がつきにくいものがある。小文字のa，o，cは区別がつきにくいことが多く，注意が必要である。また，単語のスペルでrの後にnが続くとmに見えるなど，間隔が狭いことでつながって見えたり，ぼやけて見えたりすることがある。一度覚えて定着している単語はすらすらと読むことができるが，新出単語については，指導の際に気をつけて正しく覚えられるよう，一つひとつのつづりの確認をするとよい。また，最も小

さいカンマ（,）とピリオド（.）は，最も区別が難しいので，これについても，確認を要する。

（2）リーディング

　視覚障害のある児童生徒にとって，最も大変なのは，長文読解である。見え方や読解力に個人差はあるが，文字を認識するのには時間がかかり，一瞬で読める範囲にも限りがある。そのため，一度に多くの情報を得ることは難しく，読み返したい箇所へ戻るにも時間がかかる。これに対処する読み方の工夫としては，英語を英語のまま，読み進めていくことである。日本語の語順に変換せずに，英語の語順に従って，意味のまとまりごとにスラッシュ（／）を入れたり，主語と動詞に下線を引き，S・Vと書いたり，キーワードに印をつけたりしながら単語が並んでいる順に従って内容を理解していくことである。点字使用者は，ふせんを活用するとよい。印をつけることは，理解を促すだけでなく，後から読み返しやすくなる。

　入試では視覚障害受験者に対して，1.3倍や1.5倍の時間延長措置がとられることが多い。英語の点字には，略語や縮字があり，速く読むのに有効である。しかし，それでもやはり，初めて見る長文を読むのは，時間だけでなくプレッシャーもかかる。自信をもって臨めるよう，普段，リーディングの練習を多く取り入れるとともに，ニュースなどの知識を増やしておくことも大切である。

（3）リスニング

　リスニングにおける見ることの負担は，リーディングに比べて少ないが，内容を理解していくという点では似ている。聞き取りが不十分な部分はそのままにせず，スクリプト（文字）をしっかり見直し，音声だけでなく内容も確認することがリスニング力向上の秘訣である。ただ，スクリプトの中から，聞き取れなかった箇所を探すのが難しい場合は，教員がその部分を示すようにする。また，**シャドーイング**を行うこともリスニング力アップに有効である。英語特有の発音やアクセントが身につき，スピーキング力向上にも役立つ。録音して，フィードバックすることもでき，少人数でも活発にできる練習である。シャドーイングを録音するという声の宿題を出すこともお勧めである。

シャドーイング
影のように対象の音声をまねて追いかけていく練習法。

（4）スピーキング

　視覚特別支援学校では，少人数のクラスが多くマンツーマンの授業が多い。その中で，筆者自身の反省であるが，児童生徒が，「はい」「いいえ」で答える発問をしてしまうことがある。できるだけ，児童生徒が意見や考えを発言できるように**オープンクエスチョン**を使う工夫をしたり，英語を多く話す時間を増やすことを意識する。また，いくら英語を上手に話せても，話す内容がないこ

オープンクエスチョン
「はい」「いいえ」では答えられない質問。

199

とには，生かすことはできないので，海外のニュースに目を向けたり，自分の
ことやさまざまな話題について考えることを習慣づけることを通して，お互い
に視野を広げていきたい。

　英語学習へのモチベーションを高めるために，実用英語技能検定（英検）の
受験は効果的である。合格という目標は，学習の励みになる。拡大版の問題冊
子の提供や，時間延長などの特別措置もあり，過去の問題も公開されているの
で，学習しやすい。2次試験のスピーキングテストは，本会場でのみ行われる。
初対面の面接官からどんな質問をされるかわからないため，緊張感をもって答
えるという貴重な経験の機会にもなる。そして，見事合格できれば，大きな喜
びとなりますますモチベーションが高まり，次のステップへ踏み出す自信がつ
く。たとえ，不合格となったとしても，英検は年に3回実施されているので，
またすぐにチャレンジすることができるのもよい。

（5）ICT の活用

　最近，学校教育の中にも，ICT の活用が導入されるようになったが，視覚
障害者にとって，iPad の活用は特に有効である。iPad は文字の大きさを自分
の見やすい大きさに拡大でき，しかも大きさがちょうど視野に入るくらいの大
きさで，頭を上下左右に動かすことなく，楽に読むことができる。また，英語
の音声をネイティブの発音で聞くことができ，24時間いつでも日本に居なが
らにして英語を聞くことができる。速さの調節もできる。iPad の音は非常に
クリアできれいなので，リスニングの学習に最適である。

　生徒の見え方はさまざまなように，個々の児童生徒の学習の到達度もさまざ
まである。中には，中学初期の学習段階でつまずき，定着の難しい者もいる。
このような場合，教科書を進めていくのは厳しいと思うが，内容を選びながら，
教科書を終わらせることが望ましい。どうしても，あれもこれもと大切なこと
を教えたくなってしまうが，基本的なことに絞って教えるということと，児童
生徒がネガティブな気持ちにならないことを心がけたい。

　地域の小・中・高等学校では，アクティブラーニングが多く取り入れられ，
特に英語の授業では活発に行われている。アクティブラーニングにおけるペア
ワークやグループワークの中には，「見る」ことが多くあり，地域で学んでい
る見えに困難のある児童生徒への配慮が必要である。事前にどのような活動を
するのかを伝えたり，資料を前もって渡しておいたりするなどの配慮があれ
ば，スムーズに参加することができる。複数人でひとつの資料を共有して見る
ことや，とっさに読んで行動するなどの活動は，心理的にも不安を感じること
のないように，事前に資料提供やことばでの説明などの配慮をする必要があ
る。

（6）家庭学習

　家庭での自主学習については，復習だけでなく予習もしてくることを習慣づけたい。新出語句を調べる際には，紙の辞書は見えにくいが，電子辞書を使って調べたり，単語集から調べたりすることができる。単語集には，教科書に出てくる単語はたいてい載っているので，活用するとよい。授業の予習・復習以外にも，模擬試験の復習を，解説をしっかりと読んで行うことも理解を深めることができるので行ってほしい。点字使用の児童生徒には，模擬試験が終わってすぐに復習ができるように，解答解説を録音し提供するとよい。

　以上のことは，生まれつき弱視である筆者自身の学生時代の経験と，英語の教員となり，視覚特別支援学校に赴任し教えていることから思うことである。また，さまざまな研修を通して，どんなに英語ができる人でも，つねに英語学習を続けているということを知った。筆者も英語力向上に努めるとともに，児童生徒の可能性を信じて，今後も指導力向上に励みたい。

7　体育の指導

　視覚障害のある児童生徒への体育指導では，特に「安全面の配慮」と「視覚障害に配慮した指導法」が重要である。運動時の安全を十分に保障し，教材や指導法を工夫することで，視覚障害による学習の困難さを軽減することにつながる。

（1）安全面の配慮について

　最も気をつけなければいけないことは「安全」である。「安全」をしっかりと保障することができれば安心感を生み出し，より主体的な身体活動を引き出すことができる。

1）学習環境の整備

　体育館の床やグラウンドには，なるべくものを置かないようにしたい。ものを置く場合には，配置を変えないようにする。日ごろと場の環境が異なる場合には，事前に児童生徒に対して変更点を告知するなどの注意喚起をしておくことが，けがや事故の防止につながる。また，学習で使う器具には，衝突などに備えてカバーをつけるなどの安全対策も必要である（図3−33）。

　運動時に体育館へ持ち込むことが想定される飲料水やタオル，用具類を置く場所にも配慮したい。床に直接置くのではなく，ステージなど高さのある場所に置いたり，置く場所を指定することで，不慮のけがや事故を防ぐことができる。

　また，日差しの影響等によって，見えにくさを感じる児童生徒もいる。その

図 3−33　器具の安全対策の例－カバーをつける

ため，体育館を使用する場合には，カーテンを閉めて照明をつけることで光量を一定にする。グラウンドを使用する場合には，帽子や**遮光眼鏡**の着用を促すなど，まぶしさを軽減できるように配慮する。

遮光眼鏡
第2章第3節 p.72 参照。

2）眼疾患や見え方への配慮

視覚障害のある児童生徒の中には，眼疾患により運動が制限されていたり，運動自体が禁止されている子もいる。その場合には，本人や主治医，保護者，養護教諭と連携して運動の可否や強度を決定する必要がある。また，眼疾患だけでなく，その他の既往歴や合併症，年齢や運動歴なども考慮することが望ましい。その他，見えにくさのある児童生徒に対しては，視力や視野，色覚や明暗などの個々の見え方の特徴を把握しておき，指導の際に配慮することが大切である。

（2）指導法について

児童生徒の発達段階に合わせた指導を基本とし，視覚障害による学習の困難さを軽減するために，教材や指導法を工夫する。

また，学習内容の理解が不十分になることも想定されるため，基礎的・基本的な事項に重点を置くなど，指導内容の精選や，弾力的な指導計画の立案を心

コラム　小規模校における指導の工夫

小規模校においては，球技などの集団スポーツを単元として取り上げにくい場合がある。それでも，ルール等を工夫して球技の醍醐味である「ゲーム」のおもしろさに触れる機会を設けたい。例えば，視覚特別支援学校でよく行われているフロアバレーボールでは，コートサイズを縦半分にすることでプレーエリアが狭くなり，少人数でもゲームを楽しむことができる。

その他，学校行事やPTA活動と組み合わせて，全校児童生徒と教職員，保護者が一体となって球技を行う機会を設けることも工夫のひとつである。

がけ，児童生徒の状況を把握しながらていねいに指導することが大切である。

1）動作のイメージをつかませる指導

運動動作を理解させるためには，全体的なイメージをもたせてから，動作を分割して指導することが効果的である。ただし，動作の習得は部分の積み重ねではないことに留意し，動作の目的から逸脱しないようにする。また，フォーム（形）の美しさにこだわらず，動作ができているか，動作の目的が達成できているかを見極めながら指導することを心がけたい。

指導する際には，はじめに指導者の身体の動きに触れさせることで，大まかな動作をイメージさせる。水泳の泳法や走幅跳の空間動作など，直接触れさせられない場合には，模型や見本を利用する方法もある。次に，指導者が児童生徒に触れながら，具体的な身体の動きを指導する中で，正しい動作を引き出していく。その際，動作に合わせて，ことばで説明することで，児童生徒は自己の動作とことばを結びつけながら運動動作を身につけることができる。

2）的確なフィードバック

晴眼者であれば，見本となる動きや映像などの視覚情報を模倣したり，自己の動作と比較したりすることができるが，視覚障害があるとそのようなことが難しいため，教員からのフィードバックがその代替となる。正しい動作が行われているときの肯定的なフィードバックは，動作獲得に有効な手段となる。フィードバックは，次の3点を意識しながら行うことが効果的である。

① **素早く行う**　時間をあけずにフィードバックする。運動を行うごとにフィードバックすることで，間違った動作をすぐに修正することができる。

② **簡潔に行う**　フィードバックの際には，なるべく短いことばでわかりやすく伝えることを心がける。フィードバックするポイントが明確な場合には，「○」か「×」だけのフィードバックでも構わない。

③ **要点のみ伝える**　複数の動作や項目を取り上げて，フィードバックすることは避ける。意識させたい部分のみをフィードバックすることで，理解が容易になる。また，フィードバックの際には，「あっち」や「ここ」などのあいまいな指示語は避け，具体的な位置や方向，身体の部位を示すことばを選んで伝えるようにする。

3）個々の見え方に応じた指導

視覚障害の程度によって，**見え方が異なる**ため，個々の見え方に応じて，指導法や手順を工夫する必要がある。

① **視覚情報が活用できない場合**　視覚以外の感覚器を用いた指導を行う。上述したような，身体や模型に触れながらのイメージづくりや，ことばによる説明が有効である。児童生徒が低年齢の場合には，わかりやすいことばや**オノマトペ**を用いたりしながら，身体の動きとことばを結びつけて動作を獲得していく。

晴　眼
第1章第2節 p.6参照。

見え方が異なる
同程度の視力でも，視野の広さやまぶしさの程度によって見え方に影響を与える。

オノマトペ
音や声などをまねた擬声語，あるいは状態などをまねた擬態語をさすことば。

203

図 3-34　マットの工夫の例－テープで中心線をつくる

　ただし，ことばによる説明が指導の中心になると，詰め込み型の指導になりやすい。指導の際には，児童生徒がみずから考えたり，予想したりするような学習課題の提示や声がけを心がけたい。

触覚教材
p.175 参照。

　その他，球技におけるコートの全体像などを説明する際には，**触覚教材**を用いることでイメージをつかみやすくする。

コントラスト
第2章第2節 p.56 および p.157 参照。

　②　**視覚情報が活用できる場合**　視覚情報が活用できる場合は積極的に活用していく。使用する用具などは，視認性が高まるように色を変えたり，**コントラスト**をはっきりさせることが有効である。例えば，マット運動の場合，マット中央に色が異なるテープを貼るだけで，マットの中心線がわかりやすくなる（図3-34）。

　写真や映像等の資料を用いる場合には，iPad などの ICT 機器を用いて提示することが効果的である。ICT 機器を用いることで，「手元で資料が確認できる」「自由に拡大できる」「使用する場所に合わせて画面の照度を変更することができる」など，個々の見え方に合わせて調整することが可能になる。その際の注意点として，用いる写真や映像は，解像度の高いものにする。また，ICT機器で児童生徒の動作を撮影し，拡大して細かい部位を確認したり，コマ送りして動作を見返したりすることも，動作の理解や技能の習得に効果的である。

8　歩行の指導

（1）歩行訓練

1）歩行訓練について

　視覚障害者の歩行訓練というと一般的には「白杖の持ち方や振り方」という白杖操作技術を習得する訓練のイメージがあるが，実はとても奥が深い。アメ

定　位
p.208 参照。

リカでは視覚障害者の歩行を「**定位と移動**」（orientation and mobility）といい，移動だけではなく定位にも着目している。

　また歩行訓練は，白杖や盲導犬などの補助具を使用して歩行する「屋外歩行」，白杖などの補助具を使用せず手による伝い歩き・防御，方向の取り方などの歩行技術を習得する「屋内歩行」，晴眼者によるガイドによって歩行する「手引きによる歩行」の三つに大きく分類される。

　歩行訓練は，四つの歩行の条件の下，五つの基礎的能力と五つの歩行能力が重要なキーワードとなる。

　歩行の条件は，① 安全性・安心感の確保，② 能率性の検討，③ 社会性の検討，④ 個別性の検討の四つである。この中で，① 安全性・安心感の確保は最優先であり，他の三つは同列で考える。歩行訓練では，一人ひとりの視覚障害児童生徒や，歩行環境に応じて四つの条件を満たす方法を選択することが重要であり，そうした多様性に合わせて適切に判断する専門性が求められる。

　基礎的能力は，① 知識，② 感覚・知覚，③ 運動，④ 社会性，⑤ 心理的課題の五つである。この基礎的能力は，歩行訓練を効率よく進めるために重要である。特に視覚障害児童生徒の場合，ボディーイメージや自分中心の左右と相手中心の左右，東西南北の相互関係といった知識は，歩行訓練における「定位」を考えるうえで重要な知識である。また，音の弁別や知覚は視覚以外の感覚を活用して行う視覚障害者の歩行にとっては大切な能力である。

　歩行能力は，① 歩行技術の習得と駆使，② 地図的操作，③ 環境認知，④ 身体行動，⑤ 情報の利用の五つである。これらの中で，②と③は定位，①と④は移動に関する能力である。

　また視覚障害者の「単独歩行」とは，すべて独力歩行のことではなく，援助依頼は必要不可欠である。そのため歩行訓練には援助依頼の方法も含まれる。

　① 　**白杖を使用した屋外歩行**　　主な白杖操作技術として，白杖を身体の中央（へその前）に構え，肩幅より少し広めに左右に振り，前方の安全確認をするタッチテクニックやスライド法，壁や側溝などの境界線を白杖を使って伝い歩きする方法などがある。その他，道路横断，信号の利用，障害物回避，バスや電車の乗降などの技術がある。

　② 　**屋内歩行**　　屋内歩行では，主に白杖を使用せず，「手による伝い歩き」「手による防御」「方向の取り方」などの歩行技術を習得する。これらの屋内歩行の技術を身につけ，**ファミリアリゼーション**を行い，その環境をしっかり把握することが重要である。学校の廊下や教室のファミリアリゼーションを行うときは，ネーミングにより情報の整理をすると理解がしやすくなる。例えば，教室の前と後ろにドアがある場合には，「1の扉」「2の扉」などとする。

　③ 　**手引きによる歩行**　　手引きによる歩行は，手引きをする晴眼者も，手引きをされる視覚障害者も，お互いが一定のルールを知ることで，安全・安心でスムーズな歩行ができる。一般的な手引き時の手の持ち方や狭い所を通過するときの方法，椅子への誘導，段差や階段の昇降など，基本の姿勢と場面別の

ファミリアリゼーション
familiarization
未知の場所などをさまざまな手がかりを用いて説明し，既知の状態にすること。

205

技術を習得する。

前述のように，一言で「歩行訓練」といっても奥の深い専門性を求められるため，**歩行訓練士**（視覚障害生活訓練等指導者）が担当するのが一番よい。しかし歩行訓練士不在の学校もあり，その他の教員が書籍等を通じて歩行指導の研修を積み重ね，自立活動の指導に当たっていることも少なくない。

歩行訓練においては，指導者の立ち位置や声かけのタイミングなど，歩行訓練士養成課程により得られる高度なスキルも必要になってくる。そのため，特別支援学校に歩行訓練士がいない場合は，地域に在籍する歩行訓練士と連携をとることも選択肢のひとつである。

2）視覚障害者の歩行を可能にする要因

視覚障害者の歩行において重要なのは，訓練を受けて歩行能力が向上することであるが，それだけではない。歩行環境の向上や補助具の進化，社会の理解の向上も重要な要因である。

環境の整備は，**音響信号機**や点字ブロックの敷設だけではなく，舗装の修繕や溝蓋の設置や草刈りなど多岐にわたる。またハード面の整備だけでなく，社会の理解の向上も重要である。白杖を持っている視覚障害者を見かけたら，運転している車は必ず徐行運転をする，道路横断時に声がけをする，バスや電車では空いている席を案内する，席を譲るなどの協力が得られるような社会の理解は欠かせない。また白杖は全盲だけでなく弱視者でも使用していることなどもまだまだ周知されていない。そのため白杖を持っていて，スマートフォンを見ていると理解のないことばをかけられたという話も聞く。状況によっては様子を見守り，必要に応じて援助ができる社会になるよう啓発を続けなければならない。

視覚障害者の能力によって，信号機を判断し，横断するのが難しい場合，環境整備として音響信号機が設置されれば解決する。音響信号機の設置が難しい場合でも，社会の理解が高まり，いつでもその交差点を横断する人がいっしょに歩行してくれれば，安全で安心な横断ができる。歩行訓練士をはじめ，視覚障害者にかかわる支援者にとって，社会への啓発も重要な仕事のひとつである。

3）白杖について

視覚障害者の単独歩行に欠かせない「白杖」には三つの役割がある。

①　**安全の確保**　　1～2歩前方を確認することにより，障害物や段差等を発見するなどバンパーの役割で身体を保護する。この役割を果たすためには杖の長さがポイントになる。一般的には白杖を直立したときに脇の下あたりにくる長さが必要である。歩行速度が早い場合や，成長期の児童生徒の場合は，基本の長さより少し長めに選定をする場合がある。

②　**情報の入手**　　路面の変化や電柱や標識のポールなどのランドマークの

歩行訓練士
歩行訓練の専門性をもつ指導者。日本では1970年から養成が始まり，現在では点字や生活訓練等を合わせた専門の指導者養成が行われている。

音響信号機
歩行者用信号機が青色になったことを音で知らせる機能付信号機。2022年現在，全国で約2万基設置されている。メロディー式や擬音式などあるが，警視庁より2003年に出された通達を受け，現在は擬音式が大多数を占める。

情報を得ることができる。白杖の先端には石突き（チップ）と呼ばれる部分があり，真っすぐなノーマルチップや，回転するローラーチップ，ゴムが衝撃を吸収するパームチップなどいろいろな種類がある。歩行する環境や方法などに合わせてチップを選ぶ。

③　シンボルとしての役割　　運転手や歩行者など，周囲の人に見えない・見えにくい人に対する注意を促す。

また，白杖には直杖と呼ばれる一本杖と携帯に適した折りたたみ式があり，素材もアルミニウム合金やグラスファイバー，ブラックカーボンなどいろいろな種類がある。弱視者向けの**シンボルケーン**や，身体を支える必要のある人向けの**サポートケーン**もある。歩行環境や外出先など，また身体の状況に応じて数種類の白杖を使い分けている視覚障害者もいる。

シンボルケーン
視覚障害があることを周囲の人に知らせるために使用する白杖。

サポートケーン
丈夫さと柔軟性の高さを兼ね備えた材質でできており，グリップ部分が柄になっている。身体支持杖ともいう。

（2）歩行指導（教育における歩行訓練）

前項ではリハビリテーション的観点から「歩行訓練」としているが，視覚特別支援学校では教育の一環としてとらえることから，本項では「歩行指導」と表記する。

1）歩行指導の意義

「歩行」をある場所から別の場所まで自分で歩いて移動する行動ととらえたとき，晴眼者にとっての歩行は，不安や緊張を伴うものではない。景色を楽しみながらの散策など，「快」を伴う場合もあろう。信号のない交差点を横断するタイミングで悩んだり，駅ホームからの転落を心配したりすることはない。これは，移動に伴って刻々と変わる周囲の状況はもちろん，信号の色，道路の反対側までの距離，交差点の形状，道路工事個所などを，意識せずとも視覚で確認できるからに他ならない。視覚障害児童生徒にとっての「歩行」では，多くの困難を伴うことは容易に理解できる。「歩行は命がけ」と言った視覚特別支援学校の卒業生もいるほどだ。

コラム　歩行訓練士

歩行訓練士の養成は，現在は国立障害者リハビリテーションセンター学院の視覚障害学科と日本ライトハウスの養成部の2か所で行われている。大学卒業者を対象とした2年の教育課程であるが，日本ライトハウス養成部では，視覚リハビリテーション関係等の施設職員（視覚特別支援学校を含む）には1年基礎Ⅰ，基礎Ⅱ，実習，応用と分割履修の特別措置が設けられている。日本では，上記2か所と海外の養成機関を修了している者は960名，うち所属がある者が547名である（2020年6月現在，日本ライトハウス養成部調べ）。

特別支援学校に在籍する歩行訓練士は88人。教育機関にまだ1人もいない県も18県存在する。

　　歩行能力の獲得は，現在の日常生活や学校生活はもちろん，将来の自立と社会参加にも大きく影響する。そこで，視覚障害教育においては，歩行指導が大きな役割を果たすことになる。歩行指導は，単に移動のための技能の獲得という視点のみならず，生涯に渡ってよりよい人生を過ごす基盤を培う指導であるといっても過言ではない。

2）視覚障害児童生徒にとっての歩行のとらえ方

　　視覚障害児童生徒にとっての歩行はこれを英訳するとわかりやすい。walking ではなく，orientation and mobility（定位と移動）となる。定位とは，自分のいる場所と目的地の位置を他の事物との関連において認知することである。端的にいえば，今自分がどこにいて，どの方向を向いているかをさまざまな情報を基に知ることといえる。移動とは，運動動作のことである。視覚障害児童生徒にとっては，単に歩くといった移動の側面だけでなく，定位の側面も重要である。

3）視覚特別支援学校における歩行指導の種類

　　歩行指導というと，白杖を使って歩く学習が思い浮かぶがその幅は非常に広い。その内容を大別すると，自分を中心とした上下左右などボディイメージなどの育成に関する内容と，手引き歩行や白杖を用いた歩行に関する内容に分けることができる。また，歩行指導は「狭く身近な場所から，広く未知の場所へ」と発展させていくことが基本的な流れとなる。

　　学校における主な指導内容を次に示す。

　　①　歩行に必要な基礎的な資質・能力　　表3-16 に示す五つに整理することができる。

　　②　屋内（教室内や校内）の移動に関する内容　　学校生活を主体的に過ごすことができるよう，自分の教室内の移動（ドアから自席，自席から個人ロッカー

表 3-16　歩行に必要な基礎的な資質・能力

知　識	空間概念，ボディイメージ，歩行環境，点字ブロックの種類，交通規則やマナー，数量，言語，歩行地図の活用，一般常識など多岐にわたる。
感覚・知覚	聴覚，触覚，嗅覚，保有する視覚など。単に音や匂い，存在や種類がわかるだけでなく，定位や移動に活用できることが大切である。 【例】車の走行音を聞いて，道路横断のタイミングを知る。
姿勢・運動動作	真っすぐ歩けること。見た目に自然な姿勢や歩行運動など，身体中心の軸の確立や筋運動感覚と大きく関連する。ある一定時間歩き続ける体力も必要。
社会性	挨拶，お礼，会話時の声の大きさ，言葉遣い，身だしなみ，清潔さ，人間関係におけるマナーなど。一人歩きで困ったときに，他者への援助依頼で重要となる。
心理的課題	「知りたい」「やってみたい」「自分でできるようになりたい」などの外界に対する興味・関心，意欲，自立心など。一人で通学したいという意欲が，歩行能力の向上につながる。

など）から始め，教室－昇降口・トイレ・給食室・体育館等間の移動へと段階的に取り組んでいく。その際，伝い歩きや防御姿勢，室内の環境把握の仕方などの内容を取り扱う。安全に留意し自信をもって室内移動ができるようになると，学習全体への意欲の高まりにつながるといった効果も期待できる。

③　ガイド歩行（手引歩行）に関する内容　　視覚障害児童生徒にとって，他者のガイドにより歩くことは，ひとりで歩くよりも安全・安心で効率よく移動できる。また，生涯にわたって使用する歩行技術でもある。福祉サービスの同行援護事業を活用する際にも有効である。基本的には手引きのされ方が中心となるが，手引きの依頼の仕方，さらに弱視児童生徒に対しては，手引きの仕方を取り扱う場合もある。

④　白杖を使用した歩行に関する内容　　白杖の意義・役割や基本的操作，白杖を用いた屋外での移動，公共交通機関の利用，援助依頼とマナーなどその内容は多岐に渡るが，計画的・段階的に取り扱う。多くの場合，安全にひとり歩きができることが目標となる。

4）教育課程上の位置付け

自立活動の具体的な指導内容として，個々の実態に応じて作成する「個別の指導計画」を基に行われる。多くの学校では「歩行」という授業名で時間割に位置付けられている。加えて，視覚障害児童生徒が移動する・歩くに係るすべての行動が歩行能力の向上につながることから，自立活動の時間だけでなく，学校教育活動全体を通じて歩行指導を実施していけるような教育課程の編成が重要である。

5）各学部段階で大切にしたい歩行指導

白杖を使って歩くことだけが歩行指導ではない。また，国語や算数・数学といった教科のように，各学部や各学年において取り扱う内容が明確に決められているわけではない。

歩行指導は幼稚部段階から，歩行と呼ばないまでも，表3－16で示した「歩行に必要な基礎的な資質・能力」の育成につながる内容が，計画的・継続的に行われている。例えば，幼稚部で取り組んでいるブランコやトランポリンあそびは粗大運動機能を高める。ボタンを押すと色々な音が出る玩具は微細運動機能を高めるだけでなく，音を聞き分ける力や好奇心も養うだろう。これらの積み重ねが将来の白杖を使った歩行に生かされることは想像に難くない。歩行指導は幼稚部段階から始まっているという認識をもち，個々の障害の程度や状況および発達段階等に応じて，どの時点でどのような指導を行うかを決めていくことが望ましい。なお，白杖をいつからもたせるべきかについては，個々によって異なり慎重な検討が必要だが，小学部の低学年から導入されていることが多い。

6）歩行指導の指導者

　基本的には，学級担任や自立活動担当教員が連携を図りながら指導を行うが，その際専門的な知識や技能を有する「歩行訓練士」である教員が直接指導を行ったり，他の教員に助言したりすることが望ましい。しかし，歩行訓練士である教員が在籍していない場合もあり，地域の福祉事業所等の歩行訓練士と連携体制を構築することが望ましい。

演習課題

1. 読み書きの初期指導において，盲児・弱視児が意欲的に取り組めるような工夫をそれぞれ考えてみよう。
2. 「校」という漢字を指導するときに，どのようにすればよいだろうか。盲児・弱視児それぞれの場合を想定して考えてみよう。
3. 盲児向けおよび弱視児向けの地図を作成するとき，共通する留意点をまとめてみよう。
4. 盲児・弱視児の作図用具にはどのような工夫がされているのか，考えてみよう。
5. 鯛の観察を行う際，視覚障害のある生徒が初めて触って観察する場合，整理しなければならないポイントがある。以下について，どのようにすればよいかを考えてみよう。できれば実物（安価な蓮子鯛など）を触って考えてみることが理想である。
　・教材の提示方法およびけがのおそれがある注意点。
　・触る基準となる場所，指をたどって観察する場所（頭，目，口，背中，腹，五つのヒレなど）の順番。
　・言語化する例。
　・周りの環境や準備するもの。
6. 大きくて一度に全体を触ることが困難なもの（電車，信号機，建物など）を視覚障害のある児童生徒が初めて理解するとき，どのような工夫が必要か考えてみよう。
7. 実際に，英語学習におけるライティング・リーディング・リスニング・スピーキングの指導の際に注意すべき点を整理してみよう。
8. 周囲の環境（自宅やよく利用する施設など）で，視覚障害のある児童生徒の安全面で配慮すべき点をあげ，改善方法を考えてみよう。
9. 視覚情報が活用できる視覚障害のある児童生徒へ，走幅跳の指導をする際，助走路を見やすくするための方法を考えてみよう。
10. 教室からトイレなどの目的地までの歩行環境を説明をするとき，どのような工夫をしたら理解しやすくなるでしょうか。実際にやってみよう。

引用文献

1）丹治達義：点字版『基本地図帳』の編集と特徴，視覚障害教育ブックレット，8，46-53，2008.
2）丹治達義：拡大版基本地図（世界・日本）の開発，視覚障害教育ブックレット，36，16-21，2018.

参考文献

1・益田真由美・楠原妙子：他動スライディング法による盲幼児の点字触読指導，視覚障害教育実践研究，4，1-10，1988.

・文部科学省：点字指導の手引き（平成 15 年改訂版），日本文教出版，2003.

・点字学習指導を支援する会点字導入支援グループ：点字導入学習プログラム，国際浮出印刷，2002.

2・文部科学省：特別支援学校（視覚障害）小学部点字教科書編集資料，文部科学省，2020.

・点字学習指導を支援する会漢字学習支援グループ：視覚障害者の漢字学習教育用漢字小学 1 年，点字学習を支援する会，2003.

3・日本視覚障害社会科教育研究会：点字基本地図帳　世界と日本の今を知る，視覚障害者支援総合センター，2008.

・日本視覚障害社会科教育研究会編：みんなの地図帳〜見やすい・使いやすい〜，帝国書院，2019.

4・文部科学省：特別支援学校（視覚障害）小学部点字教科書編集資料，文部科学省，2020.

・大倉滋之・秋山努：20　弱視レンズを使用した用具使用（稲本正法・小田孝博・岩森広明・小中雅文・大倉滋之・五十嵐信敬編：教師と親のための弱視レンズガイド），pp.203-210，1995.

5・香川邦生：五訂版 視覚障害教育に携わる方のために，慶応義塾大学出版会，2016.

・鳥山由子：視覚障害指導法の理論と実際，ジアース教育新社　2007.

7・全国盲学校長会：視覚障害教育入門 Q&A，ジアーズ教育新社，2018.

8・青木隆一監修，全国盲学校長会編著：見えない・見えにくい子供のための歩行指導 Q & A，ジアース教育新社，2016.

・国立障害者リハビリテーション学院視覚障害学科
http://www.rehab.go.jp/College/japanese/yousei/rv/（最終閲覧：2021 年 12 月 10 日）

・日本歩行訓練士会　https://nippokai.jp/wp/（最終閲覧：2021 年 12 月 10 日）

・日本ライトハウス視覚障害リハビリテーションセンター養成部
http://www.lighthouse.or.jp/yosei/yoseibu.html（最終閲覧：2021 年 12 月 10 日）

・芝田裕一：視覚障害児・者の歩行指導〜特別支援教育からリハビリテーションまで〜，北大路書房，2010.

・視覚障害リハビリテーション協会
https://www.jarvi.org/（最終閲覧：2021 年 12 月 10 日）

7　個別の教育支援計画，個別の指導計画

1　個別の教育支援計画

（1）策定の背景とその効果的な活用

　2003年3月に「今後の特別支援教育の在り方について（最終報告）」が調査研究協力者会議によりまとめられ，公表された。これにより，乳幼児から学校卒業後までの一貫した支援を教育，医療，福祉，労働等の関係機関や保護者等が連携して，障害のある子どもたちの一人ひとりのニーズに応じた効果的な支援を実施していくために「個別の教育支援計画」を策定することとなった。

　個別の教育支援計画は，**障害者基本計画**における「個別の支援計画」の中に含まれるものであり，教育機関が中心となって作成するものについて「個別の教育支援計画」と呼んでいる。なお，「個別移行支援計画」と呼ばれる計画もあるがこちらは，卒業後の就労・生活支援への円滑な移行を見通し，高等学校

PDS のプロセス
Plan→Do→See（作成，実施，評価）の支援の過程を表す。近年は，PDCA（Plan → Do → Check → Action）サイクルで支援を計画，実行，検討，改善の流れで支援を考えていくプロセスが推進されている。

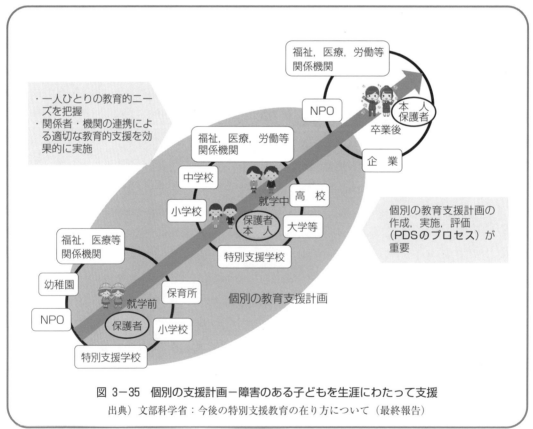

図 3−35　個別の支援計画−障害のある子どもを生涯にわたって支援

出典）文部科学省：今後の特別支援教育の在り方について（最終報告）

（高等部）在学中から関係機関等と連携して一人ひとりのニーズに応じた支援をするための計画として活用されるものである。

　個別の教育支援計画の策定にあたっては，障害のあるすべての子どもたちを地域社会の中に生きる一人として，社会全体が支援していくという理念を背景とし，子ども一人ひとりに応じた支援を地域社会の支援体制の中で生涯にわたって行うことを基本としている。学校・園等の教育機関が中心となって作成し，幼児児童生徒一人ひとりのニーズを中・長期的な視点で正確に把握し，適切に対応していく考えのもと策定していくものである。

　保護者が，地域社会で生活する中で出会う多くの支援者（教育，福祉，医療，労働などの関係者）に，対象となる子どもの支援について共通理解を求めたり，一貫した支援の方法・体制をスムーズに整えたりすることを容易にするために，個別の教育支援計画を活用することが大切である。ときには，障害のある本人が有効に活用しても構わない。

（2）作成のポイント

1）策定のプロセス

　個別の教育支援計画の**策定**は，新担任がすべて一人で作成するものではなく，前担任，**特別支援教育コーディネーター**，学年・グループの教員で内容の確認をしながら策定することが望ましい。校内で，個別の教育支援計画を共有できる体制を整えておきたい。新入学生や転入生の担任は，個別の教育支援計画を一から**作成**する必要がある。一方，在学中の個別の教育支援計画については，前年度末に保護者との面談等を通して検討，作成されていることが多いので，新担任はそれを確認する必要がある。

　下記に個別の教育支援計画策定の流れを示す。学年が変わっても，支援・指導の方向性を明確にし，切れ目のない支援の実現を目ざしていけるように校内体制で策定までの流れをつくっておきたい。

2）作成時の留意点

　見えの困難さを抱える幼児児童生徒の個別の教育支援計画を作成するにあたっては，いくつかのことをしっかり明記し，支援者同士がそれを参考にしながら指導・支援にあたる必要がある。以下に留意点とその留意する理由についてまとめる。

　①　正式な眼疾患名，障害を受けた時期を明記すること　　見えの困難さを抱える幼児児童生徒にとって眼疾患名やその障害を受けた時期（先天性，後天性等）を明記することで，疾患に応じた配慮，支援を考えることができる。また，障害を受けた時期を指導者が把握しておくこともとても大切である。各教科での指導・支援以外にも，自立活動の領域である健康の保持（障害理解，障害受容），心理的な安定の指導を行う際にも必要になる情報である。

合意形成
本人・保護者・学校・園・関係機関等で，必要で実現可能な支援について話し合い，配慮の内容を決定すること。これを踏まえて合理的配慮を「個別の教育支援計画」に明記していく。

各種資料
個別の教育支援計画を作成する際に参考になる資料。
例）昨年度末の面談報告書，個別の支援計画，視力，発達検査の記録，幼児児童生徒個票，前担任のつくった引継ぎ資料，個別の指導計画，保育要録，幼児指導要録，移行支援会議資料など。

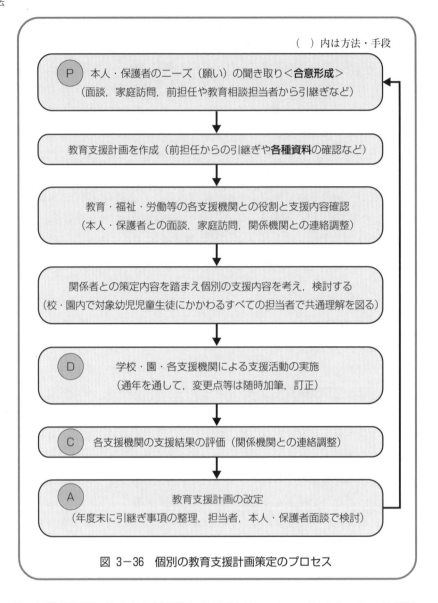

（　）内は方法・手段

Ｐ　本人・保護者のニーズ（願い）の聞き取り＜**合意形成**＞
（面談，家庭訪問，前担任や教育相談担当者から引継ぎなど）

教育支援計画を作成（前担任からの引継ぎや**各種資料**の確認など）

教育・福祉・労働等の各支援機関との役割と支援内容確認
（本人・保護者との面談，家庭訪問，関係機関との連絡調整）

関係者との策定内容を踏まえ個別の支援内容を考え，検討する
（校・園内で対象幼児児童生徒にかかわるすべての担当者で共通理解を図る）

Ｄ　学校・園・各支援機関による支援活動の実施
（通年を通して，変更点等は随時加筆，訂正）

Ｃ　各支援機関の支援結果の評価（関係機関との連絡調整）

Ａ　教育支援計画の改定
（年度末に引継ぎ事項の整理，担当者，本人・保護者面談で検討）

図 3－36　個別の教育支援計画策定のプロセス

視機能評価
教育的視機能評価
第2章第2節参照。

矯正視力値
眼鏡やコンタクトレンズで矯正した際の視力値。裸眼の視力値の横の（　）内に記入する。
記入例）右 0.08 (0.1)
　　　　左 0.04 (0.08)

羞　明
第2章第2節 p.55 参照。

MNREAD
第2章第2節 p.59 参照。

②　**視機能評価，教育的視機能評価を明記すること**　　眼疾患のある幼児児童生徒は，定期的に眼科検診に行くことが多い。その際は保護者に依頼し，必要事項を主治医に聞いてきてもらうことが大切である。これは個人情報のやり取りになるため，保護者の了解を得て慎重に行う。主な視機能評価には，裸眼の視力値，**矯正視力値**，視野の状態，**羞明**の有無，眼球運動，明暗順応，色覚異常の有無などがある。

　また，教育的視機能評価も毎年確認し，個別の教育支援計画に明記する。日常の視環境下での視機能評価をしておくことは，支援・指導する際の大切な手掛かりとなる。例えば，眼科ではなかなか測定する機会が少ない，MNREAD等を用いた評価の値を調べておけば，日ごろの授業で活用する教科書，プリン

ト類の文字サイズ，コントラストの選定，教室の照度の環境設定を考える際の手掛かりとなる。読書の可能性や文字サイズの選定については，視野やまぶしさへの耐性等いくつかの評価方法と組み合わせて決定していくことが望ましい。

　③　**使用する文字サイズは毎年確認する**　　先述したように，1年ごと幼児児童生徒の使用する文字サイズを確認しておくことは，とても大切である。弱視児の眼の状態は，進行性の疾患により見え方が少しずつ変化したり成長によって変化したりする場合もある。また，教科書や試験，通常授業で使用する文字のサイズもその幼児児童生徒の見え方だけでなく，補助具や拡大読書器活用のスキル，進学先等を考慮して文字サイズを決めていく必要がある。引継ぎ事項をそのままにするのではなく，目の前にいる幼児児童生徒の実態を担任が責任をもって的確にとらえていかなければならない。

　④　**日常的に使用している視覚補助具等を明記する**　　日常的に使用している視覚補助具だけでなく，練習中の補助具についても明記しておくと，学習や日常生活の場で活用する機会を考えるきっかけになる。授業や校内だけでなく，校外学習や家庭でも使用場面を設けることで，幼児児童生徒が場面に応じて自分で補助具を選択して活用していけるように指導していきたい。

視覚補助具
第2章第3節 p.71, 72
参照。

　⑤　**中・長期，短期目標の書き換えの時期を校内で決定する**　　本人・保護者のニーズ（願い）や学校側で考えた中・長期目標は，3年に一度検討・作成していくようにしたい。短期目標については，1年ごと作成していく必要がある。また，発達年齢に応じて本人の意向や将来の希望も支援計画に反映させていく必要がある。

　⑥　**家庭で取り組む支援や手立てについて**　　面談では，子どもや保護者が「願う姿」に向かって，家庭でどのような取り組みをしていくか，またどのような支援が考えられるか話題にすることが大切である。学校での成果や家庭での現れについては，学級だよりや連絡帳，面談等で共通理解していきたい。

　⑦　**眼科主治医やその他疾患にかかわる主治医との連携**　　医療と教育との関係を結ぶことは非常に大切なことではあるが，学校側から医療と連携することは難しい場合がある。そこで，保護者を通して情報収集をすることが現状では望ましい。定期検診の際に，保護者に依頼し検査結果や配慮事項等の情報を学校でも共有できるようにしておきたい。

　⑧　**特別支援教育コーディネーターによる連絡・調整・確認**　　担任だけが個別の教育支援計画を作成するのではなく，専門的な知識を有する特別支援教育コーディネーターや養護教諭等と連携し，支援内容，教育的視機能評価の検査結果の確認等を行ってもらうようにする。

　⑨　**個人情報の保護・保管管理について**　　個人情報が書かれた機密文書であるため，保管や破棄には校内でのルールを徹底させたい。

（3）様式および内容

　現在，個別の教育支援計画の様式については，各自治体，学校・園によってさまざまである。そのため，同じ地域内であっても学校・園が変わると，新しい教育機関の様式に改めてつくり直さなければならない場合がある。独自で作成を繰り返していると，記載すべき内容に落ちが出てしまうことがある。また，つくり直すには，時間や手間がかかる。

　地域によっては，自治体単位で同じ書式を活用している所もある。しかし，障害種ごとに記載すべき項目・内容に違いがあるため，様式を統一することにも難しさがある。同じ都道府県内にある視覚特別支援学校や弱視学級内でつくる個別の教育支援計画だけでも同じ書式にし，標準化を図れることが望ましい。

　各校で作成している個別の教育支援計画の様式の項目は，文部科学省が様式例として示している項目を参考にしているため，ある程度決まった項目を書くことになる。

コラム　本人・保護者のニーズ（願い）について

　教員になったばかりのころ，視覚特別支援学校の小学部3年生の児童の担任になった。当時児童の願いを聞き取りするよりも，「今年中に点字を読めるようにしたい」という保護者の願いを重視し，指導・支援にあたった。児童のがんばりや家庭学習の保護者の協力もあり，年度末には点字の教科書を使用して学習ができるまでになった。そして，長期目標を書き換える時期であった年度末の面談の際，保護者に6年生までに目ざす姿を考えてもらうこととなった。しかし，「点字習得のことしか考えていなかったので，この先のことが想像できない」という話になってしまった。担任であった私自身もそうだが，保護者にとっても視覚障害児がどのような力を身につけて小学校を卒業していけばよいのか想像することができなかったのである。

　点字習得が全盲児にとって大切なことはもちろんであるが，それだけでなく，視覚障害者が将来どのような力をつけていればよいのか，教員も保護者も知識や情報をつかんでおかなければならない。そして，その情報をもとに，子ども自身も自分の目標を定め，それを達成するためにはどのような力を身につけていけばよいのかを考えられるようになっていってほしい。学校や担任は，日々の指導に加え，キャリア教育の観点からも，児童生徒，保護者のニーズに応じた情報を積極的に収集し，保護者に提供したり，進路指導に生かせるようにしたい。

1）記載しておきたい基本的な項目

・幼児児童生徒氏名，性別，学年，生年月日，住所，連絡先。

・通学方法，寄宿舎利用の有無。

・保護者氏名，家族の状況。

・担任氏名（過去3年分ほど載せている学校も有り）。

・眼疾患名，障害名。

・視力（遠距離・近距離・左右両眼），最大視認力，視野，色覚異常，羞明，**夜盲，眼振**などの有無（詳細は，別紙記録でも可）。

・身体障害者手帳，療育手帳の等級。

・視覚以外の障害の有無，配慮事項。

・健康面，学習面，生活面，対人関係（社会性），行動面などの実態。

・本人・保護者のニーズ（願い）。

・中，長期目標，短期目標。

・支援機関，関係機関名，連絡先，支援内容，目標，評価（病院，訓練施設，福祉サービス，塾・教室，労働など）。

2）様式例（図3-37，図3-38，図3-39）

（4）活用事例

　個別の教育支援計画が実際にどのように活用されているのかいくつかの例をあげる。表3-17に示すのは，実際に個別の教育支援計画を活用して支援体制を考えたり，情報共有したことを日々の支援に生かしている関係機関である。

　これは，一例に過ぎない。個別の教育支援計画は，校内の引継ぎ資料や保護者との共通理解等，学校内の連携に活用されるだけにとどまっている例も多く聞く。幼児児童生徒の充実した支援を目ざし，幼児児童生徒がかかわる支援者たちが校内外との連携に積極的に活用してほしい。

　さらに，進学や受験などでの根拠資料としても活用される場合がある。

表 3-17　個別の教育支援計画にかかわる主な関係機関

関係機関		主要関係者
病院		主治医，ORT
ORT 訓練施設		PT・OT・ST
放課後等デイサービス，学童保育		事業者名
歩行訓練支援会議		歩行訓練士
職場体験（企業インターンシップ含む）		
児童相談所		
移行支援会議	地域の幼稚園・保育所・こども園	本人・保護者
	小・中学校，高校，大学	幼稚園教諭，保育士，教員，
	弱視学級，特別支援学校	コーディネーターなど
就労移行支援会議		

夜 盲
夜や暗い場所で暗順応しにくく，見えにくい状態になること。夜盲の現れる眼疾患としては，先天網膜色素変性症，後天的には，強度近視，緑内障（末期）等がある。

眼 振
第2章第1節 p.35参照。

ORT
視能訓練士の略。

PT
理学療法士の略。

OT
作業療法士の略。

ST
言語聴覚士の略。

移行支援会議
卒業や転校後の本人・保護者の願いを実現するための情報交換。支援内容の確認，支援についての役割分担を確認していくことを目的とする会議。参加者は，本人・保護者，進路先担当者，担任，管理職，特別支援コーディネーター等。

217

（様式1)

令和　　　年度　個別の教育支援計画Ⅰ

〇〇県立〇〇視覚特別支援学校

学 部 学 年	年		記 入 年 月	令和　年　月　日
氏　　　　名	男　　　女		担 任 氏 名	
住　　　　所	〒　　－		生 年 月 日	年　月　日　　　（　）
保 護 者 氏 名	本人との続柄（　　　）		連　絡　先	
身 障 者 手 帳	有り　無し　　級　種（第　　号）		療 育 手 帳	有　　　無　等級（　　）
	視覚　　聴覚　　　肢体不自由		福祉医療費受給者証	有　　　無
	その他		福祉サービス受給者証	有　　　無
診　　断　　名				
他の障害の状況				
家　族　構　成				

視覚障害の状況

遠距離視力	右：　　　　左：　　　　両眼	諸検査の記録
近距離視力		検査日
最大視認力	／　　　cm	
視野		
羞明	有　　　無	
色覚異常	有　　　無　　　不明	
夜盲	有　　　無　　　不明	
備考		

本人の特徴／配慮事項

生活面	社会性	学習面

生育歴

治療の記録	就園・就学等の記録
年月日	年月日

これらの内容（様式1・2）について下記機関に提出することに同意します。

提出先　　　　　　　　　　　　　　　　　令和　年　月　日　　保護者氏名　　　　　　　　印

図 3－37　個別の教育支援計画様式例①－様式1

（様式2）

令和　　年度　個別の教育支援計画　Ⅱ

支援の計画						
学部学年		部　　年	氏　名		担　任	

本人・保護者の願い

本人	
保護者	

支援の方針・内容

	現在状況	支援者・団体等	支援の内容・経過
医　療			
家　庭			
地　域 ・行政 ・福祉団体 ・居住地校 ・その他			
学　校			
進　路			
	（現在状況）〇実施している 　　　　　　●今後必要な支援		

図 3-38　個別の教育支援計画様式例①－様式 2

令和　○　年度　　個別の教育支援計画

静岡県立静岡視覚特別支援学校**様式1**

所属	小学部	3年		作成期日	令和元年5月20日	作成者	静岡花子

氏名	するが　あおい **駿河　葵**	性別	女	生年月日	平成21年6月30日	舎利用	無
	住所			静岡市●●区○○1−1−1			

自宅電話	○○○−○○○−○○○○	携帯番号	○○○−○○○−○○○

保護者	駿河　太郎	続柄	父	住所	本人の欄に同じ	電話	本人の欄に同じ

療育手帳	無	身障者手帳	有	種類	視覚	1 種	3 級	精神障害者 保健福祉手帳	無

家族構成	父、母、弟

障害の状況

視機能

視力	右	0.06	左	0.03	視野障害	有	色覚障害	無	文字	墨字	墨字Point	30

備考：
未熟児網膜症、緑内障、羞明、右眼左側視野狭窄あり
最大視認力（0.5/Max5cm）
近距離視力0.08（両眼）

> 眼疾名・最大視認力・視機能についての詳細を書く。

他の障害
なし

> 備考には、健康状態や視覚障害、他の障害による行動の特徴等を書く。

備考
・首を右に傾けて見る。視距離は5cm。28ポイント以上の文字が見やすい本人談。
・頭部打撃や、前傾姿勢による眼圧上昇に気を付ける。
・学習内容の見通しがあると落ち着いて学習に向かうことができる。
・アトピー性皮膚炎のため、夏場はかゆがることが多い。目をかかないように、注意する。
・頭部打撃や、眼圧上昇には気を付ける。

【プロフィール】

生活面
・身辺自立はほとんどできる。
・箸の持ち方、つかんで食べることを練習中。
・持ち物の管理整理整頓に課題がある。
・バスを使って下校することを家庭で練習中。
・横断歩道を渡る際の練習を学校では実施した。

> 幼児児童生徒の様子や姿がわかるように書く。
> 例・自分からトイレに行き用をたす。
> ・箸で刺したり、かきこんだりして食べる。
> はさむことは練習中。
> ・バスと電車を使い一人で登下校している。等
> ＊単一の児童生徒も生活面の様子を書く。

身体・運動面
・走ったり、投げたりする動きにぎこちなさがある。お手本を示す際には、iPadで動画を見せると効果的。
・眼圧が上がりやすいので長時間前傾姿勢にならないように気を付ける。
・左側が見えにくく、衝突したり転倒したりしやすいので安全な環境に配慮する。
・明るいところでは、帽子や遮光レンズを装着する。

> 身体機能面・運動能力面で特記することを書く。

学習面
・見やすい筆記具を場に応じて自分で選択して活用している。（フェルトペン、3Bのえんぴつ）
・書見台、拡大読書器を使用して学習。板書は、2m以上の距離では単眼鏡を活用している。
・教科書は、30ポイントの拡大読書器を使用。画数の多い漢字は、読み書きの間違いが目立つ。
・量的概念（かさ、長さ、重さ等）に課題がある。具体物を用いたり、体験的な活動を取り入れたりした学習を積み重ねたい。
・長時間になると、疲れて集中力が続かないため、短時間で集中して学習に取り組むようにしている。
・見通しをもってから学習に取り組むことで、意欲的に学習できる。

> 現在の学習状況や各教科の学習学年を書く。

その他
・慣れない人に話しかけることが苦手。挨拶の声等が小さくなる。
・子供同士で遊ぶときには、自分の意見を言い出せない。
・絵を描くのが好き。はっきりした色を選んで使う。
・体を動かす遊びより、ボードゲーム等を好む。

> 興味関心・集団参加・コミュニケーションの状況・配慮事項等について書く。

望む姿（希望）	保護者	・下校後の宿題を自分から取り組めるようになってほしい。 ・バスに乗って安全に下校できるようになってほしい。
	本人	・珠算検定Eクラスに合格したい。 ・一人でバスに乗って下校できるようになりたい。

> 保護者・本人がそれぞれの立場で考える望む姿（希望）を書きます。それをもとに学校の指導の方向や家庭で力を入れることが見えてくると

中期目標	・学校生活に慣れ、自分でできることを増やし自信をつける。 ・自力通学の練習を始める。 ・自分に合った視覚補助具を活用して学習や生活に活かすことができる。

> 学習面・生活面について3年間を見通した目標を立てる。

短期目標	

> 学習面・生活面について1年間を見通した目標を立てる。

支援内容	

> 短期目標に関する支援内容を記入します。

評価	

> 短期目標に関する表れ・評価・支援の評価を書きます。

【関係機関ネットワーク一覧】　分類…医療、保健、福祉、地域、労働、教育、その他

分類	支援機関	担当者・連絡先	支援内容等
医療	○○眼科	△△Dr	3か月に1回定期健診
福祉	●●の丘	○○○○	放課後支援（学習、集団遊び、調理、買い物　等）
地域	スポーツ教室	○○○○	週1回参加（陸上教室）

この「個別の教育支援計画」を下記機関へ提出することに同意します。

提出先

保護者
氏　　名　　　　　　　　　　　　　　　印

図 3-39　個別の教育支援計画様式例②－記入例

2 個別の指導計画

（1）「個別の指導計画」と「個別の教育支援計画」

　先述のとおり，個別の教育支援計画は，地域で生活する一人ひとりの生涯にわたる支援を各関係機関が連携して効果的に実施するための計画であり，保護者をはじめ，教育・福祉・医療・労働等の機関が連携して支援するためのものである。

　これに対して，個別の指導計画とは，幼児児童生徒の個々の実態に応じて適切な指導を行うために学校で作成されるものであり，**教育課程**を具体化し一人ひとりの指導目標・内容・方法を明確にして，きめ細かに指導するために作成するものである。個別の指導計画は，個別の教育支援計画の策定を踏まえて，学校における指導のために作成されるものである。また，平成29年告示小学校・中学校学習指導要領では，第1章　総則の「指導計画の作成等に当たっての配慮事項」のほかに，第2章　各教科等において，「第3　指導計画の作成と内容の取扱い」として，当該教科等の指導における障害のある児童生徒などに対する学習活動を行う場合に生じる困難さに応じた指導内容や指導方法の工夫を計画的・組織的に行うことが規定された。以下には，特別支援学校小学部・中学部学習指導要領の「指導計画の作成等に当たっての配慮事項」の一部を示した。

教育課程
p.100〜参照。

特別支援学校小学部・中学部学習指導要領（平成29年告示）
第1章第3節　教育課程の編成　3　（3）指導計画の作成等に当たっての配慮事項
イ　各教科等の指導に当たっては，個々の児童又は生徒の実態を的確に把握し，次の事項に配慮しながら，個別の指導計画を作成すること。
（ア）　児童又は生徒の障害の状態や特性及び心身の発達の段階等並びに学習の進度等を考慮して，基礎的・基本的な事項に重点を置くこと。
（イ）　児童又は生徒が，基礎的・基本的な知識及び技能の習得も含め，学習内容を確実に身に付けることができるよう，それぞれの児童又は生徒に作成した個別の指導計画や学校の実態に応じて，指導方法や指導体制の工夫改善に努めること。その際，児童又は生徒の障害の状態や特性及び心身の発達の段階等並びに学習の進度等を考慮して，個別指導を重視するとともに，グループ別指導，繰り返し指導，学習内容の習熟の程度に応じた学習，児童又は生徒の興味・関心等に応じた課題学習，補充的な学習や発展的な学習などの学習活動を取り入れることや，教師間の協力による指導体制を確保することなど，指導方法や指導体制の工夫改善により，個に応じた指導の充実を図ること。その際，第4節の1の（3）に示す情報手段や教材・教具の活用を図ること。

　次に，個別の教育支援計画と個別の指導計画の関係を図3−40に示す。

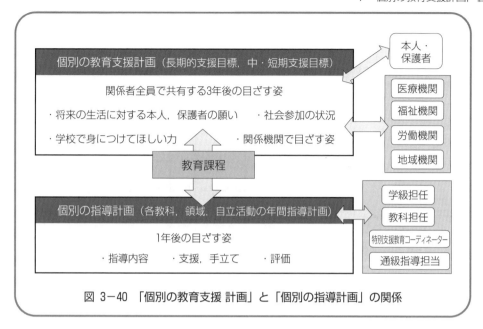

図 3-40 「個別の教育支援 計画」と「個別の指導計画」の関係

（2）作成の留意点

1）指導の充実に直接結びつくような指導計画を作成する

　個別の教育支援計画と違い，個別の指導計画には決められた様式がない。各校で，使いやすい様式を工夫して作成し，活用している。

　様式の形式を整えることも大切だが，個別の指導計画は作成することに意味があるのではなく，その計画を用いて教育活動に役立たせていくものでなくてはならない。そのために，幼児児童生徒一人ひとりの実態に応じた視覚障害に配慮された支援内容，手立て，指導体制を考える必要がある。

　見えに困難さのある幼児児童生徒の指導は，ある程度の指導時間数が必要となることが多いため，指導する内容を精選していかなければならない。基礎的・基本的な事項に重点を置くようにし，指導内容を精選する際には必ず学習指導要領の内容を踏まえて幼児児童生徒に合わせて具体的に「何を学ぶか・どのように学ぶか・何ができるようになるか」を書くようにする。指導目標に対する評価に関しては，長期目標は１年ごと，短期目標は学期ごと行っていく。

2）カリキュラムマネジメントを考慮した年間指導計画を作成する

　平成 29 年告示学習指導要領では，指導目標・内容，教育活動で大切にしていきたいことが明示された。その中でも，教育活動をより効果的に行うために，学校全体で取り組んでいく**カリキュラムマネジメント**を教員一人ひとりが推進していく必要がある。また，学校教育目標・重点目標を踏まえ，各教科等の年間指導計画を**教科横断的な視点**の指導を意識する。

カリキュラムマネジメント
学校の教育目標の実現に向けて，子どもや地域の実態を踏まえ，教育課程を編成し，PDCA のサイクルを計画的・組織的に推進していくこと。そのための条件づくり整備である。学校経営の中核に位置づくもの。

教科横断的な視点
「生きる力」を育むための効果的な指導方法のひとつ。各教科の間の連携を図り，知識と生活の結びつきや教科等を超えた知の統合化を図った「合科的・関連的な指導」を展開していくための視点。

223

個別の指導計画
（自立活動の指導内容・場面と6区分との関連）

〇〇県立●●視覚特別支援学校

| 駿河　葵 | 小学部3年 | | 担任 | 静岡　花子 |

自立活動の6区分			重点指導する項目と対応						
自立活動の領域	自立活動の項目	指導場面 担当							
健康の保持	(1) 生活のリズムや生活習慣の形成								
	(2) 病気の状態の理解と生活管理								
	(3) 身体各部の状態の理解と養護								
	(4) 障害の特性の理解と生活環境の調整								
	(5) 健康状態の維持・改善								
心理的な安定	(1) 情緒の安定								
	(2) 状況の理解と変化への対応								
	(3) 障害による学習上又は生活上の困難を改善・克服する意欲								
人間関係の形成	(1) 他者とのかかわりの基礎								
	(2) 他者の意図や感情の理解								
	(3) 自己の理解と行動の調整								
	(4) 集団への参加の基礎								
環境の把握	(1) 保有する感覚の活用								
	(2) 感覚や認知の特性についての理解と対応								
	(3) 感覚の補助及び代行手段の活用								
	(4) 感覚を総合的に活用した周囲の状況の把握と状況に応じた行動								
	(5) 認知や行動の手掛かりとなる概念の形成								
身体の動き	(1) 姿勢と運動・動作の基本的技能								
	(2) 姿勢保持と運動・動作の補助的手段の活用								
	(3) 日常生活に必要な基本動作								
	(4) 身体の移動能力								
	(5) 作業に必要な動作と円滑な遂行								
コミュニケーション	(1) コミュニケーションの基礎的能力								
	(2) 言語の受容と表出								
	(3) 言語の形成と活用								
	(4) コミュニケーション手段の選択と活用								
	(5) 状況に応じたコミュニケーション								

| 年間目標 | |

図 3-41　個別の指導計画様式例－自立活動の指導内容・場面

自立活動の指導　年間指導計画

〇〇県立●●視覚特別支援学校

駿河　葵	小学部3年

担任	静岡　花子

項目	担当		前期	後期	次年度への課題
		目標			
		支援			
		あらわれ			
		目標			
		支援			
		あらわれ			
		目標			
		支援			
		あらわれ			
		目標			
		支援			
		あらわれ			

図 3−42　個別の指導計画様式例−自立活動の指導　年間指導計画

３）校内委員会やケース会議等での検討

担任が個別の指導計画を作成した後，必ず校内委員会（特別支援教育コーディネーター，教科担任，養護教諭等）または，自立活動の**ケース会議**を実施し，指導に関する検討を幼児児童生徒にかかわる複数の教員で確認する。

ケース会議
校内のかかわりのある教員たちで小さなチームをつくり，必要なときに柔軟に会を開き，支援を検討する会議。幼児児童生徒の状況報告，課題の明確化，具体的な支援の確認などを行う。必要に応じて支援の役割分担を行う。

（３）様式および内容－自立活動の指導計画を例にして

個別の指導計画は，各教科，領域に応じてさまざまな様式がある。記入する項目は個別の教育支援計画と重複する場合もあるが，適宜支援・指導に必要となる情報は，記入するようにしたい。

ここでは，自立活動の指導計画の様式の一例をあげる。個別の支援計画の本人・保護者の願い（ニーズ）を踏まえながら，自立活動の5領域のうち日常生活，各教科・領域の学習と関連づけ，どの部分を重点的に伸ばしていきたいかを考慮しながら年間指導計画を立てていく。

１）作成の手順の一例（特別支援学校学習指導要領　総則　2018年3月　参考）

・個々の幼児児童生徒の実態を的確に把握する。

・実態把握に基づいて得られた指導すべき課題や課題相互の関連を整理する。

・個々の実態に即した指導目標を設定する。

・特別支援学校小学部・中学部学習指導要領第7章自立活動第2の内容から，個々の幼児児童生徒の指導目標を達成させるために必要な項目を選定する。

・選定した項目を相互に関連付けて具体的な指導内容を設定する。

・実態把握に基づいて得られた指導すべき課題や課題相互の関連を整理する。

２）様式例

作成の参考となるよう，図3-41，図3-42に個別の指導計画の様式を例示した。

演習課題

1. 図3-39の児童の実態や本人・保護者の願い（ニーズ）を踏まえた短期目標と目標に対する支援方法を考えてみよう。
2. 図3-39を踏まえて，自立活動の指導内容・指導場面および年間指導計画を考えて，図3-41，3-42を完成させてみよう。
   例）指導場面…学校生活全般，国語，体育，給食など。
   　　指導項目…歩行指導，補助具練習，読み書き指導，手指の巧緻性の向上（折り紙，蝶結び，ひも通し，箸等），学習用具（コンパス，定規，ハサミ，ステープラ，パンチ等）の活用，障害理解・開示など。

参考文献

・岐阜県立岐阜盲学校：個別の教育支援計画（2018年度使用書式）.
・香川邦生編著：五訂版 視覚障害教育に携わる方のために，慶応義塾大学出版会，p.152，pp.173-179，2016.
・中野泰志：弱視児の教育的な視機能評価と配慮，2019.
　https://web.econ.keio.ac.jp/staff/nakanoy/article/LowVision/assessment/index.html（最終閲覧：2021年12月24日）
・静岡県立静岡視覚特別支援学校：個別の教育支援計画指導計画（2018年度使用書式）.
・全国盲学校校長会編著：視覚障害教育Ｑ＆Ａ 新訂版，ジアース教育出版，pp.32-33，pp.62-63，2018.
・全国特別支援学校長会・全国特別支援学級設置学校長協会編：「個別の教育支援計画」の策定と活用　一人一人のニーズに応じた的確な支援のために，ジアース教育出版社，2007.
・全国特別支援教育推進連盟編：「個別の教育支援計画」「個別の指導計画」の作成と活用，ジアース教育出版社，pp.12-21，2019.
・全国特殊学校長会編：盲・聾・養護学校における「個別の教育支援計画」ビジュアル版，ジアース教育新社，pp.8-17，2005.

弱視児の教育的な視機能評価と配慮

8　基礎的環境整備

1　教育における基礎的環境整備

　基礎的環境整備は，合理的配慮の基礎となるものである。国は全国規模で，都道府県は各都道府県内で，市町村は市町村内で，それぞれ教育環境の整備，すなわち基礎的環境整備を行う。合理的配慮は基礎的環境整備を基に個別に決定されるものであり（図3-43），それぞれの学校・施設・組織等の基礎的環境整備の状況により，提供される合理的配慮も異なる。社会教育の施設等でも基礎的環境整備はなされるが，本節では，主に学校教育における基礎的環境整備について述べる。

　基礎的環境整備は，学校設置者である市町村教育委員会等が行う基礎的環境整備と，学校内における基礎的環境整備に分けられる。

　市町村教育委員会等は，現行制度に基づき特別支援学級・特別支援学級等の学校や学級を設置している。さらに，学校設置者の施策により，通級指導教室担当者の育成，特別支援教育支援員の配置や，施設設備の整備等が行われている[1]。

　学校内における基礎的環境整備では，校内の支援体制づくりの工夫，教職員間での児童生徒に関する情報共有の仕組み，通常の学級の教員を支える仕組

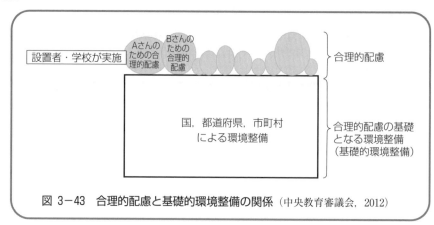

図 3-43　合理的配慮と基礎的環境整備の関係（中央教育審議会，2012）

み，わかる授業やユニバーサルデザインに関連した校内研修や授業研究，障害についての啓発的な取り組み，校長のリーダーシップによる専門性向上の取り組み，交流及び共同学習の充実，教育相談・生徒指導の工夫，校内の学習環境の整備など，さまざまな取り組みがある。

インクルーシブ教育システム
第1章第4節 p.18参照。

　「共生社会の形成に向けた**インクルーシブ教育システム**構築のための特別支援教育の推進（報告）」（中央教育審議会初等中等教育分科会，2012）は，この基礎的環境整備を8項目に分けて整理している。以下，各項目に沿って，『合理的配慮』実践事例データベース（国立特別支援教育研究所）[2]にみられる具体例を述べる。

2 基礎的環境整備　8項目

（1）ネットワークの形成・連続性のある多様な学びの場の活用

　「インクルーシブ教育システム」においては，個別の教育的ニーズのある幼児児童生徒は障害のない幼児児童生徒と同じ場で学ぶことを追求するとともに，自立と社会参加を見据えて，その時点で教育的ニーズに最も的確に応える指導を提供できる，多様で柔軟な仕組みを整備することが重要とされている。現在日本では，視覚に障害のある幼児児童生徒には，小・中学校の通常の学級，通級による指導（弱視），弱視特別支援学級，視覚特別支援学校といった，「連続性のある多様な学びの場」の仕組みが用意されている（第1章第4節参照）。自治体は基礎的環境整備として，そのような特別支援学校，特別支援学級，通級指導教室を設置するなどして，連続性のある多様な学びの場を提供している。さらに，各教育委員会は専門家による巡回相談を行い，特別支援学校はセンター的機能として幼稚園，小・中・高等学校等へ助言・援助を行っている。

　例えば，特別支援学級を設置していない地域の中学校に在籍する視覚障害児が，近隣の市にある県立視覚特別支援学校の教育相談や巡回指導を活用し，支

援や指導についての助言を受けていた例がある。この例では，生徒の障害の特性を考慮し，独力で読み書きできる文字を身につけることを目ざし，校内の特別支援学級を活用して点字の指導を行う体制を整えた[1]。ここでは，在籍する市町村立の学校だけで指導するのではなく，県内の別の地域の県立特別支援学校のセンター的機能や，校内の他の学級など，さまざまな教育資源を活用している。

　このように，各自治体が特別支援学校・特別支援学級等の教育の場を整備するだけでなく，在籍する学校の内外の関係者・諸機関が連携してネットワークを形成して，一人ひとりの幼児児童生徒を支援していく体制を整えるのも，基礎的環境整備の一部である。

（2）専門性のある指導体制の確保

　教育の場だけでなく，専門性のある指導体制の整備も重要である。特別支援教育の校内支援体制づくりには，以下の項目が必要とされている。

　　① 校内委員会の設置。
　　② 特別な支援を必要とする幼児児童生徒の実態把握。
　　③ 特別支援教育コーディネーターの指名。
　　④ 個別の指導計画の作成。
　　⑤ 個別の教育支援計画の作成。
　　⑥ 巡回指導の巡回相談員の活用。
　　⑦ 専門家チームの活用。
　　⑧ 特別支援教育に関する教員研修。

　文部科学省はこれらの項目について「特別支援教育体制整備状況調査」として実施の実態を調査した。詳細な調査が実施された最終年度の平成29年度結果では，年々実施率が上がっている項目が多かった。特に公立の幼稚園，小・中・中等教育・高等学校では，「校内委員会」「実態把握」「コーディネーター」は全数に近い学校等が実施しており，作成の必要がある幼児児童生徒が在籍している学校等では「個別の指導計画」の作成も96.8%，「個別の教育支援計画」の作成は90.9%と，9割以上の学校が充実した指導体制を整えていた。

　特別支援教育に関する教員研修を受講していたのは83.7%であり，8割以上が受講済みであった。各教育委員会の巡回相談を活用していたのは79.0%，専門家チームを活用していたのは58.3%であり，外部の専門家を活用した専門性のある指導体制のさらなる整備が進められていた。現在もこの状況は変わっていないか，研修や外部専門家の活用についてはさらに充実していると考えられる。

校内委員会
学校内に置かれた発達障害を含む障害のある幼児児童生徒の実態把握および支援のあり方等について検討を行う委員会。

特別支援教育コーディネーター
p.213参照。

個別の指導計画
個別の教育支援計画
p.212～参照。

巡回指導
指導上の助言・相談が受けられるよう専門的知識をもった教員・指導主事等が，幼稚園，小・中・高等学校等を巡回し，教員に対して，障害のある幼児児童生徒に対する指導内容・方法に関する指導・助言を行うこと。

専門家チーム
幼稚園，小・中・高等学校等に対して望ましい教育的対応等についての専門的意見を示すことを目的として，教育委員会等に設置された，教育委員会関係者，教員，心理学の専門家，医師等の専門的知識を有する者から構成する組織。

（3）個別の教育支援計画や個別の指導計画の作成等による指導

　個別の教育支援計画・個別の指導計画については，（2）で述べたとおりである。

　特別支援学校だけでなく，幼稚園教育要領，小・中・高等学校等の学習指導要領においても，障害のある幼児児童生徒の指導にあたっては個別の教育支援計画や個別の指導計画を作成する，または作成し活用に努めることとなっている。

　平成29年度「特別支援教育体制整備状況調査」結果によれば，公立学校等のうち必要のある幼児児童生徒が在籍している学校等では9割前後の学校が個別の教育支援計画・個別の教育計画を作成していた（個別の指導計画は国立71.8%，私立70.8%。個別の教育支援計画は国立59.6%，私立55.9%。）。

　支援が必要な幼児児童生徒に個別の教育支援計画や個別の指導計画を作成することは，指導だけでなく引き継ぎの際の資料ともなり，継続的な指導にもつながる。作成の中心となるのはその幼児児童生徒の在籍する学校等だが，作成の際は，市町村の相談機関や視覚特別支援学校の特別支援教育コーディネーター，通院している病院の専門職等と協力し，本人・保護者の意向を取り入れている。

（4）教材の確保

　一人ひとりの障害等の状態に応じた教材の確保も，基礎的環境整備の一部である。

　主たる教材の教科書については，文部科学省は，視覚障害のある児童生徒用に，小学部の国語・社会・算数・理科・英語・道徳，中学部の国語・社会・数学・理科・英語・道徳において，検定済教科書を原典として文部科学省著作点字教科書を作成している。また，学校教育法附則第9条の規定において，検定教科書または文部科学省著作教科書以外の教科用図書の使用を認めており，拡大教科書は，附則第9条の対象である。小・中学生が使用する拡大教科書は附則第9条の対象として，検定済教科書に代えて無償給付の対象となる。

　さらに，2009年度使用の教科書からは「障害のある児童及び生徒のための教科用特定図書等の普及の促進等に関する法律（教科書バリアフリー法）」において，文部科学省は教科用特定図書等の標準規格を策定・公表し，教科書発行者は自社で拡大教科書を作成する努力義務が課せられた。これにより，拡大教科書の発行点数は増加し，2012年度からは小・中学校のすべての検定教科書について，教科書発行者から拡大教科書が発行されている。

　また，同法において教科書発行者は教科書デジタルデータを文部科学大臣等に提供するよう義務づけられ，そのデータはボランティア団体等の教科用特定図書等の作成者に提供されることとなった。つまり，デジタルデータを元に，

障害のある児童生徒一人ひとりに合った教科書を作成することができるようになり，拡大教科書等の作成に係る負担の軽減が図られた。

　視覚に障害のある児童生徒の指導においては，このような点字教科書・拡大教科書等を活用するほか，校内に視覚障害児に適した教材が少ない場合や，交流及び共同学習で視覚障害児を受け入れる場合などに，副読本や触覚教材・拡大教材等を県内の特別支援学校から借用して活用している例がある。

（5）施設・設備の整備

　学校の施設・設備の整備はそれぞれの学校の設置者が行っている。文部科学省からは学校種ごとに「施設設備指針」が示され，それぞれの学校が備えるべき施設設備が示されている。例えば，主として視覚障害のある幼児児童生徒を対象とする施設では，「建物群の構成を直交を基本とするなど建物間の動線のわかりやすさに配慮する」「幼児児童生徒がわかりやすく，かつ，記憶しやすい空間構成となるよう配慮する」等，建物の構造や配置からも視覚障害児の特性に配慮して設計することとなっている。

　ただし，通常の学校や，主として視覚障害以外の生徒を対象とする特別支援学校等では，必ずしも視覚に障害のある幼児児童生徒に配慮した施設設備が備えられているとは限らない。そのため，各学校において幼児児童生徒の障害の特性等に応じた施設・設備の配慮が求められる。

　例えば，視覚に障害のある生徒が入学した中学校で，その生徒が単独で移動できるよう，玄関からその生徒がよく使用する教室まで，廊下にはっきり見える色のラインを引いたり，段差や柱等の移動のランドマークとなる箇所に黄色いペンキで目印をつけた事例，危険な箇所に視認性の高い赤いテープを張った事例等がある。また，同様に，必要な箇所に点字シールや視覚障害者誘導用ブロックを敷設した事例もある。知的障害特別支援学校において，視覚に障害のある幼児児童生徒の安全確保のために，廊下に不必要なものを置かない，点字ブロックのないところにはロープを張って安全確保をする，安全にかかわる情報の変更があった場合は全教職員で共有して幼児児童生徒にも知らせるなど，施設設備に関するルールや情報共有を徹底することで，安全の確保を図っている事例もあった[3]。

　このように，それぞれの学校でも備品や予算を確保し，既存の環境に追加して，一人ひとりの幼児児童生徒に応じた施設設備を整備して指導が行われている。

（6）専門性のある教員，支援員等の人的配置

　公立の義務教育諸学校の教員の人数は，児童生徒の人数によって定められている。特別支援学級の学級編成の標準は8人，特別支援学校は小・中学部6人，高等部8人，重複障害児童生徒の場合は3人である。これらの基準を基に，都

道府県の教育委員会が教員を配置する。さらに，2017年度からは通級による指導のための定数も設けられた。

　障害のある幼児児童生徒を教える教員一人ひとりの専門性は，指導の根幹をなす。教員の専門性を確保するために，国立特別支援教育総合研究所では都道府県の中でリーダーとなる教員のための研修を，市町村等自治体では経験年数等に応じた研修を開催し，学校においても校内研修が行われている。

　都道府県は特別支援学校教諭免許法認定講習等を開催するほか，現職教員を大学院や国立特別支援教育総合研究所等の長期研修へ派遣するなどして，専門性の確保に努めている。また，自治体が通級による指導や特別支援学級の担当教員向けの研修を開催している例も多い。

　特別支援学校と市町村の交流人事が行われている県で，視覚特別支援学校で経験を積んだ専門性の高い教員を弱視特別支援学級担当教員として配置している例もある[3]。

　また，学校内で教員と連携して支援を行う特別支援教育支援員も活用されている。特別支援教育支援員は，公立幼稚園，小・中・高等学校において，校長，教頭，特別支援教育コーディネーター，担任教員等と連携のうえ，障害のある幼児児童生徒の日常生活上の介助（食事，排泄，教室の移動補助等）を行ったり，発達障害等のある幼児児童生徒に対する学習支援，健康・安全確保，周囲の幼児児童生徒の障害理解促進等を行うものである。費用の地方財政措置が行われ，その人数は増えている。特別支援教育支援員の資格や配置基準は市町村ごとに決められており，市町村独自に支援員を対象とした研修会を行う所もある。小・中学校において視覚に障害のある児童生徒に支援員を配置し，活用している例もある。

（7）個に応じた指導や学びの場の設定等による特別な指導

　個に応じた指導や特別な指導としては，通常の小・中学校においては，個別指導，習熟度別指導，通級による指導，特別支援学級における指導ができる制度がつくられている。通級による指導，特別支援学級においては，特別の教育課程による教育を行うことができる。

　特別支援学級の教育課程は，基本的には小・中学校の学習指導要領に基づいて編成される。特に必要がある場合は，特別の教育課程を編成することが可能である。その場合は特別支援学校の小・中学部の学習指導要領を参考として，実情に合った教育課程を編成する必要がある。

　通級による指導においては，小・中・高等学校の教育課程に加え，またはその一部に替えて特別の教育課程を編成することができる。通級による指導において，特別の指導（自立活動の指導等）を行う場合は，特別支援学校小・中・高等部の学習指導要領を参考として実施することとしている。

特別支援学校においては，障害の状態に応じた自立活動の指導を教育課程の中で行うこととなっている。そのうえで，特別の教育課程による教育を行うことができる。

個に応じた指導の例として，例えば，通常の学級に在籍している視覚障害のある生徒が，定期テストの際は個別の対応により別室で受験したり，校内にある特別支援学級の教室を活用して個別の指導を受けている例がある。

また，通常の学級で視覚障害に配慮して授業を受けている小学生が，体育の時間は安全面等を考慮し，個別に授業を行っている例もある。通常の学級で授業を受けている視覚障害のある小学生が，新たな機器や教材を使用する際，活用法に関して県内の視覚特別支援学校で個別の指導を受けている例もある[3]。

このように，学びの場の設定によって，個別指導・習熟度別指導や，特別な教育課程に基づく特別な指導を受ける仕組みが設けられており，幼児児童生徒の実態や地域の事情等に合わせて柔軟に活用されている。

（8）交流及び共同学習の推進

小・中学校等や特別支援学校の学習指導要領等においては，**交流及び共同学習の機会を設け，ともに尊重し合いながら協働して生活していく態度を育む**ようにすることとされている。

一部の自治体では「**副籍**」等の名称で，副次的な籍を置く制度を実施しており，居住地域との結びつきを強め，居住地校との交流及び共同学習を推進するうえで意義があるとされている。

幼児児童生徒が他校を訪れて行う交流及び共同学習には，特別支援学校に在籍する幼児児童生徒が自宅の所在地域の学校と行う「居住地校交流」と，特別支援学校の所在地近くの学校と行う「学校間交流」がある。

対象幼児児童生徒の交流及び共同学習における合理的配慮を行うにあたり，障害のある子どもと障害のない子どもがともに学び育つ理念を共有することが前提となる。そのため，交流する学級・学校の幼児児童生徒・教職員に理解啓発を行うことも重要となる。

特別支援学級の場合は，「授業は特別支援学級で受け，毎日の給食指導は交流及び共同学習」という例もあれば，「ほとんどの時間を交流及び共同学習として交流学級で過ごす」という例もある。

例えば，視覚特別支援学校幼稚部の幼児が，週に3日幼稚園で過ごし，定期的に特別支援学校幼稚部の教諭も園を訪問し情報交換や助言を行った例がある。また，視覚特別支援学校小学部の児童が居住地校交流として小学校を訪れて交流及び共同学習を行い，児童が集団での活動を体験することを目的として，授業で話合い活動を多く取り入れたり，いろいろな体験ができるよう，小学校で行われた地域の行事等に積極的に参加した例もある。

交流及び共同学習
第1章第4節 p.19参照。

副　籍
障害により特別な支援を受ける幼児児童生徒が居住地校に副次的な籍を置く制度。副籍，支援籍等の名称で一部の自治体で行われている。

　　弱視特別支援学級在籍の児童が校内の通常の学級と交流及び共同学習を行い，通常の学級の担任が特別支援学級に，また特別支援学級担任が通常の学級に行って指導する機会をつくり，校内のインクルーシブ教育システムを推進しているという小学校の例もある。視覚障害のある児童が交流学級で授業を受ける際は，必要に応じて特別支援学級担任が同行して補助を行っている例もあった[3]。

　　交流及び共同学習の効果的な推進には，障害のある幼児児童生徒の関係者と交流する学級双方の関係者が密に打ち合わせを行い，年間指導計画に位置づけて計画的・継続的に行うことが不可欠である。

　　「当初は特定の児童生徒への合理的配慮として行われていた取組が，学校の中で日常的に当たり前のものとして行われるようになったり他の児童生徒の学習にも資するものという認識が高まったりして基礎的環境整備へと変わっていったケース」や，「基礎的環境整備が充実することで，合理的配慮の重要性への意識や障害のない児童生徒の個々の教育的ニーズへの意識が高まったケース」などが報告（国立特別支援教育総合研究所）されている。合理的配慮と基礎的環境整備については一義的に分けられるものではなく，相互に関連しているものであることが推察される。

演習課題

1. 合理的配慮の基礎的環境整備のうち，「専門性のある指導体制の確保」としてどのようなものがあるか，まとめてみよう。
2. 特別支援学校に在籍する幼児児童生徒が居住地の学校と交流及び共同学習を行う場合に，例えばどんな活動が考えられるか，また，その際に在籍校・交流校ではどんな準備が必要か，考えてみよう。

引用文献

1) 藤本裕人：インクルーシブ教育システム構築に向けた特別な支援を必要とする児童生徒への配慮や特別な指導に関する研究−具体的な配慮と運用に関する参考事例−．国立特別支援教育総合研究所研究紀要，41，15-25，2014.
2) 国立特別支援教育研究所：『合理的配慮』実践事例データベース．
http://inclusive.nise.go.jp/?page_id=110（最終閲覧：2021年12月24日）
3) 国立特別支援教育研究所：インクルーシブ教育システム構築データベース．
http://inclusive.nise.go.jp/（最終閲覧：2021年12月24日）

参考文献

・文部科学省：平成29年度特別支援教育体制整備状況調査結果について．
https://www.mext.go.jp/a_menu/shotou/tokubetu/__icsFiles/afieldfile/2018/06/25/1402845_02.pdf（最終閲覧：2021年12月24日）
・文部科学省大臣官房文教施設企画部：特別支援学校施設整備指針（平成28年3月）．

・文部科学省中央教育審議会：特別支援教育の在り方に関する特別委員会報告
1 共生社会の形成に向けたインクルーシブ教育システム構築のための特別支援
教育の推進.
https://www.mext.go.jp/b_menu/shingi/chukyo/chukyo3/siryo/attach/1325881.
htm（最終閲覧：2021 年 12 月 24 日）

第4章
生涯発達支援

1 就学前の発達支援

1 乳幼児健康診査－早期発見・療育の重要性

　乳幼児健康診査の視覚検査は，視覚の発達と視覚から発達に関与する疾患を早期発見して，早期治療・早期療育につなぐことが目的である。このため，乳幼児期の発達に応じた適切な検査内容での実施が求められる。日本の3歳児健康診査は1961年に開始されたが，当初，視覚に関する項目は問診のみだった。1990年に視覚検査を実施することとなり，1992年からは家庭での視力検査が開始された。しかし，1997年に乳幼児健康診査は市町村事業に移譲されたため，市町村ごとでその精度には大きな差があり，全国的には移譲時のままの健康診査が実施されており，その精度には多くの課題が残されている。

　近年，視覚検査の精度の低さが問題視され，検査項目の追加によって精度が改善されるとの報告が相次いでいる。また，乳児健康診査は個々の判断に任されてきたが，視覚検査が実施されているかは不明だった。2018年3月，国立研究開発法人国立成育医療センターの「改訂乳幼児健康診査　身体診察マニュアル」が作成され，視覚に関する項目が明記された。さらに，厚生労働省母子保健対策強化事業として，市町村が実施する3歳児健康診査において，家庭での視力検査を併用し，眼の疾病および異常の有無についても確認するために屈折検査機器等の整備を行う際に活用可能な補助事業（母子保健対策強化事業）が2022年に創設された。

改訂乳幼児健康診査
身体診察マニュアル

（1）視覚の発達

1）眼球と視路の発達

　視機能は眼球と視路の成長とともに，視覚刺激を受けながら発達する。眼球から大脳皮質（後頭葉視覚野）までの視路を形成する要素は互いに影響を及ぼ

しながら発達していく。その一部は先天的なものだが，多くは生後，外界から受ける視刺激によって発達する。正常な眼球で生まれても，適切な視刺激が与えられなかった場合は視機能の発達は不十分なものになる。また，先天的に眼球，視路に異常がある場合は適切な視刺激を与えても視機能の発達は不十分なものになる。すなわち，視機能の発達には形態的発達と機能的発達の両方が必須である。

①　**形態的発達**　眼球と視路の影響を受ける。眼軸長は新生児約17mm，1歳ころ21mmで，その後，徐々に発育して成人では24mmになるが，これは主に後眼部の成長による。また，生下時の網膜黄斑部は未熟で，生後5か月でほぼ完成し，5歳ころまで成熟を続ける。これは，**錐体**が中間周辺部網膜から中心窩に移動し，**桿体**が中心網膜から周辺に移動することによる。視神経の有髄化が完成するのは2歳ころである。

②　**機能的発達**　視機能は出生直後から鮮明な映像を両眼同時に見ることによって発達する。視覚の発達期に黄斑中心窩に鮮明な像を結ぶことができなかった場合は弱視（医学的弱視）となる。**視覚の感受性**は生後3か月から上昇し1歳6か月ころが最も高く，その後は徐々に減衰し8歳ころまで残存するとされている（第2章第1節 p.27 図2-7参照）[1]。

③　**視　力**　新生児の視力はおよそ0.01〜0.02で，目の前がぼんやり見える程度である。生後2か月から急速に発達し，3か月で0.02〜0.03，6か月で0.04〜0.08，8か月で0.1程度，1歳で0.2，3歳半で0.7〜1.0，4歳で71%が1.0，5歳で83%が1.0に達する（図4-1）[2]。

④　**両眼視機能**　左右それぞれの網膜に映った像を単一視させる機能で，出生後両眼で同時にものを見るという刺激によって発達する。生後2〜6か月でほぼ完成する。両眼視には**同時視**，**融像**，**立体視**がある。

⑤　**眼　位**　出生後4週以内の新生児は大半が正位である。**輻輳**は生後4

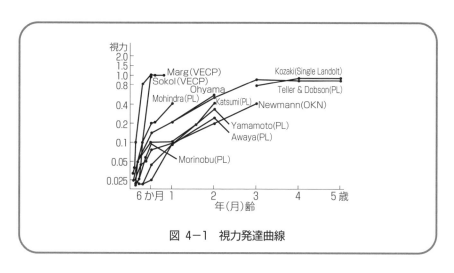

図 4-1　視力発達曲線

錐　体
桿　体
第2章第1節 p.29参照。

視覚の感受性
鮮明な映像を両眼同時に見ることで視覚が発達する。発達期を視覚の感受性期という。

同時視
右眼と左眼の両方で同時に単一物を認識できること。

融　像
物体を両眼で見て，ひとつのものとして認識できること。条件として，左右それぞれの眼で見た像が網膜対応点上か，ほぼ網膜対応点上にあり，両眼の網膜像の大きさ・色・形・コントラストなどが類似している必要がある。

立体視
物体を立体的に認識できること。片眼でも感じ取ることのできる遠近感とは異なる。条件として，両眼の網膜像の位置に若干のずれがある必要がある。

輻　輳
第3章第4節 p.140 コラム参照。

か月までに良好となる。

　⑥　**色　覚**　　生後 12 週ですべての児に色覚を認める。

　⑦　**視　野**　　出生直後から 7 週までは緩徐に発達し，生後 2 か月から 6 〜 8 か月ころまで急速に，その後ゆっくりと拡大していく。

（２）乳幼児期の健康診査（表 4 − 1）

臨界期
視覚感受性期の 8 歳までである。

　乳幼児の眼疾患には視覚の発達の**臨界期**（治療のタイムリミット）までに発見して治療につなげなければならないため，乳幼児期の健康診査では視覚に関する検査項目を実施することは必須である。「改訂乳幼児健康診査　身体診察マニュアル」に視覚についての検査項目が明記されている。しかし，乳幼児健診は市町村の委託事業であるため実施方法は市町村によって大きく異なっている。静岡市の場合は乳幼児健康診査は 4 か月児，10 か月児，1 歳 6 か月児で行われており（公費負担，一元化事業として実施），1 歳 6 か月児と 3 歳児は集団健診である。

（３）新生児〜超早期の発見と治療が必要な眼疾患

　先天白内障，先天緑内障，先天眼底疾患，乳児内斜視，固定斜視，網膜芽細胞腫は，頻度は少ないが，早期発見と早期治療が視力予後を左右する重症眼疾患である。先天白内障は視覚刺激を遮断するため，両眼性は生後 10 〜 12 週以内，片眼性は生後 6 週までに弱視訓練を開始しなければ良好な視力は望めない。先天緑内障は早急な手術治療を行わなければ，角膜混濁や視神経障害が起こり，重篤な視力障害をきたす。家族性滲出性硝子体網膜症などの先天眼底疾

表 4 − 1　乳幼児期の健康診査における視覚に関する診察項目

	視機能	検査機器	診察項目	対象疾患
新生児	0.01 〜 0.02	ペンライト 直像鏡 （Red reflex 法）	瞳孔反応・外眼部・前眼部（白色瞳孔）・虹彩の形・眼球の大きさの左右差・角膜混濁等・外眼部	小眼球症・先天角膜混濁・先天無虹彩・先天白内障・先天緑内障・網膜剥離・乳児内斜視
2 〜 3 か月児	立体視	ペンライト 直像鏡 （Red reflex 法） おもちゃ	片眼ずつ固視・追視 片眼嫌悪反応の有無 眼位・眼球運動・頭位	先天無虹彩・先天白内障・先天緑内障・網膜剥離・乳児内斜視・先天眼振・網膜芽細胞腫
1 歳 6 か月児	0.5	上記＋他覚的屈折検査機（Spot Vision Screener 等）	片眼嫌悪反応の有無 眼位・眼球運動・頭位	斜視が出現する眼疾患・強度屈折異常・網膜芽細胞腫
3 歳児	1.0（自覚的屈折検査では 0.5 以上）	同上	他覚的屈折検査 自覚的屈折検査 問診	弱視（医学的弱視）・斜視

患には網膜剥離へ進行して失明する疾患があり，特に家族歴がある場合は早期の眼底検査と治療が視力予後を左右する。乳児内斜視や固定斜視は生後3か月以内に手術治療を行わなければ両眼視機能は獲得できない。

また，残念ながら手術治療で視覚予後を改善することを見込むことができないレーベル（Leber）先天盲やその他の先天異常眼疾患では，超早期からの弱視（ロービジョン）のある人に対する支援としての療育を開始する必要がある。

超早期治療が必要な重大眼疾患の発見は，産婦人科医師と小児科医師にゆだねられている。

（4）新生児〜1か月児健康診査
産婦人科医師が外眼部や眼球の形態異常の有無，ペンライトの光を固視できるかを診察している。

（5）3〜4か月児・9〜10か月児健康診査
小児科での個別診査が一般的である。ペンライトの光やおもちゃを片眼ずつ固視および追視できるか，片眼を遮閉すると嫌がる**片眼嫌悪反射**がないかのほかに簡易直像鏡による **Red reflex 法**で眼底からの反射に異常がないかを診察するように「改訂乳幼児健康診査　身体診察マニュアル」感覚器（視覚）に加えられた。他覚的屈折検査でスケールオーバーの屈折異常や斜視がわかった場合には，重篤な眼疾患が潜んでいる可能性があるので小児を専門とする眼科受診を勧める。

（6）1歳6か月児健康診査
満1歳6か月の翌月に小児科医師，歯科医師，心理相談員，保健師，看護師，栄養士，歯科衛生士が参加し，問診，歯科（医師）健診，身長・体重等の計測，内科（医師）健診，保健指導，栄養指導，歯科指導とともに聴覚障害が疑われる場合は耳鼻咽喉科医師，言語聴覚士，聴覚特別支援学校教員，保健師による聞こえの二次医療機関の受診を勧めている（公費負担，聴覚の臨界期は視覚よりもさらに超早期に完了する）。他覚的屈折検査で強度の遠視がわかった場合には，小児を専門とする眼科受診を勧める。

（7）3歳児健康診査
満3歳の翌月に小児科医師，歯科医師，心理相談員，保健師，看護師等の計測，内科（医師）健診，保健指導，栄養指導，歯科指導，尿検査，（一次検査として自宅で視力検査），他覚的屈折検査を実施している。総合判断から，必要により受診券が発行され県内の委託医療機関の受診を勧めている（公費負担）。母子保健法では3歳を超え4歳に達しない児に健康診査を実施することになっ

4か月児・10か月児健康診査
市町村によって時期が多少異なる。

片眼嫌悪反射
左右の視力に差がある場合，よく見えるほうの眼を遮閉すると嫌がるそぶりがみられる。

Red reflex 法
瞳孔から光を入れて黄橙色の網膜からの反射を観察して眼疾患の疑いのある児を検出する。

3歳児健康診査
国が定めた健康診断で集団健診が多い。

ている。自覚的屈折検査（視力検査）は 3 歳 6 か月以降の成功率が高くなると
いわれているが，発達を含む健康診査としては 3 歳の早期が望ましいため，自
覚的屈折検査が不良の場合は追跡調査を実施する。また，事前に検査の意義を
啓発する資料と屈折検査の実施方法については，事前に文書で，併せて検査方
法の DVD を公開するとよい。問診票は片眼性の弱視（医学的弱視）を見逃さ
ない設問を入れたい。

　静岡市において 3 歳児健康診査に他覚的屈折検査を導入した 2015 年 8 月か
ら 2019 年 3 月までの集計は，対象児 1 万 4,520 人で二次健診（集団健診）受診
者 1 万 4,093 人（受診率 97.3％），三次健診（眼科受診）受診券発行 2,776 人（19.70％），
三次健診受診者 2,150 人（受診率 77.5％），要治療・用精密検査 325 人（2.24％）だっ
た。2015 年 8 月から 2016 年 3 月までの要治療用精密検査の疾患名は弱視（医
学的弱視）76.0％（不同視弱視 27.8％），斜視 5.2％，近視 5.2％，外眼部疾患 7.2％
だった。

　3 歳児健康診査視覚検査では弱視（医学的弱視）と斜視の早期発見・早期治
療が主な目的であり，この方法でほぼ目的を達成できているといえる。特に治
療開始が視覚の感受性期後期になると予後不良である不同視弱視がほぼ発見で
きていることの意義は大きい。二次健診と三次健診の受診率 100％目標を達成
するためには，保護者への啓発とともに，保健師による勧奨が有効である。3
歳児健康診査に他覚的屈折検査を導入している市町村は急速に増えつつあるが，
2019 年 6 月時点では 10％前後である。早急に全国で他覚的屈折検査機器が導入
されるべきである。

　また，他の重傷疾患のために小児科で加療中の場合には，集団健康診査の受
診は不要だと保護者が誤解しているために 3 歳児健康診査を受診せず視覚検
査，聴覚検査，歯科検査などが実施されていないことがある。視覚検査の難易
度が高い発達障害児や重複障害児の弱視（ロービジョン）や弱視（医学的弱視）
が見逃されていることがあるので注意を要する。

　さらに，3 歳児健康診査の視覚検査で視力 0.5 以上であっても，軽度の乱視
による弱視（医学的弱視）（視力 0.6 ～ 0.9）が見逃されることがある。これを臨界
期までに発見し加療するためには園児の健康診断時の視力検査が必要である。

　幼稚園では学校保健安全法により視力検査と眼疾患の有無の診察が健康診断
必須項目に入っている。保育所，こども園も学校保健安全法に準ずることとさ
れている。しかし，眼科園医を委託していない園が多く，視力検査の実施率が低
い。視力検査は眼科医療者が不在でも可能なので，必ず実施することが望まれ
る。3 歳児健診をすり抜けた軽度の弱視（医学的弱視）や，3 歳児健診二次健診・
三次健診未受診児の眼科受診勧奨も可能になる。園児のための視力検査のビデ
オやマニュアルは**日本眼科医会のホームページ（子どもの目）**からダウンロー
ドできる。

日本眼科医会のホーム
ページ（子どもの目）

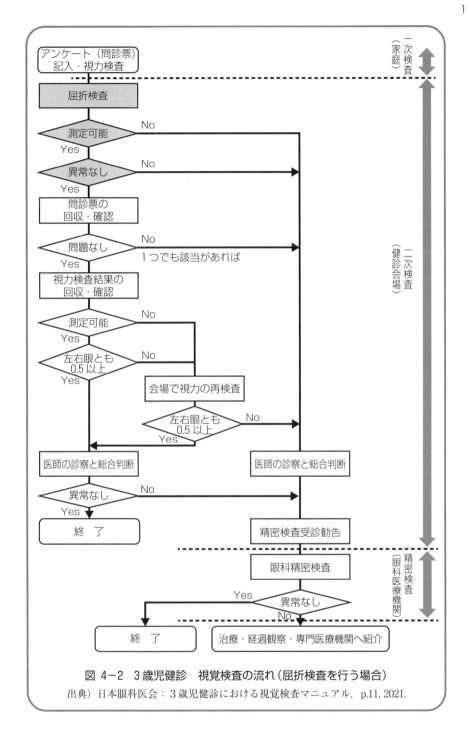

図 4-2　3 歳児健診　視覚検査の流れ（屈折検査を行う場合）

出典）日本眼科医会：3 歳児健診における視覚検査マニュアル，p.11, 2021.

視力検査と眼疾患の有無の診察は，就学時健診の必須項目である。しかし，就学時健診時の視力検査未実施の地区が散見される。このような地区は園児の健康診断における視力検査も 3 歳児健診の他覚的屈折検査も未実施な所が多く，就学後の学校健診の視力検査で初めてさまざまな眼疾患が発見されること

になる。就学後は臨界期が近いので治療効果の発現が遅く悪く，子どもの自我の目覚めから治療への抵抗が強いために，視機能獲得の可能性が低くなる。

2　児童発達支援－活用できるさまざまな施設

ヒトは外界からの情報の80％以上を視覚から得ているといわれており，視覚障害年齢が低いほど身体的かつ知的・精神的機能の発達が連鎖して身体全体の発達を妨げる。例えば，知的発達が正常な児であっても重度の視覚障害があると模倣行動が不足するために運動発達が遅れがちになり，言語や認知の発達にも遅れが生じる。このため，弱視（ロービジョン）児には**ロービジョンケア**だけでなく，療育が主になる。療育は発達支援ともいわれる。児童発達支援は「障害のある子どもに対し，身体的・精神的機能の適正な発達を促し，日常生活及び社会生活を円滑に営めるようにするために行う，それぞれの障害の特性に応じた福祉的，心理的，教育的及び医療的な援助」と定義されている（厚生労働省：児童発達支援ガイドライン，2017）。つまり，医師，看護師，視能訓練士，臨床心理士，ソーシャルワーカーなどの医療関係者と保護者，保育，教育，福祉，保健担当者が緊密な連携のもとに視覚障害児の成長を育むことである。

小児の視覚障害の約90％は1歳未満で発症しているため，乳児期からの適切なロービジョンケアすなわち療育を開始することが重要である。

厚生労働省による身体障害者認定基準（視覚障害）に従った障害程度等級表によって程度が認定されるが，乳幼児においては障害の程度を判定することが難しいために，判定可能になるまでは年齢を考慮して妥当と思われる等級を認定してよいことになっている。

視覚障害乳幼児の早期支援として，視覚特別支援学校の早期療育相談および幼稚部と一部の地域に療育施設があるが，視覚だけでなくすべての障害への支援・療育が必要である。障害児の発達・療育支援のため，**児童発達支援**が整備されている。地域の中核をなす**児童発達支援センター**と，それ以外の**児童発達支援事業**に分類され，障害児やその家族に対する支援を行っている。

また，保護者が就労している場合は保育所やこども園で，近隣の幼稚園に通園している場合は幼稚園で障害に即した療育を要する。視覚特別支援学校や児童発達支援センターでは，園から依頼があれば指導員が園に出向いて日常生活での療育について指導してくれる。しかし，依頼がなければ出向くことが難しいので，保護者が園に要望することが必要である。

ロービジョンケア
第2章第5節 p.91 参照。

児童発達支援
障害児通所支援のサービス。その他に医療型児童発達支援，放課後等デイサービスがある。

児童発達支援センター
市町村に少なくとも1か所以上設置されている。利用障害児・家族への支援に加え，地域の障害児・家族への相談，障害児を預かる施設への援助・助言も行う。

児童発達支援事業
専ら利用障害児・家族に対する支援を行う身近な療育の場。

3 療育期の発達支援－年齢別ロービジョンケア

　乳幼児期は保護者と児を中心にして，眼疾患治療の眼科主治医とロービジョンケアの眼科主治医や視能訓練士，視覚特別支援学校・児童発達支援センターや児童発達支援事業の精神発達小児科医師，作業療法士，理学療法士，歩行訓練士，臨床心理士，市町村の福祉担当者，園の保育士もしくは養護教諭の頻繁で緊密な連携が必要である。

（1）保護者

　わが子に重い視覚障害があるという事実を受け止め，複雑な心理過程を経て受容することは簡単なことではない。一方，重篤な視覚障害であればあるほど早期に療育を開始しなくてはならない。そのためには，保護者がわが子をあるがままに受け入れ，いとおしんで子育てができるように支えることと，適切な情報を提供して教育および福祉機関と連携をとっていく必要がある。保護者と過ごす時間が一番長い時期に，欠落している視覚を保護者あるいは支援者がいかに補うかが療育の基盤となる。保護者は，晴眼者と同じ日常生活や社会的経験をさせる厳しさと愛情をもって育むことが最も重要である。

（2）0〜2歳（乳幼児期）

1）視覚が使えない視覚障害児

　生涯にわたって視覚が使えない視覚障害の頻度は高くはない。そのほとんどは先天異常と未熟児網膜症である。乳幼児期は視覚を含めた神経系の発達が最も著しい時期なので，保有機能を伸ばして全身の発達を促すことが重要である。全身運動，手指の発達，認知とことば，睡眠リズムと食事など，つねに声がけをしながら，触覚，聴覚，嗅覚等を活用することがポイントである。

2）視覚が使える視覚障害児

　視覚を使える視覚障害児は多い。原因は先天異常（先天眼振，白皮症，先天無虹彩，先天白内障，発達緑内障，網脈絡膜疾患，視神経異常など）が主である。疾患の早期診断と合併症評価が重要な時期であるが，視覚感受性が高い時期でもあるので，保有視機能を可能な限り発達させるために視距離に応じた眼鏡処方などは積極的に行われるべきである。小児を専門とする眼科では他覚的屈折検査を実施した眼鏡処方が可能である。

　視覚補助具の使用は難しいが，iPad などのタブレット端末はアプリで拡大した画像や文字を見やすくしたり，音声を活用したりできるので利用するとよい。

（3）3～6歳（就学前）

就学に向けて読み書きと歩行の訓練が必要である。

近見視力が 0.1 の場合は，調節可能であれば眼前 5 cm まで近づければ最大視認力 0.6 相当が期待できる。しかし，うつむき姿勢になり，影ができるので書見台や照明の用意が必要である。羞明がある児は紙面からの反射による羞明を減少させるために罫プレートを用いる。

近見視力が 0.1 未満の視力障害がある場合は，就学前に視覚補助具の訓練を行う必要がある。光学視覚補助具には，近見用として各種拡大鏡（スタンプ型，手持ち型など）や，弱視眼鏡（掛け眼鏡式，単焦点調節式）などがある。羞明が強ければ，原因となる短波長光を遮光する遮光眼鏡を選定する。

拡大鏡
第2章第3節 p.72 および第3章第4節 p.139 参照。

遮光眼鏡
第2章第3節 p.72 参照。

4　自己の障害理解の必要性・芽生え

弱視（ロービジョン）のある幼児児童の場合は，早期から見ようとする意欲を育む療育を実施していると，拡大機器などを利用することで，より見やすくなることを理解し，活用するようになるが，この過程で自己の特性への理解が芽生えている。

例えば晴眼のきょうだいがいることや，保育所やこども園などの集団生活の中で，自己の特性を自覚することもある。重要なことは，保護者が児のあるがままを受け入れて，おおらかに環境を整えられていることである。

さまざまな支援機器を使いこなしている視覚障害児の成長を3歳児健診後から支援しているが，視覚特別支援学校に在籍することをみずから希望していること以外は，通常の学校に通うきょうだいと何ら違いはない。

演習課題
1. 視力の発達段階における視覚的な支援方法と，発達支援方法について考えてみよう。
2. 視覚が使えない乳幼児に視覚情報を伝えていく方法をまとめてみよう。
3. 弱視（ロービジョン）児の保有視覚を最大限に活用する学習支援法を考えてみよう。

引用文献
1）粟屋忍：形態覚遮断弱視，日本眼科学会雑誌，**91**，519-544，1987.
2）粟屋忍：乳幼児の視力発達と弱視，眼科臨床医報，**79**，1821-1826，1985.

参考文献
・守本典子・大月洋：「ロービジョン」の定義確立に向けての提言，眼科紀要，**51**（12），1115 ～ 1120，2000.

② 卒業後の発達・社会生活支援

1 キャリア教育

（1）キャリア教育とは

　文部科学省は，**キャリア教育**を「一人一人の社会的・職業的自立に向け，必要な基盤となる能力や態度を育てることを通して，**キャリア発達**を促す教育」と定義している（中央教育審議会：今後の学校におけるキャリア教育・職業教育の在り方について（答申），2011）。子どもたちの発達段階に応じて，キャリアを形成していくために必要な能力や態度を育てることを目ざす教育的な働きかけといえるだろう。

　中央教育審議会からは「**基礎的・汎用的能力**」がキャリア教育において中核的に育成すべき力として提示されている。これは従来からキャリア発達にかかわる諸能力の例としてあげられてきた「4領域8能力」の一人歩きを防止するために整理されたものともいえる。それらの関連性を図4-3に示す。この図の実線は関連性を，点線は相対的に弱い関連性を示している。

　「基礎的・汎用的能力」の内容については，① 人間関係形成・社会形成能力，② 自己理解・自己管理能力，③ 課題対応能力，④ キャリアプランニング能力の四つに整理されている。これらは包括的な概念であり，それぞれが独立して

キャリア
人が生涯の中でさまざまな役割を果たす過程で，みずからの役割の価値や自分と役割との関係を見い出していく連なりや積み重ね。

キャリア発達
社会の中で自分の役割を果たしながら，自分らしい生き方を実現していく課程。

基礎的・汎用的能力
分野や職種にかかわらず，社会的・職業的自立に向けて必要な基盤となる能力や態度。その詳細は文部科学省発行の「キャリア教育の手引き」に詳しく記載されている。

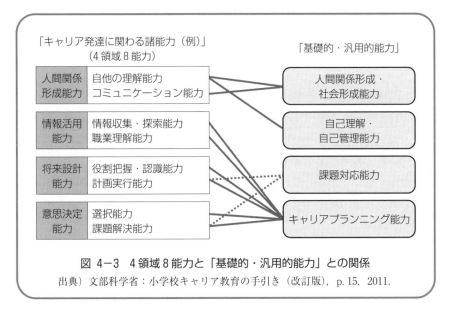

図 4-3　4領域8能力と「基礎的・汎用的能力」との関係
出典）文部科学省：小学校キャリア教育の手引き（改訂版），p. 15, 2011.

いるわけではなく相互に関連・依存した関係にある。① は相手の意見を聞き，自分の意見を正確に伝え，他者と協力・協働して社会に参画し，今後の社会を積極的に形成する力である。② は自分自身の可能性を理解し主体的に行動すると同時に，自分の思考や感情を管理し，自身の成長のために進んで学ぼうとする力である。③ は仕事上での課題を発見・分析し，適切な計画を立てて処理し，解決することができる力である。④ は「働くこと」の意義や自分の立場・役割との関連性を理解し，生き方に関する情報を取捨選択・活用しながらみずから主体的に判断してキャリアを形成していく力である。

（2）視覚障害児のキャリア教育

　視覚特別支援学校では，個別の教育支援計画に基づいて，幼児児童生徒の障害・発達の状況に応じた教育や社会的自立に向けた取り組みが行われている。また，多くの学校は幼稚部，小・中学部，高等部を有し，幼児児童生徒の成長や発達段階に応じて，キャリア発達を促すことが可能である。さらに障害がある幼児児童生徒が自立を目ざし活動を行う**自立活動の時間**を利用することで，個別の教育支援計画に基づいた指導が可能な状況にある[1]。

　しかし一方で，視覚障害児らが直接接する「視覚障害者の職業」の幅は広くはなく，**ロールモデル**のバリエーションは狭いことが予想される。日常生活を送る中で出会う成人の視覚障害者は，その多くが教員や**三療**を生業とするケースで，子どもたちはそれ以外の職種を想像することが難しいかもしれない。実際の職種としては三療以外にも清掃員，総合事務員，工場作業員，施設介護員，プログラマー等，さまざまである[2]。子どもたちに広い視野をもたせ，将来の可能性の幅を広げるためにも，さまざまな職種に就く視覚障害者の実例の情報を十分与えることが望ましい。可能であれば直接子どもたちが話を聞く機会を設けることで，より現実味のある将来像として認識させることができるだろう。

（3）理療科におけるキャリア教育

　理療科とは，あん摩マッサージ指圧師，はり師，きゅう師を養成する課程である。視覚特別支援学校の高等部に設けられ，視覚障害者の**職業教育**の根幹をなしている。厚生労働省から公表されている障害者の職業紹介状況をみると，あん摩マッサージ指圧・はり・きゅう業は，視覚障害者の職業別就職件数の約半数を占めており，視覚障害者が職業的自立するための代表的な職業といえる。

　理療科の卒業生は，あん摩マッサージ指圧師，はり師，きゅう師の国家試験に合格し，免許を取得すると，医療機関や治療院等への就職や治療院を開業することができる。近年，一般企業に**ヘルスキーパー**として就職する者や介護施

設に**機能訓練指導員**として就職する者等が増加し，職域が拡大している。就職先が多様化している理療科では，キャリア教育の一環としてコミュニケーション能力の育成，インターンシップや現場実習の機会の確保，障害支援機器を活用したコンピュータ等，ICT 機器のスキル習得が求められる。

（4）高校・高等部卒業後のキャリア教育

　大学など高校卒業後の教育現場では，キャリア教育の一環として一般企業や医療施設等におけるインターンシッププログラムに参加する科目がカリキュラムに取り入れられていることが多い。中学部・高等部などでも職業体験の場はあると思われるが，大学ではより実際の業務を想定した体験や実習が行われる。

　しかし視覚障害学生の場合，実習内容を用意できないという理由で受入側がインターンシップへの参加に難色を示すこともある。このような社会的障壁に対応するためには，学生が実習先において何ができるのか，そしてどのような配慮が必要なのかを細かく説明する必要がある。さらに仕事内容にかかわらずインターンシップ期間中の通勤に関して不安を感じている担当者は多く，公共交通機関を用いての移動に問題がないことを示せることも重要である。そのため移動に関して相手が不安に思わないだけのスキルを身につけるとともに，移動も含めた自分の能力と配慮方法を的確に説明できるプレゼンテーション能力が欠かせない。

　また，その後の就職活動を考えると，一般企業を目ざす視覚障害学生もコンピュータやスマートフォン，点字端末などの ICT 機器の操作技術について，早い時期から習熟しておくことが求められる。当然ながら前述の基礎的・汎用的能力を培い，正しいネットワークリテラシーの知識をもつことが前提だが，自身の能力を示し，理解してもらうために ICT 機器の活用が欠かせないのも事実である。**スクリーンリーダー**や画面拡大ソフトウェア等を活用することで，電子メールや SNS ツールを使ったコミュニケーション，ホームページからの情報収集，ワープロや表計算などオフィス系ソフトウェアを用いた文書編集，プログラミングやサーバ管理などが可能であることは意外と知られていないため，本人の技術習得を進めるとともに，就職先への理解を浸透させることが今後の課題であろう。

機能訓練指導員
介護施設・事業所において日常生活を営むのに必要な機能の減退を防止するための訓練を行う能力を有する者。機能訓練指導員として働けるのは，あんまマッサージ指圧師，はり師，きゅう師，理学療法士，作業療法士，言語聴覚士，柔道整復師，看護師，准看護師のいずれかの国家資格をもつ人のみである。

スクリーンリーダー
画面読み上げソフトウェア。パソコン用としてはPC-Talker や NVDA，JAWS などが利用されている。スマートフォン用では iPhone で用いられる VoiceOver が有名。

2 社会的自立・就労

（1）就職活動の支援

障害者雇用率制度により，事業者は一定の割合以上の障害者を雇用することが義務づけられている。この法定雇用率は，2021年3月現在民間企業で2.3%以上，国や地方公共団体等で2.6%以上，都道府県等の教育委員会で2.5%以上となっている。これらの対象になるのは，例えば民間企業であれば労働者数が43.5人以上など，一定以上の規模であり，法定雇用率を満たさない場合は納付金を支払わなければならない。

一方で一般企業等への就労は，新卒の場合は晴眼者と同様，就職活動ポータルサイト経由もしくは希望する企業に直接エントリーシートを提出することから始まる。そして通常は書類審査通過後に，筆記試験や数回にわたる面接等を受けるというプロセスで進められる。しかし視覚障害のある学生は，エントリーの段階から支援が必要になることもある。スクリーンリーダーを用いて応募することが想定されておらず，Webサイトのアクセシビリティが十分確保されていないようなケースがこれにあたる。このような場合には，適宜求められている情報のテキスト化などの支援が必要になる。試験に関しても，インターネット経由のWebテストなどの場合に同様の問題が起こりうる。マウスクリックでの操作しか許されていないような試験は，スクリーンリーダー利用者が解答することはほぼ不可能なため，代替手法を用意してもらわなくてはならない。机上で筆記試験を受ける場合も，時間延長や拡大読書器の持ち込みの可否，点字化の有無などを確認し，可能な配慮を依頼することになる。

（2）就職先決定後の支援

就職先の決定後は，本人が必要とする設備面の配慮について事業者と相談することや，所属予定部署および周辺組織への視覚障害に対する理解促進の依頼といった支援が必要になる。

設備面の配慮の具体例としては，点字シールの貼付や書類を決まった場所に置くための箱の設置といった細かい工夫から，アームつきの大型液晶ディスプレイの設置，拡大読書器および設置スペースの用意，スクリーンリーダーの購入など，予算措置が必要なものまでさまざまなものがあげられる[3]。費用がかかる場合には**障害者雇用納付金制度**を利用した事業者への助成金などもあり，スムーズな申請のためには，教育機関と事業者との情報共有が大事である。業務内容や就労場所の環境についての情報を整理して，本人の障害特性に合った設備を整えられない場合には，助成金を利用して購入した機器やソフトウェアが役立たなかったということになりかねない。また，例えば会社ではスーツや制服を着用することで服装による人物の識別が困難になったり，フリーアドレ

障害者雇用率制度
雇用する労働者のうち，障害のある労働者の割合（法定雇用率）が一定率以上になるように義務づける制度。法定雇用率は2018年から段階的に引き上げられている。

障害者雇用納付金制度
障害者雇用率を満たせない事業者から徴収した納付金を，障害者を雇用する事業者への助成金とすることで，経済的負担のアンバランスを解消する制度。

スのオフィスで座席が毎日変わることにより，目的とする相手を探すのに手間取ったりすることがある。このように在学時はさほど問題にならなかった事がらも，就労場面では苦労するケースもあるため，実際に働き始める前に十分現場の状況を理解し，適切な配慮が受けられるよう企業側と調整を行うことも教育機関に求められる役割であろう。しかしこのような配慮も，周辺の理解が不十分であると十分に機能しない。必要に応じて視覚障害についての勉強会や体験会などを企画・実施してもらうことで，長く就労できる環境になることが期待される。

3 障害支援機器の入手

（1）支援機器の選定

障害者が何らかの困難に直面したとき，その解決手段のひとつとして補助具の入手を検討することになる。その選定にあたっては，補助具の機能面そのものだけでなく，利用する当事者の側も考慮に入れた**支援サービス**の側面も踏まえて検討する。

ある視覚障害者の目的を達成するためにいくつかの補助具の選択肢があるとする。その中でローテクな手段で目的が達成できるのであれば，訓練やメンテナンスが必要なハイテクをあえて選ぶ必要はないと考えられる。また逆に，後述する購入の補助制度を利用でき，費用の問題がないのであれば，後に高度なニーズにも応えられるハイテクな機器を入手することも検討できる。

そのため，補助具の選定にあたる者は，単に機能の面だけではなく，当事者の記憶力や理解力また手指の器用さなどの心身の能力と，その後の発達状況，入手・維持するための費用や，メンテナンスにかかる手間などの支援サービスを考慮した選定を行いたいものである。

複数の選択肢を提示できるよう，補助具の情報を収集するのと同時に，対象者の特性をしっかりと見て提案すべきである。

支援サービス
国立特別支援教育総合研究所　アシスティブ・テクノロジーの用途と分類−ローテクからハイテクまで−

表4-2　テクノロジーから考える支援機器の分類

ローテク (Low-Tech Solutions)	「使用」が比較的簡単である。一般に電源を必要としない器具であり，低価格である。	例）拡大鏡，白杖，太いマジックペン，タイポスコープ，点字器，書見台など
ミドルテク (Mid-Tech Solutions)	「操作」が比較的簡単である。一般に電源が必要であったり，機構が複雑であったりする。価格は，数万円から十万円程度である。	例）拡大読書機，音声時計，音声体温計，超音波ソナー，点字タイプライターなど
ハイテク (High-Tech Solutions)	複雑な機能を持つ装置やシステムであり，使用者は使い方の理解や訓練等が必要となったりする。価格は通常十万円を大きく超える。	例）音声パソコン，点字ディスプレイ，ウェアラブル端末，プレクストークなど

（2）支援機器の入手先

　視覚補助具，主に光学的な視覚補助具に関しては，**眼科・眼鏡店**などが主な選定・入手先になる。特に後述する補装具の制度を利用して入手する場合は，必ず眼科医の給付要否意見書が必要となる。ただ眼科や眼鏡店のすべてがこれらの選定を得手としているわけではなく，また眼鏡以外は全く取り扱いのない施設もあるため，事前の情報収集が必要である。

　視覚補助具以外の補助具は，選定や指導・販売を行う施設はそれほど多くなく，また地域によっては全くないこともある。情報がない場合は，まず各地にある点字図書館や視覚特別支援学校には地域の視覚障害支援に関する情報が集まっていることが多いので，それらの施設へ相談しアドバイスをもらうのがよい。また日本点字図書館や日本視覚障害者団体連合へ相談し，居住地の代理店や盲人協会を紹介してもらうのも方法のひとつである。

　各地で補助具の展示会が行われており，そこでさまざまな機器を比較しながら選定することも可能である。図書館や盲人協会などの何らかの当事者団体に所属しておくとそのような情報が得やすい。

（3）支援機器の入手方法と利用できる制度

　これまでは主に機能面の違いから補助具の説明を行ったが，入手にあたって公的な補助を利用できる制度面の違いを説明する。行政が身体障害者支援として給付する補助具の区分として「**補装具**」と「**日常生活用具**」がある。

　補装具は欠損・衰えた身体機能を補助するために身体に装着する道具と定義づけられ，視覚障害者の補助具では眼鏡（遮光眼鏡・弱視眼鏡・コンタクトレンズを含む），視覚障害者安全つえ（白杖），義眼が該当する。眼鏡と義眼に関しては申請にあたり必ず医師の給付要否意見書が必要となり，認められれば補装具給付の対象となる（一般的には利用者の１割負担）。

　日常生活用具とは，身体障害者手帳をもつ**在宅者を対象**に日常生活を快適に送るために必要な専用機器と位置づけられ，補助具の中では拡大読書器やポータブルレコーダー，スクリーンリーダー，体重計や体温計，時計などが該当する。補装具と同じように原則として利用者の１割負担でその他の費用は自治体が補助するという制度である。

　日常生活用具の制度利用において特に注意すべき点がある。制度の運用は自治体に委ねられているため，給付対象となる品目や商品，給付額や受給資格などは全国統一ではなく，自治体による違いがあることである。

　例をあげると，多くの自治体で１級〜６級すべての等級で給付対象となる拡大読書器が自治体によっては障害等級による制限があったり，点字ディスプレイを視覚障害のみで給付する自治体と視覚聴覚の重複障害でないと認めない自治体があったり等である。また**耐用年数**が経過しても機能上使えていれば破損

眼　科
日本眼科医会ホームページの中に「ロービジョンケア施設」として，各地の眼科医が紹介されている。

補装具
身体障害者手帳の取得前でも指定難病であれば補装具の給付を受けられる可能性がある（医師の診断と自治体の判断による）。
テクノエイド協会：補装具費支給事務ガイドブック

在宅者を対象
日常生活用具は原則として在宅支援なので，入院中・入寮中には給付を受けられないことが多い。

耐用年数
補装具・日常生活用具ともに，品目ごとにそれぞれ何年に一度給付が受けられるという「耐用年数」が決められている。

するまで再給付は認めないとする自治体もある。障害者のみ世帯でないと給付されない品目，年齢や就労・就学状況で給付制限のある品目等，給付に対する条件も自治体により違いがあるため，選定にあたる支援者は近隣の自治体の給付条件を事前に確認し情報をもっておくことが望ましい。当事者の不便さやニーズを最も効率よく解決できる補助具を選定・提案するのが第一ではあるが，比較的高額なものも多く，いくら便利で有用であっても給付の対象外だと当事者の経済状況によっては入手しづらい。対象になっていれば申請手続きに関する説明を行う。

なお，補装具費支給制度と日常生活用具給付のどちらも，購入後に費用の還付を受けるのではなく，購入前に自治体福祉課へ申請する「事前申請」である。

（4）補助具の活用事例

【例1】

2019年，大学の栄養科に通う弱視学生が，管理栄養士国家試験の受験時に運営者へ受験時間の措置と試験場への卓上型拡大読書機の持ち込みを申請。許可を受け受験し，見事合格。

【例2】

建設会社に勤務する男性が2004年に業務中の不慮の事故で失明。退院後，休職中に2年間の訓練を受け，音声パソコンの技能を習得。エクセルや電子メールを用いた交渉等，他社とのやり取りをする部署へ異動し復職を果たす。

【例3】

網膜色素変性症の成人女性。自宅近くで自営業を営むが，夜盲症があり冬場は日暮れ前に帰宅せねばならない。帰宅が遅くなる際には近くてもタクシー以外の移動手段がなかった。2018年，暗所視支援眼鏡によって単独での夜間移動が可能に。時間を気にせず仕事ができるようになる。

今回紹介したような種々の補助具を使いこなすことで視覚障害者が快適な生活が送れ，また就労就学に結びつけるためにも，私たち支援者はその当事者のニーズに対して少しでも効率がよく，真に必要な補助具の提案を積極的に行いたいものである。

4 リハビリテーション（生活訓練）

（1）生活訓練の種類

視覚障害リハビリテーションには，保有している視覚を補助具の使用により有効に活用する方法や，聴覚や触覚を活用して代替機能を獲得する方法の2種類ある。視覚障害者の中には，生活訓練を受けなくても習慣的に身につける

ケースもあり，すべての視覚障害者がリハビリテーションを受けなければ生活が不自由というわけではない。しかし，専門家の訓練を受けたほうが，効率的に質の高い生活を送ることができる。

生活訓練は，① 歩行訓練，② コミュニケーション訓練，③ 日常生活動作訓練の三つに大きく分類される。

① **歩行訓練**　　歩行については，第３章第６節 p.204〜を参照されたい。

② **コミュニケーション訓練**　　点字・音声パソコン・**墨字**（普通文字）など文字の読み書き等がある。視覚障害があっても，宅配便の受け取りや，銀行や病院，選挙など日常生活の中で文字を書かなければならない場面がある。中途視覚障害者の場合は，自分の名前を書くことは可能であるが，線に沿って書くことや枠の中に書くことが難しい。そこで**墨字用の罫プレート**などを用いて墨字訓練を行う。墨字用の罫プレートはサイン用，封筒用，はがき用など数種類ある。

③ **日常生活動作訓練**　　日常生活の身辺処理（朝起きてから寝るまでのあらゆる日常生活の動作），洗濯や掃除，料理といった家事など全般を含む。これらの生活訓練は，日常生活を少し便利にするために習得して活用する場合や，就学や就労に向けて，しっかりと訓練を受けて習得する場合などさまざまである。

生活訓練は，視覚が障害される以前の生活での経験や体験があるかどうかで，訓練に必要な時間数も異なってくる。よく「何回訓練をしたら音声パソコンができるようになるか？」というような質問を受けるが，もともとパソコンを使っていた場合と，視覚が障害されてから初めてパソコンに触る場合とでは訓練に必要な時間数も変わってくる。また歩行訓練では，本人の歩行能力だけでなく，歩行する環境にも左右される。そのため視覚障害者の生活訓練は，内容や訓練に必要な時間数なども個別のニーズに合わせて進めていく。

また，先天性の視覚障害の場合は，知識や運動，社会性等の基礎的能力の習得から訓練を開始することが大切である。先天視覚障害児の場合は，再構成ではなくて一から構成していくことになり，きめ細やかな指導が必要とされる。

（２）生活訓練を受ける方法

生活訓練を受ける方法には，施設入所・通所，在宅型がある。入所型の訓練は視覚障害者が入所・通所する施設で実施される。そのため施設の所在地には，訓練に適した地域が選定されており，基礎から応用までの訓練がスムーズに実施できるのが特徴である。しかし，実際に生活している環境ではないため，歩行能力を獲得しても自分の家の周囲の生活地域は未知の状態のままというケースも考えられる。一方在宅型は，実際に生活している地域で訓練が受けられるため，安全に歩行できる行動範囲を確実に広げることができるなど，訓練をし

墨　字
第２章第３節 p.74 参照。

墨字用の罫プレート

罫プレートはタイポスコープ，リーディングスリットともいう。

た成果をそのまま日常に反映することができる。

　在宅の実生活の場で生活訓練を行うメリットは大きいが，入所型の場合は，別のメリットがある。まず，施設所有の専門機器などの道具を使用して訓練を受けられる。そのため自分に合った道具を選定でき，訓練後には必要なものを購入することができる。また，自分以外の視覚障害者に出会える。同じ視覚障害のある人との交流は，**ピアカウンセリング**の効果も期待できる。さらに点字など複数で訓練を受けることもあり，グループワークによりリハビリテーションへの動機づけを促進する効果などのメリットもある。

　入所型も訪問型も実施状況に地域格差がある。必要な人が必要な時期に生活訓練が受けられるように整備されることが期待される。地域格差がありながらも，視覚特別支援学校と点字図書館（視覚障害者情報提供施設）は各都道府県に必ずひとつは設置されている。そのため視覚特別支援学校では，在籍している幼児児童生徒だけでなく，地域の視覚障害の**センター的機能**を担っている場合もある。

ピアカウンセリング
状況が同じ者同士が対等な立場でお互いの話を聞き合うこと。自己信頼の回復や，他者との関係性を築くために必要なことで，生活の一部ともいえる。

センター的機能
第3章第2節 p.118 参照。

5　盲導犬

（1）盲導犬は社会参加のための歩行手段のひとつ

　視覚障害のある人が歩行する方法として**身体障害者補助犬法**に規定されている盲導犬との歩行がある。白杖や手引きでの歩行を含むいくつかの移動手段にはそれぞれ方法や技術に違いがあり，当事者が生活環境や目的に合わせ選択している。盲導犬は全国に848頭（2022年3月31日現在，日本盲人社会福祉施設協議会調べ）が活動しており，盲導犬ユーザ（以下，ユーザ）とともに生活している。盲導犬歩行は，視覚に障害があり，外出に対して非常に困難を感じている全盲の人，弱視の人が対象である。歩くことで健康管理に役立てたい，好きなときに行きたい場所へ出かけたいなど，盲導犬を活用して自分らしい生き方を願う人に有効である。

身体障害者補助犬法
2002年に成立した，身体障害者補助犬（介助犬・聴導犬・盲導犬）に関する法律。

コラム　盲導犬ユーザの体験談

　私は，視覚特別支援学校在学中，白杖歩行で危ない場面を経験し，移動が不安でした。社会人になり，安全でスムーズな移動をするにはどうしたらよいかと悩んでいたところ，学校で盲導犬体験歩行会があり，これだ！　と思いました。就職活動を盲導犬といっしょにしたいと，盲導犬訓練施設に相談したところ，理療科3年の夏休みに共同訓練を受けることができ，「家族に頼らず通勤できる」という自信と強みをもって就職することができました。

（2）盲導犬を希望する

　希望する人は，居住している市町村の行政機関へ申し込む方法や，全国に11ある（2022年４月１日現在）国家公安委員会から指定を受けた**盲導犬訓練施設**の中から自身で選択をして，直接申し込む方法がある。盲導犬訓練施設ごとに貸与基準や手続きの方法が異なるため，見学や体験歩行に参加するなどして検討するとよい。施設によっては１泊２日の体験会を実施している所もある。

　貸与までのおおむねのプロセスは，各盲導犬訓練施設に申請をし，面接を受け，その人に合った犬との合宿を基本とした共同訓練を受ける流れになる。また，２頭目以降も継続して盲導犬歩行を希望される人も，共同訓練を受ける必要がある。

　共同訓練は**盲導犬歩行指導計画**に定められた訓練が行われ，安全な歩行や排泄や給餌などの犬の飼育ができるなど，一定の基準を満たしたときユーザとして「認定」され，ほとんどの盲導犬訓練施設では，盲導犬は無償で**貸与**される。その際には盲導犬使用者証と，盲導犬の医療記録を記載した身体障害者補助犬健康管理手帳が発行される。ユーザは，盲導犬を同伴した公共交通機関や店舗などの利用が認められるようになるが，求めに応じて盲導犬使用者証を提示する必要がある。また，**道路交通法**により，盲導犬に指定の**ハーネス**を着用させて歩行することが義務づけられている。

（3）盲導犬歩行

　視覚障害のある人が移動する際，自分がどこにいてどこへ向かうのか，環境の中で定位するオリエンテーションが必要である。盲導犬歩行の場合，ハーネスによって犬から伝わる情報を人が読み取り，同時に聴覚などの情報を有効に使い，交通ルールや周囲の状況を判断してルートを選択し，犬に対して方向や発進などを指示する。つまり，犬と役割を分担しながら共同作業で歩行する。

　例えば，犬は建物や歩道上の左端に沿って歩き，障害物を避けたり，段差で止まる作業をする。人は，頭の中の地図と車の往来する音等からの情報を合わせ，そこが交差点であることを判断し，オリエンテーションの情報とする。その共同作業は昼夜問わず継続され，夜間に見えづらく歩行を躊躇している人は，おおよそ日中と同じ歩行が可能となり，通勤や通学，趣味などの活動時間を広げることも期待できる。また，単なる歩行手段というだけではなく，人が犬に指示をして「GOOD」とほめ，犬はたくさん人にほめてもらえるように自分から作業をするなど，お互いに必要とされ，また支え合うパートナーとしての絆ができることも，白杖歩行とは違う盲導犬歩行の醍醐味ではないだろうか。

（4）盲導犬との生活

　犬は，おおむね２〜10歳くらいまでの約８年間が盲導犬としての活動期間

盲導犬訓練施設
北海道盲導犬協会(北海道)
東日本盲導犬協会(栃木県)
いばらき盲導犬協会(茨城県)
アイメイト協会(東京都)
日本盲導犬協会(宮城県・神奈川県・静岡県・島根県)
日本補助犬協会(神奈川県)
中部盲導犬協会(愛知県)
日本ライトハウス(大阪府)
関西盲導犬協会(京都府)
兵庫盲導犬協会(兵庫県)
九州盲導犬協会(福岡県)

盲導犬歩行指導計画
日本盲人社会福祉施設協議会自立支援施設部会盲導犬委員会が策定する規定により，共同訓練期間は，新規希望者４週間20日間以上，２頭目以降の人２週間10日間以上としている。

貸　与
盲導犬活動期間中の所有権は認定した盲導犬施設にあり，歩行の安全や犬の健康状態の管理をしている。

道路交通法
第14条　目が見えない者，幼児，高齢者等の保護，第71条　運転者の遵守事項。

ハーネス
道路交通法施行規則第５条の２（盲導犬の用具）に色と形状が定められている。2010年12月17日一部改正。盲導犬訓練施設によって形状に工夫があり，国内では，Ｕ字型とバーハンドル型がある。

図 4-4　盲導犬とユーザ

である。多くの場合 10 歳前後で引退をし，認定した盲導犬育成団体に犬を返還する。活動期間中ユーザは，認定された盲導犬訓練施設から定期的にフォローアップ等を受け，困ったことがあればいつでも相談をすることができる。盲導犬には，適した分量のドッグフードや十分な水を与え，身体を清潔に保つためにブラッシングやシャンプーをする。排泄は，犬に我慢させることなく個々の排泄リズムを把握してユーザがさせる。盲導犬訓練施設によっては，排泄時に**排泄用ベルト**を使うことに慣れている犬もいて，ユーザが簡易に排泄処理ができる工夫もされている。

　また，定期的に地元の動物病院で検診を受け，予防接種等を実施して犬の健康管理をする。医療費やドッグフード費用はユーザの負担となり，一般家庭で大型犬を飼育する費用とおおよそ変わらない。自治体や盲導犬訓練施設によっては，飼育費用や医療費の補助を受けられることもある。

　また残念ながら，**障害者差別解消法**が施行された現在も，外出先で盲導犬の同伴を断られる機会も少なからずあり，視覚障害のある人の人権や社会参加の視点で理解を求めていく必要がある。

（5）視覚特別支援学校等における盲導犬体験会の活用

　盲導犬育成団体による学校内での盲導犬体験会が行われているが，保護者や教員も含め盲導犬を身近な存在として正しく理解できるよう，情報提供の場となっている。ある学校の小学部では，体験歩行をした犬が食べているドッグフードの量を**音声秤**（はかり）の使い方とともに計量する練習をしたり，触察観察によって身体部位の毛並みの違いを発見したり，手触りの違う布を探して模型をつくったりと，学習発表の素材として活用される事例もある。

排泄用ベルト
排泄時だけ，犬の腰につけて脱着できるもので，ビニール袋に排泄物が入るような形状になっており，各訓練施設で工夫がされている。

障害者差別解消法
第1章第3節 p.13 参照。

音声秤
量りたいものを上皿に載せると，音声で重さを知らせる。

演習課題

1. 視覚障害児者のキャリア教育とは何か，必要な支援にはどんなことがあるか，まとめてみよう。
2. 就職する際の採用試験や適性検査において，視覚障害者への配慮と晴眼受験者との公平性のバランスを保つにはどうすればよいか，考えてみよう。
3. 補装具や日常生活用具の制度を利用して補助具を入手するために，必ずその都度眼科の受診が必要な補装具は何があるか，調べてみよう。
4. 生活訓練を受けるためにはどのような方法（形式）があるだろうか。また，実際に自分の生活している地域ではどこの施設でどのような方法で受けられるのかを調べてみよう。
5. 盲導犬ユーザの友人といっしょに飲食店を利用する際，店員に「犬は入れません」と同伴を断られた際，どのような対応をしたらよいのか考えてみよう。

引用文献

1）青木猛正：特別支援学校におけるキャリア教育のあり方，教職研究，**24**, 1-10, 2014.
2）視覚障害者の雇用等の実状及びモデル事例の把握に関する調査研究，障害者職業総合センター研究部門調査研究報告書，No.149, 2019.
3）視覚障害者と働く－理解と配慮で，ともに働く環境づくり，高齢・障害・求職者雇用支援機構，2013.

参考文献

④・芝田裕一：新版 視覚障害児・者の理解と支援，北大路書房，2015.
⑤・厚生労働省ホームページ：身体障害者補助犬.
　　https://www.mhlw.go.jp/stf/seisakunitsuite/bunya/hukushi_kaigo/shougaishahukushi/hojoken/index.html（最終閲覧：2021年12月10日）
　・盲導犬と歩く　日本盲導犬協会50周年記念誌，2017.
　　日本盲導犬協会ホームページにて閲覧可能
　　https://www.moudouken.net/special/50th/anniversary_book.php（最終閲覧：2021年12月10日）

索　引

■ **す** ━━━━━━━━━━━━━━━━━━━━━━━

〔シリーズ監修者〕

花熊　　曉（はなくま　さとる）　一般社団法人特別支援教育士資格認定協会　理事長

苅田知則（かりた　とものり）　愛媛大学教育学部　教授
愛媛大学教育学部附属インクルーシブ教育センター　センター長

笠井新一郎（かさい　しんいちろう）　宇高耳鼻咽喉科医院　言語聴覚士
川住隆一（かわすみ　りゅういち）　元東北福祉大学教育学部　教授
宇高二良（うだか　じろう）　宇高耳鼻咽喉科医院　院長

〔編著者〕　　　　　　　　　　　　　　　　　　　　　　　　　　　　　〔執筆分担〕

氏間和仁（うじま　かずひと）　広島大学大学院人間社会科学研究科　准教授　　第3章4
永井伸幸（ながい　のぶゆき）　宮城教育大学大学院教育学研究科　　　　　　　第2章2
高度教職実践専攻　准教授

苅田知則（かりた　とものり）　前掲　　　　　　　　　　　　　　　　　　　第3章5

〔著　者〕（五十音順）

青木隆一（あおき　りゅういち）　千葉県立千葉盲学校　校長　　　　　　　　　第1章4，第3章6－⑧（2）
海野考美（うんの　ちかみ）　静岡県立静岡視覚特別支援学校　教諭　　　　　　第3章7
大財　誠（おおざい　まこと）　広島県立広島中央特別支援学校　教諭　　　　　第3章6－①・②・③・④
川野学都（かわの　まなと）　大阪府立大阪視覚支援学校　首席　　　　　　　　第3章6－⑤
小林　真（こばやし　まこと）　筑波技術大学保健科学部　教授　　　　　　　　第4章2－①・②
近藤　宏（こんどう　ひろし）　筑波技術大学保健科学部　准教授　　　　　　　第4章2－①・②
坂田　創（さかた　はじめ）　広島市立北部医療センター安佐市民病院　医師　　第2章1
高橋信行（たかはし　のぶゆき）　特定非営利活動法人えひめ盲ろう者友の会　理事長　第3章5
聖カタリナ大学　非常勤講師
田中恵津子（たなか　えつこ）　浜松視覚特別支援学校・愛知淑徳大学　非常勤講師　第2章3－①
・視能訓練士
田中桂子（たなか　けいこ）　神戸市立神戸アイセンター病院　公認心理師　　　第2章4－⑤
田中良広（たなか　よしひろ）　帝京平成大学人文社会学部　教授　　　　　　　第3章1・2－④
中野泰志（なかの　やすし）　慶應義塾大学経済学部　教授　　　　　　　　　　第1章1・2・3
丹羽弘子（にわ　ひろこ）　東京都立葛飾盲学校　主幹教諭　　　　　　　　　　第3章3
原田聖子（はらだ　せいこ）　徳島県立徳島中央高等学校　教諭　　　　　　　　第3章6－⑥
古川千鶴（ふるかわ　ちづる）　京都ライトハウス視覚支援あいあい教室　所長　第2章4－①・②・③・④
別府あかね（べっぷ　あかね）　岡本石井病院　歩行訓練士・視能訓練士　　　　第3章6－⑧（1），第4章2－④
公益財団法人NEXT VISION　情報コンシェルジュ
堀江智子（ほりえ　ともこ）　公益財団法人日本盲導犬協会　　　　　　　　　　第4章2－⑤
歩行訓練士・社会福祉士
本田孝文（ほんだ　たかふみ）　メガネのヨネザワ油山店　認定眼鏡士　　　　　第2章3－②，第4章2－③
松久充子（まつひさ　あつこ）　さくら眼科　院長　　　　　　　　　　　　　　第4章1
三上信雄（みかみ　のぶお）　福井県立福井特別支援学校　教諭　　　　　　　　第3章6－⑦
村上美紀（むらかみ　みき）　むらかみ眼科医院　副院長　　　　　　　　　　　第2章5
森　まゆ（もり　まゆ）　広島大学大学院人間社会科学研究科　講師　　　　　　第3章8
矢野口仁（やのぐち　ひとし）　松本大学教職支援センター　専門員　　　　　　第3章2－①・②・③

特別支援教育免許シリーズ
視覚障害教育領域
見えの困難への対応

2022年（令和4年）11月1日　初 版 発 行

編著者 　氏　間　和　仁
　　　　　永　井　伸　幸
　　　　　苅　田　知　則
発行者 　筑　紫　和　男
発行所 　株式会社 建 帛 社
　　　　　　　　KENPAKUSHA

〒112-0011 東京都文京区千石4丁目2番15号
TEL（03）3944－2611
FAX（03）3946－4377
https://www.kenpakusha.co.jp/

ISBN 978-4-7679-2123-5　C3037　　　　壮光舎印刷／愛千製本所
©氏間・永井・苅田ほか，2022.　　　　　Printed in Japan
（定価はカバーに表示してあります）